本书获

**河南省社会科学院青年
出版资助基金资助**

现代增长理论视角下的中国经济增长动力研究

陈锐 著

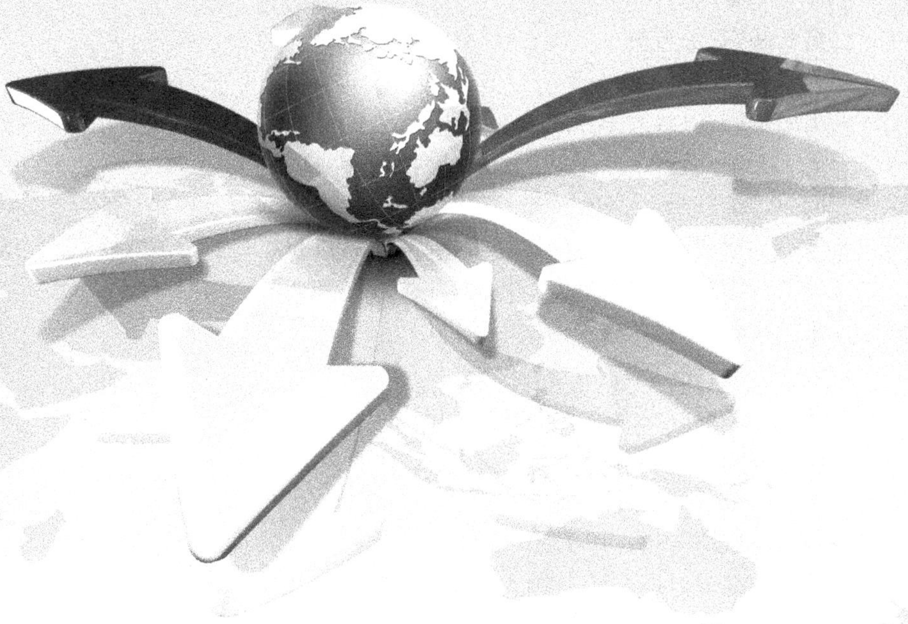

内容简介

本书运用现代增长理论,结合政治经济学方法,在理论分析和实践研究的基础上,对今后中国经济增长的动力作出初步研究。本书认为,中国经济要持续发展,必须建立稳态增长机制,应从人力资本禀赋的提升、科技创新能力的完善、技术学习和消化、产业结构的重塑与转移、教育体系的完善等方面着手。

图书在版编目(CIP)数据

现代增长理论视角下的中国经济增长动力研究 / 陈锐著. —南京:河海大学出版社,2014.10
 ISBN 978-7-5630-3784-1

Ⅰ.①现… Ⅱ.①陈… Ⅲ.①中国经济—经济增长—研究 Ⅳ.①F124

中国版本图书馆 CIP 数据核字(2014)第 217717 号

书　　名	现代增长理论视角下的中国经济增长动力研究
书　　号	ISBN 978-7-5630-3784-1
作　　者	陈　锐
责任编辑	曾雪梅
封面设计	周　贤
出版发行	河海大学出版社
地　　址	南京市西康路 1 号(邮编:210098)
网　　址	http://www.hhup.com
电　　话	(025)83737852(总编室)　(025)83722833(营销部)
经　　销	江苏省新华发行集团有限公司
排　　版	南京新翰博图文制作有限公司
印　　刷	虎彩印艺股份有限公司
开　　本	787 毫米×960 毫米　1/16
印　　张	12.25
字　　数	240 千字
版　　次	2014 年 10 月第 1 版
印　　次	2014 年 10 月第 1 次印刷
定　　价	36.00 元

前　言

现代增长理论(索洛模型、拉姆齐模型和内生增长理论)描述了经济增长的动力和路径,对人类经济增长的史实和现代西方国家经济增长的动力作了较好的论述和研究,尽管依然有所不足,但却为经济学家进行下一步研究打下了较好的基础。现有的增长理论主要从数理模型和计量方法两个方面对经济增长的绩效和现实进行研究,得出了大量有意义的结论,如果考察各国经济增长的现实研究,我们便会发现现有的西方文献多运用计量方法来从事现实的研究,以至于在现代西方经济某些学派,计量方法几乎取代了传统的政治经济学方法。我们认为,传统的政治经济学方法依然是不可或缺的,如果一味依赖于模型和计量方法,我们很难发现一些重要的联系,更难以在社会变革的条件下运用数量方法来进行研究,而各国经济发展的现实也告诉我们,经济增长的产生必须要依赖于一定的社会条件,经济增长的结果也将对社会发展产生影响,这些影响会对某些模型参数产生微妙的作用。因此,作者试图运用现代增长理论,结合政治经济学方法,将其在理论和实践研究上予以深化,以期对今后中国经济增长的动力做出初步研究。

中国经济在过去30余年中取得了骄人的发展业绩,人均GDP在2012年已突破6 000美元大关,考虑到中国的人口规模,这样的经济发展成绩和工业化规模在世界历史上几乎是绝无仅有的,即使以美国的经济发展和工业化与之相比也不免有些逊色。但我们应认识到,随着人类科学技术水平的提高,经济现代化的门槛也相应提高,以往的经济现代化标准已不适应今天经济的发展水平。中国经济只有在下一个十年内继续保持中高速发展,才能在经济发展水平和技术水平上赶上发达国家现有的水平。

通过对理论和实际的分析,我们发现,在现代社会,经济增长需要一定的社会条件。正如内生增长理论所指出的,从长期来看,经济增长的最终决定力量是科技创新和人力资本水平的提升,进入工业化社会以后尤其如此。工业化的产生,需要一系列社会条件,如果在不具备这些社会条件的基础上强行推进工业化,只能像许多发展中国家一样,经济增长了一段时间后便陷于停滞甚至倒退。而在发达国家,经济增长是一种较为常见的现象,除了处于周期性波动的衰退阶段外,一般西方国家在普通的年份总能取得一定的经济增长速率,尽管和一些发展中国家相比,这个速率较低,但发达国家比发展中国家更加不易陷入长期经济停滞是一个不容争议的事实。

与发展中国家相比,发达国家的经济增长比较稳定,其经济增长的动力主要来源于科技创新和人力资本禀赋的提升,以及在此基础上的一些有利于经济发展的次生优势,如教育、技术交流和扩散、产业转移与重塑等因素,这就使得发达国家的经济始终具备一定的活力。通过对发达国家经济发展历程的研究,我们发现,正是因为发达国家在这些方面存在的优势,才确保了其经济技术水平不断提高,才确保了其经济不断增长。本书将这种确保经济技术水平不断增长的机制称为稳态增长机制,本书的主要目的也正是探索如何在中国建立稳态增长机制,以及我们现在离这样的机制还有多远。

本书共六章。第一章是导论,分析了中国经济发展的现状、难点,简述了经济增长理论产生的过程,解释了选择现代经济增长理论作为本书基本研究工具的原因;本章还回顾了发达国家工业化的历程,指出发展中国家经济增长的不稳定性,从而提出:只有在发达国家,经济增长才成为一种比较稳定的现象,中国经济要想持续稳定增长,必须像发达国家那样具备稳定的增长动力,以弥补中国经济发展的不足。

第二章在第一章的基础上,比较详细地介绍了原始索洛模型、拉姆齐模型和内生增长理论的发展历程。内生增长理论是建立在罗默、卢卡斯和巴罗等几篇经典文献基础之上的,这些经典文献给出了内生增长理论的基本框架和方法,其他的相关文献基本上都可以看作是这几篇文献的推广和应用。在此基础上,作者探索了西方社会经济增长的机制,即稳态增长机制。

第三章在卢卡斯1988年经典论文的基础上,运用增长理论和政治经济学、社会学相结合的方法,系统地研究了人力资本对经济增长的作用,以及人力资本禀赋提升对于发达国家和发展中国家经济增长的影响,并从增长理论的视角对人力资本进行了系统的研究,得出若干重要性质,指出人力资本禀赋提升对于一国经济增长和建立稳态增长机制的重要作用。以此为基础,本章研究了中国人力资本禀赋现状,对中国人力资本禀赋的不足进行一定深度的探讨,并提出改善的对策,认为提升人力资本禀赋不仅可以成为中国经济进一步增长的动力,其提升的过程中所创造的需求本身也可推动经济增长。

第四章将研究重心放在科技创新对于经济增长的推动作用,以及如何提升中国科技创新实力,增强中国发展动力之上。本章首先给出了科学技术的公共产品性质,指出科学技术属于一种特定意义上的公共产品,特别是基础科学,需要政府而不是私人盈利机构向社会提供。作为长期增长的推动力量,科技创新对于经济增长具有重要作用,本章也研究了经济增长对科技创新的基本重要性,分析了国外相关案例,指出工业时代中国经济和社会发展转型的长期性与艰巨性的一个重要原因即在于科技水平落后。最后分析了中国科技水平现状,并提出了改善对策。

第五章在前几章的基础上,研究了对稳态增长机制形成至关重要的几个方面:技术学习和消化、产业结构的重塑与转移、教育体系的完善;而人力资本禀赋的提升和科技创新能力的完善也正是通过它们表现出来的。相对于人力资本和科技创新能力,它们具有一定的动态性,在这些因素提升的过程中,人力资本水平和科技创新能力都较以往得到了提高,许多发展中国家之所以未能跨越"中等收入陷阱",与这几个方面的落后有很大的关系。对于现阶段的中国,完全依靠科技创新来推动经济增长还存在一定的困难,原因正在于这几个次生因素还存在着非常明显的短板,而这种短板弥补的过程本身即是稳态经济增长机制形成的过程。

第六章对本研究作了一个总结,由于中国经济的持续增长以及科技实力的提高,中国正在走出转型时代,朝着建立稳态增长机制的方向前进。如果政府作用到位,这个过程将对经济发展起到重大作用,并且稳态增长机制也将成为这个过程的自然结果。随着这个过程的完成,中国将成为一个具有强大创新能力的国家,科技创新和人力资本禀赋的不断提升也将最终成为中国经济的增长动力。

从本质上来说,中国经济增长的过程是中国社会转型的一种外在表征,正因为中国在整个20世纪经历了一个长时期的转型过程,而这个转型过程又伴随着战乱与较长时期的经济萧条,对比日本和"亚洲四小龙"的发展绩效,很容易使人对中国经济增长产生疑虑和担心。这种疑虑与担心有其道理,但忽略了社会条件对经济发展的影响。在这期间,中国由一个传统意义上的中央集权的农业帝国逐渐转变为现代国家,经济增长则是这种转型的外在表现之一。中国将在未来20年内逐步完成这种转型,并为相关经济理论和社会理论提供一个全新的巨型国家转型与发展的重大案例。

目 录

第一章 导论 … 1
第一节 选题意义 … 1
一、中国经济发展的现状 … 1
二、相关经济学研究工具的选择 … 3
三、经济增长的内涵与发达国家的经验 … 5
四、后发国家的经济增长与"中等收入陷阱" … 8
五、长期经济增长的动力 … 10
第二节 国内外研究现状 … 11
第三节 研究方法与思路 … 12
第四节 主要创新点和不足 … 12
一、主要创新点 … 12
二、不足 … 13

第二章 现代增长理论发展历程 … 14
第一节 索洛模型与拉姆齐模型 … 15
一、索洛增长模型 … 15
二、拉姆齐模型 … 16
第二节 内生增长理论的提出与发展 … 16
第三节 稳态经济增长机制与经济发展 … 19
一、原始索洛模型的政治经济学意义 … 19
二、从经济发展史看经济增长的特征 … 20
三、发达国家：经济增长成为常态现象 … 22

四、稳态增长机制是经济增长的持续动力 …………………… 24

　　五、稳态增长机制的形成与经济社会转型 ………………… 27

第三章　提升我国人力资本禀赋 …………………………………… 30

第一节　人力资本对经济发展的重要性 ……………………………… 31

　　一、人力资本对于早期经济发展的影响：以英国为例 ……… 31

　　二、跨国比较：欧陆国家的进步之路 ………………………… 34

　　三、前工业时代中国情况的简要对比 ………………………… 39

第二节　人力资本的性质 ……………………………………………… 40

　　一、人力资本发展的前瞻性 …………………………………… 41

　　二、人力资本的阈值性 ………………………………………… 42

　　三、人力资本的用进废退性 …………………………………… 43

　　四、人力资本的补偿性 ………………………………………… 43

　　五、人力资本的规模性 ………………………………………… 44

　　六、人力资本的路径依赖性 …………………………………… 45

第三节　我国的人力资本现状与存在的问题 ………………………… 46

　　一、人力资本在中国经济转型和发展中的作用 ……………… 47

　　二、中国人力资本方面的问题 ………………………………… 50

第四节　提高人力资本水平，加快经济发展 ………………………… 59

　　一、人力资本发展对经济的提升作用 ………………………… 59

　　二、需要采取的措施 …………………………………………… 61

　　三、从人力资本观点看中国经济的发展动力与前景 ………… 63

第四章　加强科学技术创新能力 …………………………………… 66

第一节　科学技术的经济学性质 ……………………………………… 67

　　一、科技的排他性与竞用性 …………………………………… 68

　　二、现代技术的发展特征 ……………………………………… 68

　　三、基础科学是现代技术发展的基础 ………………………… 69

　　四、国家间科学交流及表现形式 ……………………………… 70

第二节　从内生增长理论看研发的策略 ……………………………… 71
  一、基本模型中的研发策略 ……………………………………… 71
  二、研发策略的两个层次 ………………………………………… 73
第三节　研发与社会组织 ……………………………………………… 77
  一、研发活动与政府机构 ………………………………………… 77
  二、研发活动与企业 ……………………………………………… 78
  三、研发活动与高校 ……………………………………………… 84
第四节　中国技术创新的潜力、方向与路径 ………………………… 85
  一、中国科研实力现状 …………………………………………… 85
  二、中国经济发展进程中的技术因素 …………………………… 89
  三、目前存在的问题 ……………………………………………… 93
  四、中国技术创新的措施 ………………………………………… 96

第五章　次生优势的培育 …………………………………………… 102

第一节　国外先进技术的消化吸收 …………………………………… 104
  一、技术引进、消化与吸收 ……………………………………… 105
  二、技术扩散与后发国家技术进步 ……………………………… 107
  三、技术消化与吸收中的政府作用 ……………………………… 108
  四、现阶段中国技术消化吸收所应采取的措施 ………………… 110
  五、本节结论 ……………………………………………………… 112
第二节　国内和国外产业转移与重组 ………………………………… 113
  一、中国现阶段所面临的产业转移趋势 ………………………… 114
  二、沿海产业的国内转移 ………………………………………… 116
  三、东部地区的产业内外转移趋势 ……………………………… 123
第三节　重视和优化教育体系 ………………………………………… 127
  一、教育对经济增长的重要性 …………………………………… 127
  二、我国教育体系存在的问题 …………………………………… 128
  三、增长理论视角下的中国教育事业发展举措 ………………… 131

第六章　中国经济转型与增长前景 ·· 135
　第一节　后发国家经济转型特点研究 ·· 135
　第二节　中国传统经济社会模式与近代经济转型 ···························· 147
　第三节　中国经济增长的前景 ·· 168

参考文献 ·· 177

后　　记 ·· 182

第一章 导 论

第一节 选题意义

一、中国经济发展的现状

中国经济正在步入一个中高速发展阶段,在经历了二十余年的高速发展后,中国经济发展速度开始出现下降的趋势。2012年第二季度,中国经济的发展速度同比增长7.8%,低于年初预期,这也是近三年来中国经济增速第一次跌破8%。根据日本、韩国、台湾地区和拉美的经验,大多数国家和地区的经济高速增长时间一般都不会超过二十年,其后总会迎来一个中低速发展阶段甚至是衰退阶段。迄今为止,除了工业革命时期的英国,尚没有一个经济体能以10%以上的速度连续发展四十年的,许多西方经济学家认为,中国经济也不会例外。然而如果我们考虑到中国的具体情况,就会发现,中国经济依然有很大的潜力可挖。

中国经济自改革开放以来的高速发展,是由多方面的因素促成的,具有复杂的原因与背景。在1992年党的十四大正式确定建立社会主义市场经济的目标之前,中国经济也经历了一个高速增长阶段,但相对于之后特别是2001年中国加入世界贸易组织(WTO)以来的增长,其性质和推动力量有着很大的差别。1992年之前,中国经济的高速发展具有很强的恢复性质,这个阶段的中国经济增长速度虽快,但绩效与当时的国际先进水平乃至前苏东国家水平相比并不十分明显,中国在这个阶段的增长动力主要来源于长期动乱后经济的恢复和国家经济的工业化特别是重工业化。同时,由于当时国际环境恶劣和缺少对外经济交流,中国在这一阶段的经济增长具有明显的军事色彩,并且是在计划经济体制下实现的,福利因素和经济效益因素并不是其首要的考量目标。但如果纵向比较中国经济发展,就可以发现,这一时期的发展为以后的经济增长打下了坚实的基础。改革开放在经济层面的初衷就是要打破当时经济发展的不平衡状态,实现国民经济的协调与健康发展,中国经济也因此比前苏联提前十余年结束了国民经济军事化与重工业导向,呈现出蓬勃的发展态势。考虑到这一点,我们就会发现,20世纪80年代的经济发展,其重要的推动力量来自于民众消费力的恢复与国民经济各部门平衡的恢复,计划经济色彩依然比较浓厚。经济的恢复与发展对计划经济的变革产生了强大的推动作用,到 80 年代中后期,价格机制改革、国企改革、资源配置机制的改革纷纷提上议事日程,为建立社会主义市场机制开创了较好的条件,作出了可贵的探索。1992—2000 年,可以看作是中国经济逐步打破封闭状态,全方位地与世界经济接轨的过程,这一进程以中国加入 WTO 为标志性事件而走向一个全新的阶段。在这个阶段,中国进行了多方面的重大改革,初步建立了市场经济体制,中国经济在此阶段的发展具有典型的制度改革释放发展能量的特征。2001 年中国正式加入 WTO,中国经济开始了与世界经济的深度融合,步入一个全新的发展阶段。十年间,中国 GDP 总额由 2000 年的 99 214.55 亿元增长到 2010 年的 397 983 亿元;2010 年中国以美元计算的 GDP 超过日本,位居世界第二位;2013 年,中国 GDP 再创新高,达 56.89 万亿元。这个阶段,中国经济最大的发展动力无疑来自于深度参与国际分工,从而最大限度地发挥自身拥有大量高素质人力资源方面的优势,这也验证了罗默在 1990 年提出的观点:发展的关键在于人力资本而非人口数量。在这十年,大量跨国企业将本国不具比较优势的产业转移至中国,构成了这一阶段中国经济发展的一个重要动力,究其原因,无疑是中国具有大量受过中等教育、可迅速用于工业化生产的劳动人口,并具有相当庞大的供应链和消费市场。中国也因此成为全球的资本洼地和产业洼地,在大多数中低端产业,中国几乎拥有不可动摇的地位。

但随着中国经济的发展和世界经济的变化,中国经济悄然走到了一个十字路口。在国内,随着经济的发展与人口红利的消失,中国面临着越来越大的工资上涨的压力,这在相当程度上抵消了中国制造在成本方面的优势;现有劳动者在技术能力、科学文化素养方面与新的发展要求不相匹配,对中国经济的发展产生了不可忽视的负面作用。国际上,风波不断的金融和债务危机不仅使发达国家的购买力大为缩水,而且诱发了贸易保护主义,中国成为各国贸易保护主义的最大目标,发达国家对我国经济的发展已经产生现实的威胁。某些国家出于各种考虑,势必对中国的发展采取更为严厉的限制措施,包括限制市场准入,对特定企业发动调查,制定更严格的技术出口限制及向中国经济竞争对手放开技术出口以限制中国产业升级等,以此来制约中国经济的进一步发展。面对这种新的经济形势,我们需要新的发展思路与发展战略,这样才能确保中国经济的进一步健康、稳定发展。

这种内外环境的变化直接挑战着我国目前的经济增长方式。由于我国人力资源较为丰富,改革开放以来,我国的经济增长主要依赖于粗放型发展方式,注重依靠投资和出口拉动经济,使我国经济与产业结构出现了双重依赖:一是依赖于以加工工业为主的出口产业,二是依赖于以钢铁、能源等工业为主的重工业,不仅造成了我国经济粗放型的发展形态,更使得我国在较长的时间内难以提高自身经济技术水平,产业结构、技术层次长期处于较为低下的状态。目前,我国人口红利将要耗尽,青少年在总人口中的比例大幅下降,新一代产业工人也不像他们的父辈那样愿意吃苦耐劳,开始对我国长期以来的低工资水平形成倒逼之势。劳动力市场上这些不可忽略的变化说明,我国既有的经济增长方式已经很难再持续下去,中国经济需要突围,而突围的最佳方式就是大力推进产业升级,全面提升我国经济技术水平。

事实证明,中国要想在新的历史条件下获得较快的经济增长,成为中等发达国家乃至最终成为发达国家,就必须转变增长方式,将经济增长由依靠物质资本和廉价人力投入转变到依靠科技创新和提升人力资本禀赋的道路上来,这就需要我们结合现代宏观经济学的相关理论,切实研究中国的现实问题。

二、相关经济学研究工具的选择

长期以来,宏观经济学缺乏合适的思想方法来对经济增长现象做出描述和研究。凯恩斯提出的经济学学说对西方经济走出大萧条起到了重要作用,但从理论上讲,凯恩斯和他的新古典综合学派的追随者只是对如何走出经济危机做出了研究,并为一些政策工具提供了理论基础。从本质上来说,凯恩斯本人的学说只涉及经济危机阶段,凯恩斯甚至认为需求不足是资本主义经济的常态,从而需要政府不断地干预经济。因而,这种学说充其量只是研究了经济周期中的衰退阶段,缺乏对经济恢复和增长阶段的研究,用现代眼光来看,这种经济学学说是很粗糙的。然而在很长一段时期,凯恩斯式的药方却被当做用于促进经济增长的灵丹妙药,财政刺激手段和货币手段被无条件地滥用,终于在20世纪70年代造成了"滞胀",凯恩斯及其追随者的学说也随之失灵。

弗里德曼等人借助于凯恩斯的范式,结合新古典经济学传统创立了货币主义学派,卢卡斯等人又在前人的基础上创立了新古典综合学派,这些学派的特点是将凯恩斯式的"半周期"研究推广到"全周期"研究,从而大大扩展了宏观经济学的眼界和研究范围,但这些研究并未解决经济增长的机制与动力问题。

第一个突破出现在20世纪40年代,哈罗德和多马分别提出了著名的"哈罗德-多马"模型,向解决经济增长机制问题迈出了第一步。该模型的结论是,资本积累在寻求加快增长的过程中具有极端重要性,但其中一些过于严格的假设和结论使得该模型与现实严重脱节。在占据增长理论舞台中心近20年后,该理论被淘汰。

索洛模型和拉姆齐模型的兴起为经济增长理论的研究提供了合适的框架,我们将在第二章中给出这两个模型的详细描述。在原始的索洛模型和拉姆齐模型中,生产函数是依据新古典学派学说建立的,因而该模型不存在稳定的经济增长,即储蓄率等因素的变动所带来的经济增长率最终随着时间的推移会下降到零。在引入一个外生的技术进步率后，经济学家勉强解决了对经济增长进行描述的难题，但经济增长的动力和机制问题依然未能得到很好的解决。

这就给经济学带来了一个大难题，如何从理论上描述和分析人类社会的经济增长现象？按照原始索洛模型等的推论，长期经济增长率为零，这说明从长期来看，经济应该处于停滞状态，但这显然与人类社会经济发展的历程相悖。如果说在前工业革命时代，这个结论还勉强能解释一些现象，那么工业革命后经济增长已成为一种经常性的现象，长期增长率显然不为零。当时的经济学说难以解决这个矛盾，一直到20世纪80年代希望才得以出现。

内生增长理论正是能满足这一需求的合适的经济学理论工具。内生增长理论又称为新增长理论，兴起于20世纪80年代，是目前宏观经济学的两个核心发展领域之一（另一个是实际经济周期学派）。鉴于经济增长是一个确实发生的历史现象，并且在不同的地区、不同的发展阶段表现出很大的差异，传统的索洛模型难以解释这种现象，而且根据资本边际回报率的递减性会得出经济发展将停滞于某一水平的结论，克服资本回报这一递减性就成了经济学家们长期以来孜孜以求的目标。内生增长理论通过引进内生性技术进步，解决了这一难题，这不仅在理论上有重大的意义，而且与历史事实相符。

大多数内生增长模型都同意，发达国家对发展中国家具有很强的单向技术外溢，但事实上，多数发展中国家依然处于低收入水平，发达国家的技术外溢似乎只在消费领域起到了一定程度的作用，即使一些落后国家通过发达国家的技术外溢而获得了一定程度的发展，也往往在发展到一定水平后陷于索洛模型所揭示的收敛状态之中，这就是通常所说的"中等收入陷阱"。"中等收入陷阱"的存在提醒我们，虽然技术发展可以克服要素边际生产率递减的趋势，但考虑到实际因素，这种克服并不是完全的，必须从微观层面来考虑问题，才能在较为完全的意义上克服要素边际生产率递减趋势，真正跳出"中等收入陷阱"，这也是我国当先迫切需要解决的重大经济问题。

内生增长理论认为，技术学习是存在成本的，也就是说，技术外溢性的存在并不是无条件的，必须建立在一定的主客观因素之上。对于一个国家来说，其对外来技术的吸收能力首先受到技术来源地的制约，一个突出的例子就是中国。无论是巴黎统筹委员会时代还是世贸时代，中国在技术输入方面所受的限制总是最严格的，这的确在相当程度上影响了中国在技术上的进步，进而对中国经济发展的路径造成了微妙的影响。一国对外来技术吸收的能力更受到该国微观经济单位学习能力和模仿能力的制约，这种学习和模仿能力在经济学中尤其在内生增长理论中一般以人力资本来表示和度量，而人力资本的积累需要花费大量的时间和资源。经

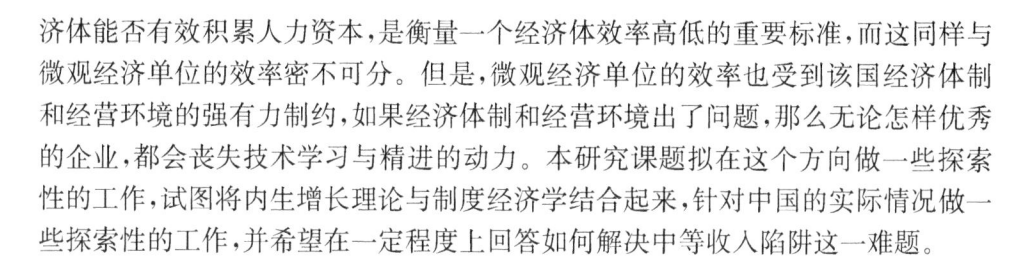

济体能否有效积累人力资本,是衡量一个经济体效率高低的重要标准,而这同样与微观经济单位的效率密不可分。但是,微观经济单位的效率也受到该国经济体制和经营环境的强有力制约,如果经济体制和经营环境出了问题,那么无论怎样优秀的企业,都会丧失技术学习与精进的动力。本研究课题拟在这个方向做一些探索性的工作,试图将内生增长理论与制度经济学结合起来,针对中国的实际情况做一些探索性的工作,并希望在一定程度上回答如何解决中等收入陷阱这一难题。

三、经济增长的内涵与发达国家的经验

经济增长伴随着人类社会产生、发展和壮大的历程,在人类社会早期,就存在经济增长的现象,只不过当时经济技术条件都极为落后,加上史料难征,我们较难对人类社会早期的经济增长作出详细的描述,但这并不意味着经济增长是人类进入工业社会以后才有的产物。在整个自然经济时代,经济增长就成为一种常见的现象,但由于科学技术的不成熟,经济增长具有随机性和脉冲性,自然经济时代的经济增长远未如工业时代那么规范和具有连续性。

自工业革命时代开始,经济增长开始摆脱旧时代的那种突发性和随机性,而开始具备了经常性的特点。自英国始,欧美主要国家都开始了长达数十年的经济增长,这是在人类历史上很少出现的现象,且随之而来的周期性波动也不像以往社会那样对经济产生毁灭性影响,在一段时期的经济波动后,资本主义社会的经济总能走上正规,甚至像大萧条那样破坏性巨大的经济波动都没有对资本主义社会经济产生毁灭性的作用。正是在这数十年内,资本主义国家经济一直处于不间断的发展阶段,西方国家才会在较短的时期内积累起堪与东方大国(中国、印度、伊朗和土耳其等)相比的经济实力,考虑到西方国家多是中等规模,而这些东方大国大多具有数千年的发展历史,这种经济增长的规模和效应就更令人惊叹了。正如上文中所指出的,包括中国在内的传统国家在经济发展到一定阶段时都会遇到严重的瓶颈,这种瓶颈往往都是通过战争或重大社会动乱来解决的,西欧封建社会时代也是如此。到了资本主义时代,这种经济发展上的瓶颈基本都能通过内部的调整来解决,相比于过去,这的确是一个伟大的而又很少为论者所觉察的进步,但也有不利的地方,即这种波动变得频繁,波动的周期也远远超过以往时代。

要想对经济增长这一现象做出初步的研究和判断,必须先对工业革命以来西方各个国家的经济增长现象作初步考察。由于本书的主旨是研究中国经济在未来的增长动力和发展前景,这里对西方各国经济发展状况的考察就都将围绕这一中心进行。在西方国家中,最早开展工业革命的是英国,其案例有助于我们理解经济增长是如何从一种受偶然和随机性因素控制的过程变为一种经常性的过程,这有助于我们理解中国经济启动时的一些特殊经济社会现象。德国和日本向我们提供

了后发国家尤其是文化积淀比较丰厚的后发国家是如何追赶先进水平并成为较为发达的经济体的,这里的考察主要从技术和经济等方面来进行,这两个国家在这一时期内发生的一些不足为训的社会现象和政治思潮则不在本书考察之列。美国则向我们展现了一幅超大规模国家是如何通过开展工业化、产业升级和产业空心化来影响经济体的画卷,中国是一个超大规模国家,要考察中国经济所发生的一些现象和理解一些事实,美国是一个比较合适的参照系,尽管以人口衡量的中国国家规模远大于美国。

作为开启工业革命的国家,英国出现了人类有史以来第一次持续的经济增长,并且出现了较为明确的经济周期现象,对这一阶段的英国经济进行考察,有助于我们把握经济增长的实际内涵,理解现代社会中的经济增长现象。英国是一个岛国,地缘优势决定了它不易受到来自大陆的侵扰和冲击,能较为从容地发展自身的经济和文化,这为英国工业革命提供了重要的外在条件。英国受文艺复兴以来技术变迁的影响并不早于欧陆国家,甚至比欧陆国家要晚,但英国在政治上比较稳定,吸引了大批受欧陆动荡局势影响的人才——那个年代有能力迁徙的人士总是比较富于生产力的——特别是技术工人和工厂主,这些人带来了英国急需的手工业生产技术,为英国经济的起飞作出了重要贡献。在这里我们要特别指出一点,英国当时经济的发展不仅仅在于掌握了先进生产技术,更重要的是占据了广大的国际市场。西班牙在发现新大陆后获得了大量金银货币,从而引发了经济史上著名的"价格革命",解决了西欧经济发展亟需解决的货币约束问题,但这些货币也摧毁了西班牙等国的制造业,西班牙等国将这批货币用于向英法等国购买制造品,直接推动了英法等国经济的发展;而英国利用欧洲各国在大陆上的争斗又占据了这些大陆国家大量海外领地,不仅解决了市场的问题,更解决了制造业原料来源的问题。市场、技术和地缘优势,共同促成了英国的工业革命,英国也凭借工业革命引发的全面性技术创新而走在了世界前列。在英国,第一次出现了现代意义上的经济增长。

德国与日本的经济增长对中国的经济发展也有很大的参考意义,这种参考意义甚至在某种程度上要大于除俄罗斯之外的其他国家。德日两国经济发展的一个重要特点是外生输入型,即德日两国现代经济的产生、发展主要是受外部因素的冲击而非内部因素自然演化的结果。德国和日本都有较强的封建色彩,在英国经济高速增长、机械化大工业已具雏形时,首先受到冲击的不是如中国和日本这样的东方古国,而是法国和德国这样的中西欧国家,这些国家,特别是德国和中欧诸国,不但经济落后,政治上更远谈不上统一,但德国实现了现代模式的经济增长,统一之前的德国已具备相当程度的工业经济增长因素;日本也同样经历了一个痛苦的转型过程,这个转型过程从佩里开国开始,一直到战后吉田茂确立日本国家发展方略才基本结束。令人玩味的是,德国和日本在转型期内发展出了相当程度的科学教育和工业技术体系,改善了国家人力资本禀赋。这也是德日两国在战后得以摆脱战胜国的束缚,重新成为经济强国的内在动因。伴随着德日两国当时经济高速增长、技术水平迅速提高的,是政府在经济中较强的干预作用,对日本来说这种干预更为明显。

这里的意思并不是说政府应该在经济增长中扮演一个最重要甚至是主要的角色,事实上,任何强有力的政府都不能代替民众所拥有的人力资本和企业家精神,政府的作用是提供公共产品与服务,降低民间交易和经济增长的成本。德日两国经济转型期的强政府传统,与这两国经济较为落后、起飞阶段没有太大的市场以支撑其经济发展有很大关系,如果我们考察美国的案例,我们就会发现,彼时的美国经济与德日并没有很大的代差,而与德国基本处在同一发展水平,但美国并未出现如德国和日本那样强有力的政府。美国政府的作用和权限,与英国差别并不大,但美国依然出现了现代意义上的经济增长,甚至增长绩效要远远好于德日两国。美国在内战后经济发展的历程中,没有出现过像德国、日本那样的强政府,无论是联邦政府还是地方政府层级,其权力相对德日来讲都很薄弱,而美国经济发展也远较德日两国稳定,没有出现过大起大落的情况,这说明对具备一定规模的国家来说,强政府并不是推动经济转型和增长的必要条件。美国也是最先出现垄断大企业的国家,美国企业的规模和集中程度是世所罕见的,在许多重化工业领域美国长期执世界之牛耳,这与美国企业在规模上的优势很有关系,在美国经济增长的过程中,规模上的优势令人印象深刻。平心而论,内战后的美国在技术上相对于西欧并没有优势,科技长期落后于欧洲,虽然在经济上发展较快,但这种发展主要依靠的并不是最高端的生产技术——这些技术当时掌握在英国和德国之手,而是依据自身掌握的中高端技术,依靠国内市场规模上的优势发展起来的,这一点类似于当今的中国。对于美国来说,在技术上全面突破进而占据全球领先地位是在 20 世纪 20 年代左右,这个时候美国在技术、科技和教育方面出现全面突破,并压倒了老牌的德国和英国,美国经济增长速度也显得更为稳定,除了特殊的大萧条时期。

从发达国家的经济发展历程我们可以得出三点结论。第一,进入工业社会之后,经济增长已成为一种经常的现象,更重要的是,周期性的波动因素对经济的破坏作用已基本处于可控状态。经济增长在自然经济时代并不是可持续的,随着物质资源开发殆尽,经济增长的速度就会逐渐减缓,前工业革命时代的经济增长之所以表现出短暂性和增长阶段上的不连续性,其原因就在于此。工业革命后的发达国家,除了在经济波动中的衰退阶段,一般都能维持一定速率的经济增长,从而挣脱自然界的束缚,相当程度上摆脱了"马尔萨斯陷阱"。第二,科学技术日新月异,已成为发达国家推动经济增长的基本力量。经过数百年的努力,现代科学技术已经系统化,各个学科都有很大的发展,并在技术开发领域得到了充分的应用,技术变迁已成为推动经济增长的基本力量,并在推动生产关系的变革,甚至重塑社会形态方面发挥重要作用。在前工业革命时代,重大科技创新是随机产生的,也经常出现重大技术革新得不到应有重视的情形,但在发达国家,重大技术变革从出现到应用再到推广的时间大大缩短,对经济增长的作用也更直接。第三,发达国家的经济增长存在着明显的外溢效应,但这种外溢效应是一种次生效应。从发达国家的经济增长史我们可以看到,某个发达国家诞生的新技术在推动本国经济增长的同时,也会推动其他国家的经济增长。学习和模仿也是生产力,但必须在学习和模仿的基础上自主创新才能真正形成长期的发展动力。英国是工业革命的发源地,其他发达国家几乎都是依靠从英国学习的技术来推动自身的工业化的,这就是一种经济增长的正外溢效应。许多发展中国家在战后也获得了一定的经济增长,实质上就是这种正外溢效应的体现。但由于多数发展中国家忽视了在学习与模仿基础之上的自主创新,因而经济发展长期依赖于发达国家。由此可见,这种经济增长的正外溢性虽然会给其他国家带来经济增长,但效果是不稳定和不可持续的,是一种非内生效应。

四、后发国家的经济增长与"中等收入陷阱"

世界银行《东亚经济发展报告(2006)》中提出了"中等收入陷阱"(Middle Income Trap)的概念,其基本涵义是指:中等收入的经济体一般很难成功地跻身为高收入国家,这些国家往往陷入了经济增长的停滞期,既无法在工资方面与低收入国家竞争,又无法在尖端技术研制方面与富裕国家相竞争。

一个经济体从中等收入向高收入迈进的过程中,既不能重复又难以摆脱以往由低收入进入中等收入的发展模式,很容易出现经济增长的停滞和徘徊,人均国民收入难以突破 3 000～10 000 美元。进入这个时期,经济快速发展积累的矛盾集中爆发,原有的增长机制和发展模式无法有效应对由此形成的系统性风险,经济增长容易出现大幅波动或陷入停滞。大部分国家长期在中等收入阶段徘徊,迟迟不能进入高收入国家行列。

战后相关国家经济的发展历程,尤其是南美和东南亚国家经济发展的历程,为人们理解"中等收入陷阱"这个概念提供了鲜活的例证,其中巴西尤为典型。作为一个资源丰富的国家,巴西经济长期以矿产业和种植业为主,在其经济发展的早期,工业化进程并不十分顺利,二战后巴西工业化进程开始加快,巴西政府采取了一系列措施,刺激了经济活动和外贸的发展,巴西经济开始蓬勃发展。到 20 世纪 70 年代末,巴西的经济实力从资本主义世界的第十五位上升到第八位,进出口总额成倍增长,建立了比较完备的工业化体系,其中汽车制造业和飞机制造业发展尤为迅速。但进入 20 世纪 80 年代,巴西经济风光不再,长期处于滞涨阶段,人均

GDP长期在3 000美元上下徘徊,进入了典型的"中等收入陷阱"。直到近年来随着国际大宗商品价格的上涨,巴西经济才逐步摆脱停滞状态,进入一个新的增长阶段,但该国的经济依然严重依赖于大宗商品出口,整个制造业的国际竞争力实无多大改观。不仅巴西如此,阿根廷、智利、马来西亚均有类似的情形。

  发展中国家经济出现的这种增长瓶颈状况,引起了经济学工作者的深思。显然,"中等收入陷阱"的产生具有深刻的经济原因,但其背后隐藏的则是更深层次的发展中国家的经济发展动力来源问题。上文所述,发达国家的经济增长会产生一种正外溢性效应,即发达国家在经济上的成就会通过贸易和分工等形式带动发展中国家经济的增长。在这里我们发现发展中国家经济增长机制明显与发达国家有所差异:首先,发展中国家经济增长受外来影响很深,相当程度上是由于发达国家输出资本和获得原料的需要,而非内在的动力所致。发达国家出于自身经济发展的需求,会向一些具备条件的发展中国家输出资本和转移产业,许多对发达国家经济发展具有重要意义的原料也会带动发展中国家经济的增长,但这些外在的因素作为经济增长的动力是高度不稳定的,更会诱发对发达国家的依附。战后发展中国家的经济增长,多数是对发达国家经济依赖的产物,因而发展到一定阶段就缺乏足够的动力;发达国家也几乎没有这个能力带动多数发展中国家成为发达或准发达国家,只有极少数几个幸运儿在这一阶段变成了准发达经济体,但其经济增长动力的内生化问题始终没有很好地得到解决。其次,后发国家存在着一个较长时期的经济前现代化时段,在这个时段后发国家经济面貌看似得到了很大发展,但一些技术、教育和人才培养方面的深层次矛盾并未得到解决,直接制约了经济的可持续发展能力的培养。发展中国家多脱胎于殖民地半殖民地社会,文化水平落后,技术水平较为原始,在整个殖民时代并无根本改善,甚至缺乏管理国家的行政性人才。战后这些发展中国家纷纷独立,但在经济上特别是在技术水平上依旧依赖于发达国家。这些发展中国家的管理阶层一心要改变国家的落后状态,发展经济时又过于注重物质资本和积累,有忽略国家科学技术发展和健全相关管理制度的倾向,这就使得发展中国家的经济长期处于前现代化阶段,纵使建立了一些具有现代技术的产业,也常难以妥善经营和独立升级,这同样使得发展中国家长期处于经济发展的低水平。最后,发展中国家常陷入依靠物质资本投资和积累实现经济现代化的误区,不重视技术的学习和自主化,忽略人力资本对经济发展的重要性。在发展中国家,伴随经济落后现象的是国家重化工业水平低,物质资本积累不足,公共设施落后,难以满足经济增长和人民生活水平提高的需要。这些发展中国家的政府常常将国家的落后归咎于重化工业发展不足和基础设施落后,容易产生投资冲动,在这种情况下,政府作用容易越位,较易产生强政府。此外,这些国家一般都曾长期处于封建或殖民统治下,市场的发育并不完全,人民的知识文化水平较低,在存在强政府的条件下,政府容易代替企业作出经济决策,甚至政府直接作为投资主体,因而很容易出现资源分配被扭曲、市场规则被破坏的情况,更易滋生寻租空间,从而对国民经济的发展起到负面作用,这不但破坏了经济发展绩效,而且扭曲了民众的企业家精神。与过于重视物质资本积累的经济指导思想相比,这些国家的政府较为不重视技术的发展和教育水平的提高,即使重视也是出于一种功利的目的,现代科学和技术并未在这些国家生根,相应地其民众也缺乏创新能力和创业能力,特别是在高科技产业方面。正因为这些"软件"方面的欠缺,这些发展中国家的强政府难以出现当初德国和日本政府那样的经济发展绩效。这里要特别指出,德国和日本的强政府之所以有效,是因为德国和日本都具有较深厚的文化和科技传统,以及民间契约文化,其强政府在相当程度上是集中资源于重化工业,在短期内推动重化工业的发展,从而降低了民间投资于重化工业的成本,同时这两国的科技实力使得其重化工业具有自我发展和自我完善的实力,从而能成为经济增长的源泉;而大多数发展中国家则因科技的落后而缺乏这种实力,更缺乏相应的社会条件。

　　由此我们可以对中等收入陷阱有一个更直观的理解:中等收入陷阱之所以产生,关键在于这些国家缺乏支持经济可持续发展的科技实力,以及掌握这些知识和技术的人才。由于物质和文化方面的双重落后,发展中国家缺乏对现代大工业和科学技术作用的理解,或知之不深,在行动上不知不觉地重视物质资本的积累,而忽略了相关知识和学科的发展,更缺乏掌握这些知识与技能的人才。发展中国家取得的经济增长成绩主要靠两种动力,一是物质资本积累,二是发达国家经济增长的外溢性,而这两种动力都是外生性因素,因而不可持续。

五、长期经济增长的动力

　　从发达国家和发展中国家经济增长的事实我们可以看到,物质资本对经济增长的推动作用是短暂的,如果缺乏技术上的突破,仅凭物质资本的积累是很难推动经济持续增长的。传统上所说的"马尔萨斯陷阱",描述的就是这种情况。长期经济增长的动力,必须来自于技术进步和科技创新,也只有这样,经济增长才能成为持续的现象,即使技术进步一时陷入低谷,也只会表现为短期的萧条状态,而非前工业社会时那样表现为长期的经济停滞与倒退,甚至是社会动乱。

　　本书的研究针对中国经济发展现实,运用现代经济学研究成果进行细致分析,从而为中国经济的进一步发展找出新的增长动力,具有一定的现实意义;同时本书还深化了西方经济学一些经典结论的背景研究,并为其在现实中的应用作了初步探索,因而也具备一定的理论意义。在本书的研究和写作过程中,笔者查阅了大量文献资料,对发达国家和发展中国家经济发展的历程作了比较研究,并运用现代增长理论这一工具,结合制度经济学和政治学的方法进行了详细的分析,这也是对现代经济增长理论的实践应用过程。

第二节 国内外研究现状

国外增长理论尤其是新增长理论主要是运用模型,在罗默(1986)、卢卡斯(1988)和罗默(1990)等几篇经典性文献的基础上展开研究,其方法也不出这几篇文献规定的范畴,主要是运用动态规划方法和最优控制方法,得出一些关键的结论。但从本质而言,罗默、卢卡斯、巴罗和阿吉翁等人的经典性工作已给出了整个增长理论的框架,其他研究者将其运用到经济增长现实研究中,有的还将之与计量经济方法相结合,具有鲜明的西方经济色彩。

西方的经济学家将现代增长理论尤其是内生增长理论用于经济现实的研究,得出一系列理论成果,例如:Aghion,Banerjee 和 Piketty(1999)将道德风险和事后监控引入模型,考察了金融约束下的创新与增长关系;Howitt and Mayer-Foulkes(2005)检验了金融发展对于收敛的影响;Easterly and Levine(1997)运用跨国回归分析方法分析了民族差异和增长之间存在的负相关关系;Lucas(1993)提出了著名的"卢卡斯效应",即一些新兴工业化国家成功的关键在于其熟练产业工人迅速在部门之间进行转换的能力;Barro and Sala-i-Martin(1995)利用回归方法得出结论:教育水平和随后的增长显著相关,公共教育投入对增长有显著效应;Benhabib and Spiegel(1994)指出,各国之间经济增长率的差异主要来源于人力资本存量的差异,正是这种差异影响了各国创新和赶超更发达国家的能力。

通过谨慎选择前提和运用数理方法,西方经济学家获得了一系列精妙的结论,这些结论也在一定程度上反映了发达国家和发展中国家经济增长的现实。但这些结论如果来自于模型方法,则其结果依赖于前提的选取,反映的现实也仅仅是经济运行中的一个组成部分;而如果要对大范围内的现象作出研究,且因果关系并不十分明确时,西方经济学家往往采用计量方法来确定变量之间的相关关系。在这些数理分析方法越来越精密的同时,西方经济学也因此失去了许多精华,一些经典理论,如熊彼特的创新理论,因缺乏合适的数学工具而迟迟得不到发展,直到最优控制和动态规划理论成熟后这些内容才成功地形式化。事实也证明,仅凭数理方法是难以全面把握经济运行中社会力量的运行和相互作用的,而这些运行和相互作用在经济增长过程中往往扮演着关键性的角色。这也是本书研究的初衷所在,即利用西方经济学中较为精密和现代化的方法与结论来研究中国经济增长动力的问题。

国内学者中,邹恒甫率先展开了对内生增长理论的研究,龚六堂等也取得了较多成果。但与国外相比,我国从事内生增长理论研究的学者还较少,成果也大多以应用型为主。

在内生增长理论的应用中,中国学者取得了较为出色的成就。早在1998年,安体富和郭庆旺就对内生增长理论和财政政策之间的关系做出了论述和介绍;舒元、徐现祥(2002)运用内生增长理论实证方法,对我国经济增长的实际做了研究;胡怀国(2003)较早地在国内介绍内生增长理论;刘剑、胡跃红(2004)则将人力资本等视为一种非贸易品,主张采用财政手段来增强经济发展的动力,实现内生增长;陈宏安、李国平和江若尘(2010)等将内生增长理论用于区域人力资本政策的实证研究;丁建微(2009)则利用内生增长理论研究了中国经济增长与创新之间的关系。

从现有中外文献来看,内生增长理论已广泛被用于分析财政、金融和公共服务等问题。但从根本上说,内生增长理论是描述经济发展动力的学说,罗默、卢卡斯和阿吉翁等人的经典论文是所有内生增长理论论文的源头,而这几篇论文都是以技术进步、人力资本积累以及创新为经济增长动力的,在运用内生增长理论来分析经济问题时,一定要注意这一点。

第三节　研究方法与思路

本课题的研究方法是:以马列主义经济学说为基础,认真吸收和钻研西方经济学说,取其优点,并联系实际,认真调查研究,查阅资料,以马克思的辩证唯物主义方法论为指导,将经典方法与现代方法相结合,理论研究和实际资料相结合,历史分析和逻辑分析相结合,实证分析和规范分析相结合,深入系统地研究了中国经济增长的动力问题。

本课题研究的基本思路是:在认真学习和消化现代增长理论的基础上,认真发掘其背后的社会学、政治经济学意义,并与各国(包括发达国家与发展中国家)经济发展的实践相结合,通过研究得出若干关键结论,分析出中国在未来十年内经济增长的动力所在,以及要实现经济持续增长所需采取的措施。本研究认为,中国经济发展尚有较大的空间,中国经济增长的动力将来自科技创新和人力资本水平的提高。

第四节　主要创新点和不足

一、主要创新点

(1) 本书将现代增长理论与经济发展史、发展中国家经济社会转型史有机结合,灵活地运用经济学、社会学和政治学方法,阐明了发展中国家经济增长和技术创新之间的一些重要联系,并指出发展中国家经济增长瓶颈的内在原因,具有一定的理论创新性。

(2)在研究中国经济增长动力时,本研究并未就事论事,而是将其放在中国工业化和社会现代化这个大背景下去考察,以科学技术在中国经济和中国社会发展中的作用为线索,结合中国民众在现代化中的重要作用,从中国社会转型和人的发展角度来考察中国经济发展的动力问题,并与其他国家、地区的情况相比较,从而揭示出中国经济增长的动力所在,并为发展中国家解决"中等收入陷阱"提供了一个解决的思路。

(3)本书的具体创新点主要体现在:从增长理论和技术经济学的角度研究了人力资本的一些重要性质,给出了其在经济学和经济增长中的重要作用机理;对科学技术的公共产品性质作出了较为系统的研究和阐述,并在此基础上给出了政府作用的新领域,即推动科学技术发展;在研究中国经济发展和产业转移时,提出了劳动密集型产业"内化"是中国经济增长和本土资本成长的重要力量的观点,对一些问题的进一步研究会有所帮助。

(4)在研究工作中,本书运用增长理论和政治经济学方法,对发达国家和发展中国家经济增长的历程作了一个系统的梳理,比较了发达国家和发展中国家在经济发展绩效上的差异,指出了这背后的原因是由于发展中国家较为不重视科学技术和教育等"软"因素在经济发展中的作用,而过于重视物质资本的积累,并以中国为例,较为系统地总结了发展中国家为培养本土科技传统而必须解决的一些问题和经验积累。

二、不足

本书在写作过程中遇到的最大的问题就是资料不足的问题,尤其是一些发展中国家的情况,国内第一手资料不足,只能依据西方学者的相关著作做一些研究,这是今后需要改进的一个方向。

因为时间和精力的关系,在一些有价值的方面,如经济体制变革对技术进步发展的作用、金融体系对技术进步的支持作用等方面,本书研究甚少或基本没有涉及。在今后的研究中,作者会进一步作出改进和提高。

第二章　现代增长理论发展历程

　　经济增长理论是当代宏观经济学发展的两个重要领域之一。现代宏观经济学的创始人是凯恩斯,凯恩斯的学说脱胎于马歇尔学派,但在长期的科研和参政实践中,凯恩斯逐步摆脱了马歇尔学派的学术范式,开始走出一条自己的路。一战后,英国出现慢性经济萧条,当时首相劳合·乔治推出一亿英镑公共投资的经济振兴计划,此举震撼了经济学界,凯恩斯专门撰文为之辩护,从这时候起,凯恩斯就背离了马歇尔的微观经济分析方法,走上了总量分析之路。1936年,凯恩斯出版了《就业、货币与利息通论》,标志着现代宏观经济学的诞生。现代宏观经济学中任何一个学派,都可以看到凯恩斯所创学术范式的影响。

　　但从经济发展史的角度来看,凯恩斯的学说是不完全的,它并没有对经济增长问题作出思考和解答,更未告诉人们经济增长的动力与源泉所在。原因在于凯恩斯的宏观经济学说是20世纪20年代英国经济长期萧条和随后世界性大萧条的产物,具有很强的应急色彩,理论上也未能完全自洽,其本质上是一种短期分析,未能对经济长期表现和增长作出研究。这一缺憾,是由凯恩斯的学生拉姆齐和美国经济学家索洛所填补的。

　　早在1928年,凯恩斯的学生拉姆齐就利用变分法提出了最优储蓄路径模型,简称拉姆齐模型。拉姆齐模型提出后,因其方法过于超前,宏观经济学许多概念尚未成型,拉姆齐本人又早早去世,而被世人遗忘近40年之久。20世纪60年代,戴维·卡斯和佳林·库普曼斯利用新开发的数学工具,重新发现了拉姆齐模型,并修改了其中一些粗糙之处,使之具备了现代形态,因而该模型在现代文献中也被称为拉姆齐-卡斯-库普曼斯模型。

　　从这时候起,经济增长理论就找到了自身独特的研究方法与范式,而凯恩斯创立的方法则深深影响了另一重要领域——经济周期理论。经济增长理论和经济周期理论并称为现代宏观经济学的两个核心领域,在宏观现代经济学的前沿,这两个领域又有融合之势,并且逐渐与一些重要的计量方法相结合,开创了一些全新领域。

第一节 索洛模型与拉姆齐模型

索洛模型和拉姆齐模型是现代经济增长理论的两个基准模型,也是最早发展的模型,许多现代增长理论文献都是采用这两个模型作为分析基础。要学习和理解现代经济增长理论,必须要对这两个模型有所了解,在此基础上才能学习一些新的模型。下面我们就对这两个模型进行简要介绍。

一、索洛增长模型

1956年,索洛提出了著名的索洛模型,为经济增长理论的研究指明了方向。索洛的模型建立在这样几个假设之上:①假设经济只有一个部门,这个部门的产品即经济体的全部产出,它既可以用于生产,也可以用于消费;②不存在对外贸易和政府部门;③所有储蓄都被用于投资;④适用完全价格弹性和货币中立性,这样经济就一直处于自然率的水平;⑤人口增长、技术进步和资本折旧速度取决于外生因素。在此基础上,索洛给出了自己的模型。

索洛首先对模型所用生产函数进行了仔细界定。在这里,索洛的生产函数是新古典生产函数,具有以下形式

$$Y = A_t F(K, L)$$

在这个生产函数中,Y代表产出,K代表资本,L是劳动投入,A_t是对技术水平的一种度量,它是时间的函数。该函数满足新古典生产函数的一般性质,即投入要素的边际生产率递减和稻田条件。

索洛指出,由于产出由投资和消费组成,即产出有如下形式

$$Y = C + S = C + sY$$

而因资本会有折旧,每年的投资包含净增投资和上一期的折旧两部分,因而有如下等式

$$K_{t+1} = I_t + (1-a)K_t = sY_t + K_t - aK_t$$

在这几个关系基础上,经过一番运算,得出一个最终方程

$$k' = sf(k) - ak$$

其中,k为人均资本拥有量,k'为k的导数,$f(k)$为生产函数的人均形式。在该方程中,当$k'=0$时,索洛模型达到稳态。

对于经济学家来说,最有意义的就是这种经济体系的稳态。在这种稳态中,经济体系的增长率不随时间的推移而衰减,在原始的索洛模型中,这个稳态的增长率为零。后来的学者引入了外生的技术增长率,于是得到了内生的经济增长。

显然,这种由外生因素决定的增长模型并不能令人满意,因为我们无从得知经济增长的内在机制,并且经济增长率不能由模型本身的变量所决定。为了解决这一矛盾,经济学家花了近40年时间,终于解决了这一问题,这就是著名的内生增长理论,我们将在第二节予以说明。

二、拉姆齐模型

拉姆齐模型诞生于1928年,凯恩斯的学生拉姆齐利用变分法,以求解长时期效用最大化的方式得出了最优储蓄途径,但拉姆齐采用的变分法在求解这类问题时仍有不可克服的缺陷。20世纪60年代,卡斯和库普曼斯利用最优控制方法给出了拉姆齐模型的正确解法,从而避免了拉姆齐原始方法中的积分发散问题。由于拉姆齐-卡斯-库普曼斯模型的求解比较复杂,这里就不具体写出该模型的数学形式,有兴趣的读者可以翻阅巴罗和萨拉-伊-马丁的《经济增长》。

拉姆齐模型建立在个人利益最大化的基础之上,拉姆齐的原始求解方法——变分法,脱胎于最优曲线求解,而最终成为求解拉姆齐模型标准方法的最优控制法也正是建立在最优化求解方法之上,并且可以推广到一些非标准情形,这就决定了拉姆齐模型与索洛模型不同而具有了微观基础。在拉姆齐模型的动力学中,只有在一条特定的路径上才能收敛到稳态,这条特殊的路径叫做鞍点路径,经济学家在卢卡斯引入理性预期学说后认识到,正因为理性预期的存在,理性经济人必然选择鞍点路径。

值得注意的是,当经济体收敛到稳态时,拉姆齐模型的经济行为与索洛模型的行为基本一致,即总资本存量、总消费和总产出将以相同的速率增长,其长期增长率则由外生给定的人口增长率决定,人均变量的增长率为零。而我们知道,经济要想有效地发展,必须体现在人均资源占有量的增长上,因而标准的拉姆齐模型和索洛模型一样,要引入新的方法才能真正解决经济增长的问题,但拉姆齐模型和索洛模型为解决经济增长问题提供了两个强有力的分析框架。

第二节 内生增长理论的提出与发展

现代经济增长理论可追朔到凯恩斯的学生,天才的英国经济学家弗兰克·拉姆齐。在他发表于1928年的论文《储蓄的数学原理》中,拉姆齐给出了储蓄内生条件下的经济最优增长路径。这一成果是划时代的，但却因其方法过于先进，与当时的研究主流不符而沉睡近40年，直至20世纪60年代才被经济学家卡斯和库普曼重新提出并改写为现代形式。50年代中期，索洛和斯旺等人提出了著名的索洛模型，在假设政府缺位的情况下，运用新古典生产函数讨论了储蓄、人口增长和技术进步等因素对于经济增长的推动作用，打破了经济增长理论停滞不前的局面，对现代经济学的发展产生了极大影响。直至今日，大部分经济增长领域的理论文献，都是在这两个模型的基础上展开讨论的。但无论是拉姆齐模型还是索洛-斯旺模型，都是建立在新古典生产函数基础之上的，"将变量行为视为给定，而此变量正是该模型所发现的增长的主要推动力量"，考虑到新古典生产函数具有边际生产率递减的性质，这自然就带来一个问题：经济成长是否有边界？能否摆脱边际生产率递减的性质而实现稳定的经济增长？

这个问题在20世纪80年代开始有了突破。年轻的保罗·罗默开始了他对经济增长理论的探索，他首先利用索洛模型对这个课题进行了研究。在1986年和1987年的两篇经典文献中，罗默表达了这样一种思想：资本概念不应该仅仅包括实物资本，研发费用和对人力资本的投资亦是资本的重要组成部分。知识具有强烈的公共产品属性，正因为如此，对知识的投资就不像对实物资本的投资那样具有完全的独占性，溢出现象必然发生，就是说，一个厂商对知识的投资，必然会使其他厂商受益。这个思想的理论源头无疑来自于肯尼斯·阿罗，但却是罗默将这个光辉的思想加以创造性发展并用于现代增长理论。

罗默将知识分为作为纯公共品的知识和与生产过程相联系的专业知识，并将它们写进自己的生产函数，同时罗默将物质资本和劳动合并为一个单独的物化投入变量，这样罗默的生产函数就具有三个自变量。罗默指出，作为纯公共品的知识决定了整个社会的平均利润水平和规模经济，资本依然具有边际投入递减的特性，但资本投入的增加将会带动专业化知识的生产，而专业化知识正是厂商超额利润的来源。这样，物化资本的边际收益递减特性就被专业化知识所抵消，整个经济也将呈一个正性的稳定增长。

罗默的这一发现具有划时代的意义，传统经济学所担忧的增长陷阱和增长动力问题，在罗默的手里有了初步的正面答案，这一发现从理论上昭示了稳定的经济增长是有可能的，从而克服了因物化资本边际收益递减而造成的增长停滞的难题。但罗默的这一发现并不是终点，他仅仅将知识视作物化资本投资的副产品，没有将一些重要变量充分内生化，更没有解释知识的投资问题，因而尚有待于进一步的发展。

迈出这一步的是卢卡斯。作为罗默的老师，卢卡斯有充分的机会接触罗默的思想，但卢卡斯却另辟蹊径。和罗默不同的是，卢卡斯是在拉姆齐模型的框架下考虑问题,并且对克服物化资本的收益递减特性有着自己的见解。卢卡斯认为,促进经济发展的知识可分为社会共有的一般性知识和劳动者所具有的人力资本,而人力资本又可分为仅具有社会一般性知识的人力资本和可在生产过程中积累并体现出来的特殊人力资本,只有这种特殊的人力资本才是经济发展的源泉。在这些假设的基础之上,通过求解拉姆齐模型,卢卡斯同样得到了稳定的经济增长!

卢卡斯的工作也进一步激发了罗默的思考。1990年,罗默终于迈出了关键性的一步,他的这项工作引发了一系列的后续研究,从而开了著名的熊彼特增长理论的先河。罗默认为经济体由三个部门组成:研发部门,专门负责新技术的研发,是一个完全竞争的部门;中间体部门,专门为最终产品部门提供生产原料,是一个垄断市场;最终产品部门,其产品被用做消费或其他两个部门的投入品,是一个完全竞争的市场。研发部门向中间体部门提供受永久性专利保护的设计,使得中间体部门能将最终产品生产成各种有差异的中间产品;中间体部门购买设计后将设计变为真正的产品后卖给最终产品部门作为投入。这里值得注意的是,研发部门是一个进出自由的市场,经济利润为零,而中间体市场由于其垄断性可获得经济利润,最终产品部门必须采用中间产品作为物质投入。将研发部门纳入分析是该模型最大的特色。

在以往的经济增长模型中,虽然技术被当做影响经济效率和经济增长的重要因素,但知识和技术一直都被认为是依附于其他投入(如资本或劳动)的附属品,而没有被当做一个独立的部门来看待,也就是说,在罗默1990年划时代的成果提出之前,经济增长理论中不存在研发部门,同时研发活动也欠缺作为一种经济活动所必需的回报——这显然与实际情形相悖。

罗默指出,虽然研发部门是一个自由进出的部门,因而经济利润为零,但研发部门利润的来源,无疑是中间体部门所获得的垄断利润,中间体部门只有从研发部门获得设计图才能从事中间体的生产。这是一个石破天惊的发现,它解决了困惑经济学家们数十年之久的研发投入的补偿问题。

在此基础上,罗默通过求解一个三部门的模型,得出了经济的均衡增长率,这是一个不依赖于外生力量的均衡稳态增长,由于将研发部门纳入模型,增长的源泉来自于有意识的研发活动,相对于宇泽-卢卡斯模型来说是一个重大的改进。同时,罗默将垄断力量引进内生增长模型,又为后来的熊彼特增长理论开辟了一条道路。

到20世纪90年代,内生增长理论已经趋于成熟,一个突出的理论成就就是熊彼特增长理论的发展。熊彼特增长理论将垄断因素引入发展模型,强调依赖于模型自身变量的研发活动构成了经济增长的源泉,罗默在1990年的研究成果成为熊彼特增长理论最重要的基本模型之一。熊彼特增长理论的提出,成功地将熊彼特关于创新的理论形式化,开拓了增长理论进一步发展的巨大理论空间。事实上,从那时候起,熊彼特增长理论一直是宏观经济学最活跃的研究领域之一。

通过卢卡斯、罗默和阿吉翁等人的努力,内生增长理论开始蓬勃地发展起来,并且形成了一个庞大的研究领域,左右了宏观经济学的发展方向。学者们提出了许多内生增长模型,分别以不同的因素,如创新、人力资本、教育和技术学习效应等为驱动力量的模型,并给出了稳态的正值经济增长率。这些模型大多以拉姆齐模型或索洛模型为分析框架,认为从长期看,知识的增加、扩散以及技能熟练程度的上升,是经济发展的最终动力,这也与人类经济社会发展的史实相吻合。以此为基础,内生增长理论开始与实际经济周期理论、一些计量技术相结合,形成了动态随机一般均衡理论,成为现代宏观经济学发展的热点。

内生增长理论在现代经济学中扮演了重要角色,本研究即以内生增长理论等现代增长理论为基础,结合社会学、政治学和历史学的方法,对中国经济在未来的增长动力问题作出初步研究,并对中国经济的发展前景给出自己的看法。

第三节 稳态经济增长机制与经济发展

从以上论述我们可以看出,经济增长的关键在于以技术进步、技能提升等为驱动力量,以人均资本拥有量、人均消费不断增加为特征的。从长期来看,经济增长表现为一个稳定的常数,这也与发达国家实际的经济增长表现相吻合,发达国家基本都实现了以技术创新和技能提高为驱动力的经济增长,其增长速率基本是一个比较稳定的中低数值。但正因为发达国家的增长有着坚实的基础,其发展才能避免像一般发展中国家那样大起大落,其社会生产力才能在创新的基础上不断发展。

一、原始索洛模型的政治经济学意义

考察原始索洛模型我们可以发现,在原始索洛模型中,存在着暂时的经济增长,即在储蓄率增加时,人均资本存量和人均消费会有短暂的提高,但这种提高只具有水平效应而无增长效应,即储蓄率(表现为投资)的提高会改变经济的平衡增长路径,因此会增加任一时点上人均产量的水平,但当经济体处于平衡增长路径时,人均产量的增长率依然为零。如果联系世界各国经济发展的实际,我们就会发现储蓄率变化对索洛模型的影响具有深刻的含义。

在原始索洛模型中,储蓄全部转化为投资,由于忽略了技术变化率,经济达到稳态后,要想驱动经济的增长,就必须加大投资,即通过增大储蓄率来刺激经济,促进经济总量的提高。但由于生产函数的新古典性质,这种人为推动的经济增长缺

乏长久的效应,随着时间的推移,在边际生产率递减性质的作用下,经济增长率逐渐降低,当增长率为零时,经济体重新回到稳态。显然,在原始索洛模型的框架下,无论怎样改变储蓄率,都难以改变经济体的稳态状态。

在原始的索洛模型中是没有政府部门的,但如果我们用一种新的角度来看待索洛模型,就会有一些新的体验和感悟。我们假设,索洛模型中存在着政府,并且政府的作用是对经济进行投资,以此来获得经济增长,政府由此可以任意改变储蓄率以完成投资计划。由于生产函数的新古典性质并未改变,无论投资怎样变化,经济在投资刺激后总是要返回稳态,并且投资刺激在开始表现出非常明显的效果,随着时间推移效果越来越不明显,一直到返回稳态为止,也就是说,政府的刺激计划只可以显一时之效,而没有长久的增长效果,要想使经济长久增长,必须在改变生产函数上下功夫——这就是内生增长理论的研究范围。

这种方法让我们对凯恩斯经济学有一种新的体悟。凯恩斯强调采用经济刺激的方法来摆脱经济危机,反映在索洛模型中就是不断增加储蓄率,并转化为投资来刺激经济——凯恩斯本人并没有明确的经济增长理念,他所关心的中心议题是摆脱经济危机,实现经济复苏,但经济复苏可以看成另一种叙述方式下的经济增长——按照索洛模型,这种刺激的边际效果显然是递减的,并且总会达到稳态,此时如果采取进一步的刺激,只会重复这个剧本。这个故事对于传统计划经济来说也很有寓意,考虑到计划经济模式下投资几乎是百分之百地来源于储蓄,这种投资波动导致经济波动的情形在计划经济下几乎是常态。这就启发我们,真正的经济增长,必须体现为稳态下的经济增长。

二、从经济发展史看经济增长的特征

考察人类发展的历史,我们发现,在漫长的自然经济时代,经济发展虽然有波动,但经济的增长基本还是按照技术进步的路线来推进的,只有在出现大规模外来冲击,如外敌入侵、饥荒等情况下,才会出现大规模的经济倒退现象,除了这些不可抗拒和随机的冲击外,经济增长的基本推动力量依然是技术进步。在大规模战乱后,经济的恢复也可视为一种特殊的经济增长,如果当时出现了一些新的技术进步,那么这种经济恢复就伴随着真正的经济增长,并且会突破原有水平达到一个新的高峰。这种情况在封建时代的中国尤为突出,中国的封建王朝在经历了衰落前的经济辉煌后总要发生大规模的战乱,战乱平息后经济开始恢复,如果此时有了新的技术进步,那么经济将会迅速恢复,并有一个较长的增长期。比如宋朝,在唐末五代的长期战乱后引进了占城稻,大大增加了农产品剩余,人口突破一亿,并有更强的经济基础来实现经济增长,四大发明有三个产生于宋代即是证明。元末明初则是一个相反的例子,元末长期的战乱导致经济大规模倒退,人口数量大为减少,此时并没有发生大的技术革新,也缺乏先进技术的传入,甚至中国本土原有的技术都因长期战乱而有相当程度的断层现象,结果明代经济经历了一个漫长的恢复期,直到万历年间才出现经济繁荣。同时技术革新也在此时出现一个创新爆发的热潮,宋应星的《天工开物》就是这一时期中国民间创造力爆发的见证。这段时期积累的成果,加上美洲传入的新农业技术,共同为康乾盛世的经济繁荣打下了坚实基础。由此可知技术进步对自然经济时代经济增长的重要性。

到了工业时代,这些表现形式出现了重大变化,特别是大萧条以来,经济增长的形式和内在机制越来越受到政府干预的影响。大萧条的一个很大的后果就是政府干预经济的常态化,凯恩斯主义的诞生恰好给这种干预提供了理论工具。但在罗斯福新政时期,各国政府建议推出的凯恩斯式的干预政策并没有对经济增长作出显著的贡献,甚至在将经济拉出萧条泥潭这一基本的目标上效果也不明显,二战前资本主义世界经济体系的危机实际上是通过战争来解决的。事实上,二战前基础学科就孕育着革新的种子,起先导作用的是物理学;战争旺盛的需求也使得物理学、化学和数学深深地与技术相结合,出现了许多革命性的技术。令人玩味的是,经济学也从中大为受益,在当时的美国,一大批优秀的经济学家被征召入军事部门,以自己的专业知识为战争服务,包括萨缪尔森、弗里德曼和库兹列茨等人,他们在战争中取得的运筹学等方面的成果和学到的数学方面的知识,为经济学战后的革新打下了坚实基础。这些在战争中取得的成果在战后经济重建中发挥了重大作用,并且为战后西方各国凯恩斯主义式的调控提供了广阔空间。

战后西方国家出现了较长时期的经济增长,创造了一个经济增长的黄金时期,以致有人乐观地宣称"经济危机已经消除"。此时也正是正统凯恩斯学派大行其道的时期,凯恩斯学派鼓吹创造需求以稳定经济,甚至促进经济增长,视政府干预为促进经济发展的不二法门;而西方当时持续的经济繁荣也给学者和政治家们带来了错觉,以为难得的经济繁荣是持续推行凯恩斯主义的结果。如果我们看到当时西方方兴未艾的科学和技术革命,以及二战后世界殖民体系的瓦解,我们便会知道当时的经济繁荣与凯恩斯主义是否存在因果关系殊难断定。由于水平及眼界的限制,目前笔者尚未看到国外有关这方面研究的资料,但显而易见的是,凯恩斯主义对经济可能产生的副作用,被当时生产力的发展所抵消了。贯穿 20 世纪 70 年代的资本主义世界经济危机证明了这一点,凯恩斯主义的药方对当时的经济衰退几乎毫无作用,反而将经济推入滞涨的深渊。在经济衰退的条件下盲目应用扩张政府需求的政策,带来通胀的几率要远大于带来繁荣的几率。这一时期西方经济的停滞,与新科技革命的红利消耗殆尽有很大关系,而当时对凯恩斯主义的盲目推崇和运用,实际上是人为地扰乱了经济增长的长周期。事实上,西方经济最后走出 70 年代的滞涨而重新走向繁荣,主要还是依靠信息技术革命的带动。

从中国和西方经济发展的历史我们看到,仅靠凯恩斯主义或人为创造政府需求是很难达到经济增长目的的,经济增长有其自身的规律,主要还是要依靠科技创新与技术进步来推动。要想使科技创新和技术进步成为经济增长的主动力,我们就要对相关概念和经济事实作更详细的考察。

三、发达国家:经济增长成为常态现象

揆诸人类经济发展历程,我们发现在自然经济时代,技术进步和科学创造有着很大的偶然性,通常是依赖于一些天才人物的零星发现,而这些天才人物的成果和方法通常是不能为当时的人所透彻理解和掌握的。他们取得的一些成果传播到社会上并为社会所用时,已经不是完整的原貌而是有所削弱的了,再经过几代人,这些技术和知识就有一种逐渐退化的趋势,直至一个较低水平。这些技术和知识要想再次焕发光彩,必须再等下一个天才人物的出现,而这些天才人物的出现不仅是随机的,更受各种复杂社会条件的制约。因而当时的经济增长和技术进步充满了不确定性,并且是极为缓慢的。古代中国由于空间、人口和社会结构上的优势,因而长期在全球执经济发展之牛耳。

进入工业革命时代,科技创新和技术进步开始作为一种经常性的力量和机制来影响工业化国家经济的发展,并且使这些国家能以一个经常性的速度来实现经济增长。我们要特别指出的是,经济增长绝不可以看成是一种必然的或经常性的现象,而应当看作是由一系列特殊事件所推动的结果。文艺复兴以来,西欧国家先后有西班牙、荷兰和法国,经济得到了很大增长,但这些经济增长并没有形成一种稳定的机制;而且这些国家的统治者热衷于参加各种王朝战争,消耗了经济增长的成果,最终未能发展出稳定的经济增长机制。而英国却完成了这一使命。英国吸纳了各个欧陆国家的先进工艺成果,并且利用与欧陆隔绝的地理优势获取了广大的殖民地,拓展了充分的市场空间,这些因素结合起来,使得英国有足够的动力、工艺、金钱和熟练技术人才来推进产业技术变革,最终产生了工业革命。工业革命将技术革新和科学进步常态化和制度化,企业家之间为了开展竞争,不得不进行技术革新。这种技术革新一开始表现为一种次级创新,即在日常生产经验积累的基础上,不断进行小规模的技术改进和优化,往往都是和节约成本联系在一起,当这些次级创新积累到一定程度,就发生了原始创新。在自然经济阶段,重大的创新也基本遵循这个流程,但都是由分散的个人做出,耗时较长,且充满了不确定性,往往一个重大创新的产生要耗费数百年时间,中国的四大发明即是如此。工业化时代的伟大,就是建立了这样一种经济机制,它将创新制度化和常态化了,并且使创新成为推动经济增长的常态化力量,经济增长也由此从一种非必然事件变成了一种常态化事件(但非必然事件,只有那些建立了相应机制的国家,经济增长才变为一种

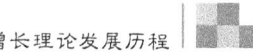

必然事件,尽管如此,有时还要受周期性因素的制约和影响)。

在此我们可以对二战后发展中国家经济增长做一小结。二战后发展中国家并未出现普遍的经济增长,只有那些与西方接触较早较深(如拉美)或传统上文明程度较高的国家(如"亚洲四小龙"和东南亚地区)才出现较长时间的经济增长。近年来,这些地区的增长普遍放慢,有的甚至陷入"中等收入陷阱",而中国和印度开始在经济上取得更大的成就。在取得了一定经济增长成就的国家中,资源并不是一种主导性的力量,关键还在于其人力资本初始禀赋以及相应的社会结构是否能推动知识和技术的大规模传播和扩散,在这一点上,东亚儒家文化圈国家具有较大的优势。如果对这些发展中国家和地区取得的成就作详细分析,我们便可看到,这些国家的经济增长是通过两种方式取得的:一是进口替代型增长战略,二是出口导向型增长战略。战后发展中国家所采取的增长战略大致都可以划归这两种战略之列。

进口替代型战略往往与重化工业优先发展战略相联系,这种战略认为国家经济的落后在于工业尤其是重化工业的落后,正是因为这种落后才导致了国家经济、文化和军事等方面相对于发达国家的弱势。要改变这种经济落后的状况,唯有优先发展重化工业,消除对发展中国家工业产品尤其是重化工业品的依赖,发展民族重化工业来替代国外产品。20世纪前半叶,这种经济发展思想对整个发展中国家产生了重大的影响,包括原苏东国家,实际上也是执行的这条发展战略。一时间,这条战略给执行它的发展中国家带来了可观的账面上的经济增长,但随着时间的推移,增长的速度开始放慢,出现了产品积压、坏账增加和经济增长停滞的状况。而此时的西方国家已经实现了经济和产业发展上的升级。执行这条战略的结果不但没有缩小和西方的差距,反而因经济增长的绩效较差而加大了这种差距。利用前面所述的索洛模型,我们发现这种战略正对应于原始索洛模型中改变储蓄率而得到经济增长的状况,在这种情况下,就出现了经济发展的动态无效率。许多发展中国家都没有意识到,西方国家之所以出现常态化的经济增长,关键在于建立了确保经济增长的常态化机制,我们称之为稳态经济增长机制。

出口导向型战略则注重利用本国丰富的自然资源和人力资源,以积极参与国际分工为原则,通过向国际市场出口产品来达到经济增长和人民生活水平的提高。与进口替代型战略不同,出口导向型战略并没有有意扭曲市场机制,反而积极利用市场机制,以市场机制及其发出的信号为指导经济活动的指南,这是与进口替代型战略相比积极的一面,事实上,二战后日本、韩国、台湾和香港等地就是采取出口导向型战略,实现了经济的起飞。出口导向型战略注重利用现有资源,发掘现有资源的经济价值,以此作为经济增长的源泉与动力,但这并不意味着出口导向型战略毫无缺陷,相反,出口导向型战略的缺陷是在经济增长的过程中逐渐显露出来的。出口导向型经济中,出口部门占据了国内大部分资源,资源过度向出口部门集中,这就造成了国内资源配置的扭曲,如果说进口替代型战略造成的资源配置扭曲是自内向外,出口导向型战略造成的资源配置扭曲就是自外向内。出口导向型战略的缺陷不仅于此,它还使得奉行此战略的经济体对出口部门形成依赖,难以借助经济发展的东风来全面提高自身的人力资本禀赋,反而会在一定程度上造成"小富即安"的倾向,使得民众和企业家阶层沉迷于短期行为,不利于技术进步和科技创新,在这一点上,进口替代型战略较出口导向型战略具有一定的优势。

发展中国家多采取这两种战略发展经济,但效果都未能达到预期。采用进口替代型战略的国家,过于注重重化工业和高技术产业的发展,却忽略了利用市场机制来发展经济,结果造成资源配置上的扭曲和动态无效率,具体表现为:投资过度,生活物资供应紧张,辛苦建立起来的重化工业和高技术产业却因缺乏竞争力而只能占据国内市场,造成国内民众巨大的福利损失。实行出口导向型战略的国家,经济一般都会得到一定程度的增长,但仅仅依靠这种增长来实现经济发展,确实无形中将自身绑上了发达国家的经济战车,失去了经济发展的主导权。许多奉行这种战略的国家,经济初步繁荣,但繁荣背后的经济失衡和未来增长潜力的透支却影响了经济的发展,使得这些国家多陷入"中等收入陷阱"。韩国在这些国家中是一个例外,韩国在实行出口导向型战略之余,却长期执行重化工业优先发展和进口替代型战略,由此可见,发展中国家特别是处于经济起飞阶段的发展中国家要想持续地发展国民经济,应对两种战略取其优点,去其缺陷,同时并用。

四、稳态增长机制是经济增长的持续动力

通过以上分析,结合现代经济增长模型,我们发现,经济增长的最终动力显然是技术进步、科技创新与生产发展,但到了工业和后工业时代,经济增长的动力所具体表现的形态及作用的方式却有所差异。对于发展中国家来说,最大的挑战在于如何跨越工业化的门槛,成功地将自身锻造为一个工业化国家。在这个过程中,经济可能会有较大的增长,但必须要注意的是,这种增长具有暂时性和不确定性。与现今发达国家不同,大多数发展中国家在推进经济增长时,不仅面临着外部发达国家在经济和政治等方面的压力,更为重要的是,这些发展中国家内部的社会结构不适应现代经济发展的要求,具体表现在人力资本初始禀赋很低,创新能力薄弱,技术学习能力差,教育体系不完善等。我们必须指出,一时的经济增长并不必然解决这些问题,反而可能会使这些问题更趋恶化,拉美一些国家在经济起飞后的停滞,就充分地说明了这一点。如果发展中国家在实现了经济的初步起飞后没有在这些方面有所改善,那么这种经济增长的结果就是成为发达国家在经济上的附庸。事实上,多数发展中国家在经济上的成就,乃是发达国家产业转移和原料需求的结

果,从本质上说,是发达国家经济增长的正外溢性所致。这种正外溢性在发达国家结构调整或经济不振时,又能迅速变为负外溢性,从而对发展中国家的经济造成不利影响,这就是俗称的"美国一打喷嚏,全世界就感冒",归根结底还是自身经济发展缺乏内在动力所致。发展中国家要想依靠内在力量来发展自身经济,就必须如发达国家一样,建立起一种内在的能促进科技进步和创新的增长机制。结合现代增长理论和发达国家的实际,我们发现,这种增长机制应包含以下几个方面。

第一,具有较高的人力资本禀赋。较高的人力资本禀赋是经济长期稳定增长的重要前提,更是近代以来西方国家经济引领世界潮流的重要原因。这里所指的人力资本禀赋不仅包括数量上的,更包括水平和结构上的。当人类经济发展到工业化阶段时,其对劳动者各方面技能的要求已远远超过以前任何时代,劳动者,哪怕是从事简单劳动的劳动者,都需要一定的读、写、算的能力,遑论从事复杂劳动的劳动者。经济体如果缺乏这些富于生产技能和一定理论素养的劳动者,将难于涉足一些生产率较高、效益较好的领域,将人为延长经济起飞的时间。同时,社会经济的发展和商品经济的发达,要求服务业尤其是高技能服务业能满足经济内在的需求,这种人力资本的作用就像化学反应中的催化剂,能对经济的持续发展和产业体系的高级化起到不可替代的作用,而这种人力资本的积累必须建立在生产和技术型人力资本具有相当水平的基础之上。在发达国家,各行各业都有这样一批优秀的人才,在为技术的改进、科学的进步和生产的发展,做着无可替代的工作;而在发展中国家,人力资本的发展水平很低,因而也就无力引领经济技术的发展潮流,甚至难以消化国外先进的技术成果,其结果也只能得到依附式的经济增长。这种经济增长是发达国家经济增长的正外溢性结果,并因这种正外溢性,发展中国家的经济波动幅度和密度都要大于发达国家。由此可见较高人力资本禀赋对于稳态经济增长机制的重要性。

第二,具有较强的科技水平,并且科技活动已成为文化传统的一部分。现代经济归根到底是工业革命以来数百年科技创新和技术进步的产物,也正是这数百年来的科技创新和技术进步,才确保了发达国家相对于发展中国家经济上的优势,才推动了经济持续增长。之前关于经济增长的种种悲观预测,已为科技发展和经济增长的现实所否定,在可预见的将来,经济增长依旧是一种经常性的现象。在经济比较发达的国家中,基本都具有较强的科研实力,并且这种科研实力能很好地与生产实践相结合,成为推动经济发展的基本力量。现代技术往往涉及数十个学科,复杂程度很高,如果一个学科存在落后的情况,技术作为一个整体就难以得到充分发展,所以发达国家先进的技术和旺盛的经济增长动力,都建立在先进科学技术基础之上。凡具有较高科技水平与传统的国家,经济增长都是一种长期性的现象,欧洲一些小国,如匈牙利、波兰等,历史上形成了较为独立的科学传统,科研文化已成为这些国家的一种文化传统,尽管在历史上曾经有过一些经济发展上的波折,但这种科研文化传统确保了它们的经济始终具有较为旺盛的活力。这些次发达的国家如此,经济发达国家更是这样。发达经济体拥有了较强的科技实力,就能在获取大量技术租金和利润的同时,不断地进行下一个阶段技术的开发,始终保证经济增长活力。而广大发展中国家因为缺乏这种能力,经济增长始终只能靠发达国家在技术和产业上的"输血"而非"造血",这种"输血",完全是依据发达国家的利益而非发展中国家的利益。因此,具有较强的科技实力并已内化为一种传统,是稳态经济增长机制的重要特征。

第三,企业要具备相当的技术学习、交流、扩散能力与机制。在发达国家,技术研发与进步的主体是企业,国家与企业在技术进步上各有分工:国家主要以各种方式组织、资助基础科学研究,而这些基础科学方面的研究成果要转化为相应的生产力,转变为适合市场需求的形式,必须由具备丰富市场经验和市场开发能力的企业来完成。从历史经验看,技术要顺利地为社会所吸纳和接受,必须由企业完成相应的学习和吸纳工作,转化为能为社会利用的形式。在这个方面的一个显著例子是前苏联。前苏联曾通过各种渠道获得大量西方技术,但这些技术都掌握在国立科研机构和国营军工企业之手,并未能作为一种工具充分地为民间所吸收和内化,结果就导致前苏联在技术上长期处于跟踪西方的地位,尽管前苏联科技力量强大,但企业角色在国家技术和经济发展上的缺位与不足使得这种强大缺乏内在力量的支持,而始终处于一种附属的地位。在现代西方国家,产业界与科技界、企业与国家公立科研机构的互动极为密切和频繁,大量新产品和新思想、新技术都在这种互动中得以产生,甚至有的大型企业在某个领域的技术实力能压倒一些发展中国家,这充分地说明了企业在技术发展中的作用。对于发展中国家而言,单纯地获取某项技术并不困难,困难的是将这些技术有效地吸收并培养出属于自身的技术能力,而发展中国家企业恰恰在技术学习、消化方面存在着严重缺陷,正是这种缺陷使得发展中国家难以在技术上获得真正的进步,也难以形成稳态增长机制并取得稳定的经济发展。

第四,产业内部组织严密,有一套能完整应对技术进步的产业转移、分布和规划机制。经过数百年的发展,西方老牌工业国家已形成了庞大的产业链,特别是那些技术含量高、投资大、内部分工细密的行业,其内部产业链各环节之间配套齐全、咬合紧密,形成了庞大的"产业航母",一般的发展中国家乃至一些在此产业不具备比较优势的发达国家,都难以撼动这种产业优势。相关产业联盟或组织与政府密切合作,采用各种办法确保自身的产业优势,当新技术产生时,这些产业联盟通常会有意识地控制这种技术的应用和推广步骤,以为自身内部的调整赢得时间。随着经济全球化的深入,许多发展中国家开始具备了一定的经济发展条件,一些低端产业也逐渐向这些国家转移,但这种转移都在相关组织和政府的密切监控之下,他们手中牢牢掌控着核心技术、生产环节和零部件,利用发展中国家的优质资源改善自身的资源配置和结构优化,使得这种优势地位更加稳固。对于一般的发展中国家来说,接受这些产业转移固然有利于本国经济的一时发展,但这种发展是建立在牺牲本国经济自主性的基础之上的,要想在发达国家根深叶茂的行业中杀出一条发展之路并不容易,而接受这种产业转移却将自身纳入发达国家的分工体系之内,这种分工具有强大的路径依赖性,其对发展中国家经济的影响更不可忽视。事实证明,这种产业上的内部分工和空间配置,对于发达国家维持自身产业体系的竞争力,起到了极为重要的作用,值得我们加以重视和研究。

第五,完善的现代化教育体系。教育是人类社会养成技能、传承文明的最重要方式,一个社会发展程度是否完善,与其教育体系是否完善有着极大的关系。从经济学的角度来看,教育有形成人力资本、传授技能和培训人员的作用,与以边干边学的方式形成技能相比,教育功能具有规模效应,能大幅减小培训的成本,同时又易于考察效果,只有在那些技术发展程度较高、技能足够独特的领域,学徒式的训练才可以弥补其边际成本上的劣势,从而有较好的效果。从现代生产技术的性质考虑,教育的作用就更为明显。现代生产技术的一个基本特点就是与基础学科紧密相连,要掌握这些技术,必须以掌握大量理论性知识为前提,而理论性知识的学习,如果采用单个培训的方式,边际成本将极高,只有充分发挥教育的规模优势,同时对大量学生进行统一的教学,才能在节约成本的前提下经济有效地达到目的。现代经济的发展也对教育体系提出了新的更高的要求,教育系统不仅要培养出优秀的学者、工程师和产业工人,也要培养出优秀的金融从业者、财会人员和服务业从业者。从发达国家的实际来看,其教育体系多半能满足社会经济发展的需要,教育系统所培养出来的人才,不仅满足本国经济建设的需要,很多情况下还帮助国外尤其是发展中国家培养了大批人才,从而成为了一个特殊的对外经济部门。而那些经济比较落后的发展中国家,鲜有教育事业发达的,即使个别教育事业成绩比较突出,也都是某一方面比较出色,整体表现不佳,教育体系不能满足经济增长的需要,其突出表现就是盲目发展高等教育,教育事业发展精英化,忽视民众教育水平的提高。这一切都说明了教育体系均衡、高水平发展对形成稳态经济增长机制的基本性的重要作用。

五、稳态增长机制的形成与经济社会转型

稳态增长机制不是自然而然地形成的,它的形成经历了一个较长的社会演化过程,其间需付出很高的社会成本,即使转型顺利往往也需要近百年的时间。从以上对稳态增长机制的分析中我们可以看出,与传统社会相比,建立了稳态增长机制

的社会具有自发的经济扩张倾向,即使是对外经济依赖较为严重的社会,也经常由于发达国家经济增长的正外溢性而能取得一定的经济发展成绩,这一切都源于现代社会与传统社会在结构和功能上的根本差异。

稳态增长机制是大工业时代的产物,它也伴随着工业社会的不断成长而完善。18世纪中期肇始于英国的工业革命极大地改变了世界各国社会的发展与演化,并使得各国命运在工业时代发生剧烈的分化。在工业革命的早期,即使是英国也没有建立起完全的稳态增长机制,英国仅仅是依靠其在人力资本、技术力量和教育方面的优势,加上广阔的海外市场,完成了工业革命的启动。此时的增长机制与后来相比远未完善,但已足以使英国产生长时期的经济增长,并推动其进入工业社会。与后来完善的稳态增长机制相比,此时英国在基础科学、教育和产业组织等方面仍然有着较大的不足。

但从社会发展和演化的角度来看,在英国出现的稳态增长机制雏形的意义是重大的,它深刻影响了整个人类历史的发展。在这个新的工业时代,国家的经济实力不再单纯取决于一国所拥有的人口和资源,更取决于其所拥有的人力资本、科学技术以及技术学习、产业分布和教育等方面的实力。当各国面临大工业的冲击时,原来所拥有的人口、资源和财富方面的优势,并不必然转化为稳态增长机制中的各个元素,相反,传统的优势在相当程度上反而会成为向新增长机制转变的负担。在那些国土辽阔、人口众多的传统大国,统治技术相当成熟,政府对私人产权的干预远较西欧和日本为强,社会阶层构造复杂,同时内部经济较为发达的地区往往受到政府超经济手段的控制与压榨,中国、俄罗斯和印度都不同程度地存在这种现象。面对西方近代工业经济的冲击时,这些国家不仅需要应付这种来自于外部的挑战,更需要调整内部各阶层关系,并使得自身社会结构以及依附于其上的社会文化适应现代工业发展的需要,简言之,就是打破原有的经济模式,建立起稳态增长机制。对其他中小国家而言,这一任务也同样存在,只是大多数国家既缺乏西欧和日本这样的特殊社会条件,又不具备中国、俄罗斯和印度这样的体量。实际上,就是西欧和日本,在建立起稳态增长机制时都是付出了很大社会成本的。

英国是通过自然演化方式进入工业社会的,其所面临的社会挑战远较其他国家为轻,即便如此,英国社会尤其是下层社会依然付出了沉重的代价,在马克思的《资本论》中,我们可以看到无数鲜活的例子。正是在这样沉重的社会代价基础上,英国完成了人力资本、科技发展和教育等方面的转型,形成了稳态增长机制雏形。欧陆国家所付出的的社会成本数倍于英国,虽然在基础科学方面,欧陆国家发展水平要远远高于英国,但其刚性的社会结构、农奴制色彩浓厚的生产方式和专制主义传统使得欧陆国家建立稳态增长机制的社会成本要远远高于英国。欧陆国家的工业化进程具有明显的外溢性,英国技术和熟练技工的输出大大加快了欧陆国家工业化的进程,但由于欧陆国家具有坚实的自然科学基础和相当的教育发展水平,其稳态增长机制的成长具有相当的内生性,相对于远东的中国和日本,其稳态增长机制的建立要快得多。同时,也正因为欧陆国家在基础科学上较之英国有更雄厚的积累,当工业经济传播到欧陆尤其是法德两国时,这些国家便利用自身的科技成果和人力资源禀赋方面的优势,进一步提振工业经济,也完善了稳态增长机制,最突出的就是促进了基础科学与大工业的结合,促使知识分子从科技层面与生产技术、产业体系相结合,使整个产业体系开始具备现代意义上的形态。欧陆国家经历长时间的摸索和痛苦的社会变革后,终于建立了本土的稳态增长机制,并且这种稳态增长机制是内生的,比英国的相应机制更加完善,这也是欧陆国家在19世纪末期经济逐渐赶上英国的原因。

从以上的论述我们可以看到,稳态增长机制的核心是人力资本进步与科学技术的发达,围绕着这两个核心的是其他一些因素——技术的引进、学习和交流机制,产业整体结构布局,教育体系的现代化等。如果没有这些次级因素或次生因素的发展,社会将难以在人力资本和科学技术方面取得实质性的进步。稳态增长机制的形成过程,正是这些次级因素或次生因素不断发展,并且到一定程度后带动人力资本和科学技术发展的过程,这也为发达国家和后发国家经济发展的历程所不断证明。

从人类经济社会发展的漫长历程来看,近代工业经济的诞生,标志着人类社会经济开始挣脱自然界的束缚,开始走向内生化发展。人类的经济状况再也不单纯受自然因素特别是气候因素的影响,而能在更长的时段内均衡地配置其经济资源,获得更大的收益。尽管农业在人类社会经济体系中依然发挥着基础性的作用,但工业化经济为农业提供了更多的技术手段来提高产量,并使之在一定程度上摆脱自然条件的约束。但在前工业社会,其制度安排和社会结构都是按照当时自然经济生产方式的需要来确定的。要想使这种社会上层建筑适应新经济形态的发展,必须在人力资本和科学技术,以及其他次生因素方面取得进展,只有这样,才能具备对社会上层建筑进行合理化变革的条件。从这个意义上来讲,有助于经济增长的诸因素同样有助于社会制度因素的变革与进步。

第三章　提升我国人力资本禀赋

　　作为世界上最大的人口大国,我国有着较为丰富的人力资源。我国经济在改革开放以来的快速发展,是与我国丰富的人力资源密不可分的。但问题是:同为世界人口大国,为什么中国在发展速度和水平上要远远超过印度?为什么在世界上人口超过一亿的国家中,日本的发展水平最高?正如罗默与卢卡斯的经典文献所指出,决定一国发展水平与速度的因素不是人口,而是该国所具有的人力资本水平,市场在很大程度上并不能替代人力资本的发展。各国、各地区不同时期的发展经验也告诉我们,一个经济体所拥有的人力资本水平对经济资源拥有者的吸引力往往要超过该经济体的市场容量。二战后日本率先实现了经济崛起,而"亚洲四小龙"经济崛起的时间要早于东南亚,东南亚经济崛起的时间也要早于中国大陆,其关键在于在人力资本禀赋方面的差异。日本的人力资源禀赋不仅没有因为战败而受到削弱,反而因为战后依附于美国的关系,与美国的交流大大加强,全面提升了本国的人力资本水平;而韩国、中国台湾、中国香港与新加坡的人力资本水平战前在整个亚洲就居于领先地位;东南亚当时的人力资本水平又较中国大陆为高。如果说这些案例还不足以充分说明人力资本禀赋对于一个经济体发展重要性的话,那么中国与印度在经济发展中的表现则有力地说明了这一点:中国早于印度推广九年制义务教育,全面提升了整个民族的文化教育水平与人力资本禀赋,在冷战格局区域解体、经济全球化因素开始活跃的20世纪80年代,是中国而不是印度成为了世界制造业的新边疆,究其原因,在于中国九年制义务教育为整个制造业体系提供了大量合格的产业工人。由此可见,人力资本禀赋不但对一国经济的发展起着重要的作用,甚至能决定一国经济的发展路径。

　　数量众多、训练有素的劳动人口无疑为中国经济发展提供了的强大动力。在改革开放初期,中国的国内市场还很狭小,在外资眼里中国最主要的比较优势就是大量廉价的具备相当文化素质的劳动力资源。30年来,这一比较优势被中国发挥得淋漓尽致,中国也从一个经济水平落后、文化水平欠发达的大国,成长为世界第二大经济体,中国的劳动者也从改革开放初期只能从事一些技术含量不高的劳动,到掌握了较为精密和需要丰富经验的劳动技能,极大地提升了中国产业的竞争力,也为中国经济竞争力的提高作出了贡献,而数量庞大的劳动人口基数,又使这种技能优势得以放大,产生了之前在日本、"亚洲四小龙"和东南亚国家所不能想象的整体性优势。

但当中国入世十年后,中国经济发展速度似乎正在慢慢放缓,保持年经济8%的增长率都有些吃力,各种不利经济现象,如物价上涨、工资上升、低端产业向境外转移等现象纷纷出现,对经济增长构成强大的压力。在这些不利因素中,工资上涨尤为引人注目。在国外一些经济评论人看来,中国的工资快速上涨,将极大地抵消中国作为世界工厂的优势,中国经济很快会步入一个下跌的通道,日本现象将是中国经济不可避免的宿命。这些论调曾喧嚣一时,但这些论者都忘了,相对于20世纪80年代的日本,中国在人力资本的拥有量方面虽然远远超过了其当时的水平,但在人力资本的总体质量和高度方面,现阶段的中国与彼时的日本尚有不小的差距。举例言之,1990年日本学者森重文获得了菲尔兹奖,这是日本本土培养的第一个菲尔兹奖章获得者,在此之前江崎玲于奈等人也获得了诺贝尔物理学奖,这些学者的研究成果渗透到日本的半导体、超级计算机和软件开发等产业,为日本相关产业占据世界领先地位发挥了不可磨灭的作用。中国的高端人力资本禀赋提升尚有大量的工作要做,而一般人力资本水平的高级化与精进化,势必会给中国经济的进一步发展带来强劲动力。

第一节 人力资本对经济发展的重要性

一、人力资本对于早期经济发展的影响:以英国为例

正如马克思所指出的,资本主义经济发展的一个重要特征就是发展水平的不平衡性,在资本主义经济发展的早期,这种不平衡性就以一种很明显的形式表现出来,并突出地表现为地区发展的不平衡性与部门发展的不平衡性。在这两种不平衡性的形成过程中,除了一些偶然因素的影响(如资本的原始积累方式与起始时间、不同海外市场对不同国家经济起飞时间及部门方面的作用,以及本国商业环境与文化对本国经济发展的制约等)之外,决定经济中长期发展的一个重要因素就是该经济体拥有的人力资本状况、数量和质量水平。下面我们从考察一些具体情况入手,对人力资本在经济发展早期的重要作用进行初步的研究。

(一)前工业革命时代的英国手工业与人力资本积累

英国的工业发展肇始于该国的毛纺织业。显然,这是一种前工业化时期的产业发展形态,带有浓厚的需求驱动与自然资源禀赋色彩。毛纺织业源于13—14世纪意大利佛罗伦萨等毛纺织业发达地区对羊毛的旺盛需求,英国本来畜牧业就比

较发达,羊毛大量向意大利等国家出口,1273年英国出口羊毛33 000袋,到1304年英国的羊毛输出量达到了46 000袋的巅峰水平,据不完全统计,英国在整个13世纪,羊毛平均年出口量为每年30 000袋。如此丰富的自然资源禀赋推动英国在14世纪走上了发展毛纺织业的道路。

当时的英国虽然有着较为丰富的优质羊毛资源,并且通过圈地运动解决了发展毛纺织业所需的劳动力问题,但作为一个后起的国家,英国缺乏大量经验丰富的织工,因而在发展毛纺织业上与意大利和法国等老牌毛纺织业发达国家相比并无优势。有鉴于此,英王亨利三世于1271年发布敕令,宣称欢迎意大利和法国织工移居英国,并给予5年免税优惠。此项法令刺激大批国外织工移民英国,移民们带来了宝贵的生产技术,培养了大批技术熟练的英国本土毛纺工人,解决了英国发展毛纺织业的初始人力资本来源问题。到伊丽莎白一世时期,英国利用当时欧陆上因宗教改革而引起的动荡,将大批尼德兰和法国地区的工匠招至英国,这些移民带来了当时欧洲大陆最先进的纺织业生产技术,以及冶金、机械、造船和玻璃等其他技术,极大地提升了英国人力资本水平,也造成了法国等国在毛纺织、冶金和机械等方面人力资本水平的低落,对英法两国的产业发展和人力资本禀赋的影响甚至一直持续到现代。

(二)人力资本积累对英国工业发展的促进作用

1. 人力资本在前工业革命时代的积累

毛纺织业的发展对英国人力资本的积聚和发展方向起到了深远的影响。在13—14世纪,绒面呢是当时英国毛纺织业的主要产品,生产工序大体分为羊毛整理、纺纱、织呢、漂洗、染色、起绒和剪绒等工序[①],其中漂洗工序决定着毛纺织品的质量和耐用程度,尤为关键。英国传统上使用3个工匠协同劳动、漂洗一匹呢绒所需原料的方式来完成这一工序,显得费时费力。水力漂洗机的出现大大提高了羊毛漂洗效率,更对英国人力资本的积聚起到了微妙的影响。水力漂洗机由一架水车带动两个木槌交替运动,将毛织品坯布放入水槽,由木槌交替击打漂洗。[②] 水力漂洗机的出现促进了水力机械的发展,提高了英国工匠的机械技艺,培养了大批制造和修理水力机械的工匠,为水力机械在其他部门的推广和应用打下了坚实的基础。

随着以水力漂洗机为代表的水轮机技术趋于成熟,水轮机开始向其他部门进行渗透,出现了榨油机、锯木机、织袜机和打浆机等各式各样的工具机,机械技术在整个英国的生产体系和社会得到推广,英国工匠对机械技术的钻研更加深入透彻,

---

[①] 马克垚.西欧封建经济形态研究.北京:中国出版集团,中国大百科全书出版社,2009:340.
[②] 金志霖.13世纪产业革命及其影响初探.史林,2007(5):128-135.

水力机械的应用开始出现规模效应。到17—18世纪,水力机械开始大规模应用于矿石开采、冶炼和造纸等产业,并大大扩张了这些产业生产的经济规模。在这些产业中,矿石开采,尤其是煤矿的开采,对英国整个机械产业和相关人力资本积聚来说意义尤为重大。英国煤矿储藏量丰富,煤的品质较高,但一个棘手的问题在于英国煤矿多含大量积水,要想大规模地采煤,必须解决抽水的问题。传统的水力机械已经成熟到可以提供如此庞大的机械的发展程度,但动力这一棘手的问题却一直困扰着当时英国的工厂主和能工巧匠们:并不是每座煤矿附近都有大量可资利用的水力资源!这个难题极大地限制了水力机械在采煤业中的应用。

2. 人力资本禀赋对于工业革命的推动作用

英国工匠数百年在机械技术方面的积累在其他工业部门得以体现,促进了其他工业部门的快速发展,尤为突出的是棉纺织部门。到18世纪,欧洲各国(包括英国)对棉纺织品的需求急剧增加,毛纺织品市场开始萎缩。作为老牌的毛纺织业国家,英国在纺织行业有着很大的人力资本存量,自然对这个新的市场兴趣十足,但彼时的棉纺织品市场却是印度的天下。印度棉花的品质异常优良,印度织工在纺织棉布方面已有上千年的技术积淀,加上印度的人力成本异常低廉,这一切都使得印度在棉纺织方面有着举世无双的人力资本优势,除了中国松江地区的棉布可以在东亚地区与其竞争外,印度棉纺织品几乎抢占了所有市场。作为一个人力成本远较印度昂贵的国家,英国要想通过发展手工棉纺织品与印度竞争是根本不现实的,更何况印度棉纺织品部门具有无数集上千年技术积累于一身的织工!英国只有另辟蹊径,才能在棉纺织业这个获利丰厚的产业超过印度。

与印度相比,英国在机械生产和设计方面具有极大的优势。英国的工匠在小机械的设计方面具有丰富的经验,整个英国生产工艺方面的最佳人力资本都集中于此。虽然英国顶尖工匠的水平不一定赶得上欧陆国家的顶级工匠,但作为一个整体,英国机械工匠的平均技能水平却超过欧陆国家[1]。这里值得注意的是,英国工匠的机械技能是学自于其他国家,或者从其他国家的发明创造中得到启发[2]。但英国工匠善于模仿,并在模仿的基础上进行创新,其发达的职业培训体系又确保了英国工匠相对于欧陆国家的庞大基数,庞大的基数更易孕育人才特别是天才!尤其令人惊讶的是,在当时的英国,哪怕是最普通的风车木匠,也是"一个相当棒的数学家,知道一些几何、水平仪以及测量方面的知识,有时他还拥有相当丰富的应用数学知识。他可以计算出机器的速率、能量和功率;可以画出计划图和分

---

[1] 相关资料可见《剑桥欧洲经济史(第五卷)》,第278页。
[2] 突出地一点就是阿克莱特在参访意大利后参照当地设计发明了水力纺纱机。

图……"①英国工匠的这种高人力资本禀赋与当时英国科学界的凋敝形成鲜明对比,这也构成了日后英国制造业衰弱的重要因素。总之,英国的工匠已跃跃欲试,即将在棉纺织业这个行业大显身手,最终推动一场工业革命!

18世纪50年代,梳毛机发明;1765年,实用化的珍妮纺纱机投入生产;1769年,水力纺纱机由钟表工匠阿克莱特发明;1779年,兼具珍妮纺纱机和水力纺纱机特点的骡机投入使用。短短几十年间,英国出现大批实用化的纺织机械,大大提高了棉纺织业的生产效率。到19世纪30年代,一个成年工人利用动力纺织机在一个12岁学徒的协助之下完成的产量能达到一个手工织工的20倍!那些特别具有手工织布天赋的工人迅速贬值,其市场价值降低到普通机械织工的水平,对于他们来说,这是一种可怕的租金损失,对印度这个手工棉纺织业大国更是如此。

二、跨国比较:欧陆国家的进步之路

(一) 人力资本优势是英国领先欧陆的重要原因

仅仅依靠水力机械的应用和推广,从技术角度并不足以保证一场工业革命的发生,事实上,当时复杂机械早已深入工农业生产,特别是在工农业比较发达的欧洲和中国。工业革命的发生,得益于当时初步成型的世界市场对棉纺织品和冶金产品的旺盛需求。由于殖民体系的存在,宗主国对殖民地的市场与其他同类型的殖民国家相比具有一种独占的优势,就是说,某个欧洲国家必须以本国的生产力为轴心来推动整个殖民体系经济的运转。这意味着从市场的角度来看,某个欧陆殖民国家可以通过扩大本国的生产能力来获得规模收益递增,但各国的情况有所不同,应对措施也有所差异:英国占据了最广大的殖民地,形成了联络世界的交通网与物流网,加上本国雄厚的人力资本积累,在整个世界市场中所占位置最为有利;法国的资源被过多地用于欧陆战争的消耗,在海外殖民地的竞争中又屡屡败于英国之手,因而在海外市场规模和人力资本积累方面远不如英国;德国和意大利尚未完成国家的统一,不但未形成统一的国内市场,自身条块分割的市场反而被英国资本置于自己的世界市场体系之内;西班牙和葡萄牙干脆放弃了本国工农业的发展;整个拉美世界都成为英国资本的乐园。在这种条件下,英国需要跳跃性地增强本国的生产能力,以往的水力机械过于受地理条件和自然条件的限制,因而必需一种新的、不受自然条件和地理条件限制的动力机械,来满足世界市场庞大的需求。结果为人们所熟知,瓦特等人在前人的基础上发明了蒸汽机,将整个英国工业体系带入一个新境界。

在这里,我们可以清晰地看到,蒸汽机的发明直接是由于提高生产效率的迫切

---

① 《剑桥欧洲经济史(第五卷)》,第280页。

需要。正在形成中的世界市场如果缺乏一个具有高效生产效率的核心来推动,将会比实际的发展进程晚发育很多年,人们将不得不耐心地等待着这样一个核心的出现,同样,整个世界的历史进程将大不相同。但为什么是英国而不是其他国家成为工业革命的催产婆?

答案在于英国工匠们普遍具有高超技艺,这种技艺并不依赖于一两个天才的出现,而是以一群技术水平并不十分顶尖,但其水准已经普遍达到较高水平的工匠作为支撑。另外,英国当时的商业制度发展,也为这些工匠们利用自己的创新成果成为创业者提供了契机:专利制度以开始成型,技艺高超的工匠们已能够开始享用自己的创造成果;信贷体系更加发达,工匠们有可能利用社会上多余的资本从事创业活动;合伙企业开始产生,打破了传统以血缘纽带为核心的手工工场的企业形态。这些商业制度上的变化使得英国工业界的人力资本积累更为迅速,远远超过当时正陷于战乱之中的欧陆国家。在此基础上,英国产业内部的分工开始更加细化,特别在机械制造产业,擅长于精细机械的英国钟表工匠的表现尤为出色。许多新的机械工具——车床、滑床、打孔机、模具被发明出来,并在各个行业得以推广,由此培养了大批其他行业的技术人才,进一步巩固了英国在工业人力资本方面的优势。

在一系列因素的作用下,英国踏上了经济长期增长与工业革命之路,相对于后来者,英国的社会转型更具有自然性和非强迫性特征,因而从英国的案例中我们可以分析出很多有用的信息,下文我们就对人力资本在经济起飞阶段的作用进行简要评述。

首先,经济增长的前提条件是必须拥有一定数量的人力资本,这个拥有水平随着技术进步而有所提高。从英国工业革命的产生我们可以看到,英国之所以成为工业革命的发源地,拥有优质人力资本是重要的原因,即使我们还可以找出其他一些原因,但如果没有一定数量的优质人力资本,英国不可能先于别的欧陆国家产生工业革命。从经济史实来看,工业革命前夕英国的生产技术与欧陆国家并不存在质的差异,但在人力资本的丰沛程度方面,两者差别很大,欧陆国家没有英国这样优质而全面的人力资本,尤其是在具有高超生产技艺的工匠方面。后来的事实也证明,当欧陆国家开始推动工业革命进程时,已经历了一个艰苦的学习过程,并且从英国来的工匠成为重要的技术和技能的源头。在积累了相当数量和质量的人力资本的情况下,欧陆国家才开始经济起飞,从而开启了长期经济增长之路。日本和韩国等国家也有类似的经济增长历程。这说明经济体要想迈向长期经济增长,必须具有一定数量和质量的人力资本,并且这种数量和质量是随着技术和时代的进步而不断提高的。

其次,在英国这样自然演进的近代化经济体中,人力资本的提升和演化基本是循序渐进的,但如果这种演化带有剧变性质,那么人力资本也会呈剧变状态。英国由于一系列内外因素的影响,其人力资本的积累和演化基本遵循了一个较为平稳的过程,没有太多剧变的痕迹,与海外的技术、经济联系、交流的渠道也一直比较畅通,在面临海外技术冲击时也基本能予以化解,从而避免了因社会长期动荡对人力资本积累的不良影响。但对于那些后进国家,特别是像中国这样长期与外界中断技术交流的巨型国家而言,一旦人力资本与外界拉开差距,就不是短期内能够弥补的。对于这样的国家,人力资本的积累此时就很难成为经济增长的一个长期稳定动力,这些国家将不得不把相当的力量用于培养新的人力资本,并付出相当的经济与社会成本来挤压和淘汰旧的人力资本,于是经济停滞和一定的社会代价就是必不可免的了。只有在人力资本禀赋方面得到改善,并有能力以人力资本禀赋而不是自然禀赋方面的比较优势参与国际分工,这些国家才能在世界经济体系中找到自己稳定的位置,并重新开始经济增长之路。

第三,人力资本禀赋是经济增长可靠的动力,并且这种推动作用能避免边际效应递减的约束。经济增长的过程也是人类改造世界能力提高的过程,在这个过程中,社会人力资本水平也得到提高,人力资本水平的提高反过来又提升了社会成员进行经济活动的能力,使得经济活动可在一个更深更高的水平上进行,这本身就是经济增长的强大动力所在。一般来说,消费者的消费需求是客观存在的,这些消费需求经常受到消费的边际效用递减规律的约束,而人力资本水平的提高则有利于开发新的产品,在一定范围内摆脱消费的边际效用递减规律的影响;此外,人力资本水平的提高有利于社会成员从各个方面改善经济活动的流程和效果,从而提高经济绩效,考虑到经济发展的动态性,这种改善的空间几乎是无止境的,这同样也构成经济增长可靠的动力。值得注意的是,英国在工业革命前后发生的经济巨变,首先归功于该国人力资本水平的提高,只有在其劳动者能力不断得到提升的情况下,社会经济才有可能发生长期增长现象。对于发展中国家而言,整个社会转型的关键在于人力资本的转型,其在经济增长方面产生的各种现象都与人力资本转变有一定关系,因而发展中国家尤其要重视人力资本在经济增长中的重要作用。

(二)欧陆国家超越的原因:高端人力资本的优势

在英国发生工业革命时,欧陆国家只在高端科学人才方面才对英国具有优势:牛顿之后的英国科学界陷入黑暗时代,整整两百年没有出现过堪与欧陆科学巨子相媲美的人物。当欧陆的科学巨子们在力学、天文学、电磁学和化学方面取得全新的进展时,英国的科学界保持了一种麻木不仁的态度,直到1820年左右,英国的科学才重新开始起步,这种差距将在数十年后直接颠覆英国与欧陆工业的实力对比。

欧陆国家在新工业技术和商业制度上向英国的学习经历了一个艰辛的过程(值得庆幸的是,因为欧陆国家在地理和文化上与英国的相似性,这种学习不用付出像其他地区那样大的代价)。在英国的机械技术已经普及,新的技术和工具层出不穷的时候,法国和德国等国家才开始从英国引进水力纺纱机和珍妮纺纱机,并且还要引进英国工匠以教会本国工匠使用这些新工具,瓦特改良的蒸汽机在法德的推广也同样经历了难以想象的困难,而拿破仑战争更拉大了欧陆与英国的技术差距。欧陆地区庞大的市场需求和对高技能工匠和工程师的渴求开始刺激英国工匠与工程师移居欧陆,据称,到1825年,约有2 000名熟练工匠被聘请到欧洲大陆[1]。这些技术移民不仅带来了熟练的技术操作能力,也带来了英国新的商业文化,从长远来看,这对欧陆国家的发展有着巨大的推动作用。

欧陆国家的工业以法德两国为最强,特别是德国,经历了统一之后短暂的萧条后,德国经济开始以惊人的速度发展。德国的现代教育是从拿破仑战争之后开始发展的,拿破仑摧毁了神圣罗马帝国,却使得以普鲁士为代表的德国诸邦痛定思痛,开始大力发展教育事业,大量训练有素的科学家、工程师和工人被培育出来,投入整个德国的生产体系中。德国的人力资本拥有状况开始有了巨大改善,并迅速反映到国家的经济实力之中,以化学工业表现最为明显。德国的化学工业建立在本国出色的化学研究基础之上,德国化学家们以其出色的研究成果与专业化水平推动了本国化学工业的发展,到一战前,德国的化学工业在世界上几乎居于垄断地位。在内燃机、钢铁冶炼和机械方面,德国也表现出相对于英国的强势,虽然一直到1900年左右,德国才在整个工业体系方面全面超过英国,但在19世纪的最后30年,德国工业和经济表现出的发展势头却已压倒了英国。

德国整体的教育水平和科学研究水平在19世纪90年代已凌驾于英国之上,从而为德国的工业体系提供了大批高素质的人才。德国教育的成功首先建立在初等教育普及的基础之上:19世纪60年代,普鲁士的适龄儿童入学率就达到了惊人的97.5%,萨克森的数字几乎为100%[2]。德国尤为重视中等职业技术教育,同时手工业部门也培养出了大量学徒以供应工业部门。德国的工厂主们非常重视技术人员在生产中的作用,纷纷资助相关科学研究项目,聘请科技专家到工厂工作,而整个德国在科学研究方面的强势又极大地提高了德国的人力资本水平:高斯、韦伯、黎曼、李斯特都曾从事过实际用途的技术研究,他们的研究成果有着极大的应用价值。相形之下,法国在科学研究方面的人力资本禀赋丝毫不逊色于德国,但缺乏德国的职业教育水平和培养中低级实用性技术人才的体系和能力。英国在科研方面的人力资本禀赋与德法两国有着较大的差距,直至20世纪初期方才赶上德法两国的水平。英国的工厂主们对科学人才在生产中的作用一直持怀疑态度,英国

---

[1] 《剑桥欧洲经济史(第四卷)》,P355页。
[2] 《剑桥欧洲经济史(第四卷)》,P541页。

基础教育特别是职业教育水平也赶不上德国,特别是作为老牌的工业国家,其工资相对于德国较高,年轻人不从事需要很长时间技能培训的工作依然有机会获得较高薪水——这一切都使得英国在人力资本水平方面相对于德国的整体优势快速下降,其在经济上和技术上相对于德国几乎不可动摇的优势也在半个世纪内逐渐消失。

但是德国的经济和社会发展是不平衡的,一系列政治事件对德国的人力资本积累和传承产生了重要影响,也改变了德国的发展路径。一战战败后,德国与战胜国签订《凡尔赛条约》,该条约禁止德国拥有重武器,这不可避免地对德国的人力资本拥有水平造成了影响。在重化工业方面,德国失去了一战前那种咄咄逼人的势头,特别是在化工工业,德国丧失了垄断地位,先后被英美超过,德国工程师的水平也开始落后于英美,甚至在流水线生产方面要向美国学习。20世纪20年代德国又出现了科学的丰收期,德国科学家在理论物理学和数学方面硕果累累,当时几乎执世界之牛耳,但希特勒上台后大肆驱逐犹太裔德国科学家,许多非犹太裔的优秀德国学者也随着犹太配偶和师友移居国外。这一事件对德国的人力资本拥有水平和科研实力的打击是致命的,影响甚至延续到二战后:二战后的德国在很长时期内不再被看作自然科学强国,虽然德国依旧在传统工业上表现抢眼,但在电子、新材料等新兴工业方面却呈落后之势,甚至被日本超过,虽然德国最近在高端人力资本方面有了一些复兴的趋势,但与美、英、法等国甚至日本相比,差距依然明显。

通过对第二次科技革命前后,英、法、德三国经济和人力资本的比较,我们看到英国已逐渐失去了在第一次工业革命后的那种经济优势,德法等国在人力资本禀赋上的快速提高令英国在人力资本上的优势几乎荡然无存。德法等国随之出现了稳定而长期的经济增长现象,数十年内就赶上了英国。当法德等国人力资本禀赋基本处于同一水平时,决定各国经济实力的就是其人口数量、国内市场容量等因素,规模效应就在各国的经济竞争和增长竞争中占据了主导地位。由此我们得出结论如下。

第一,人力资本的内部结构要合理,各个部门的比例要协调。人力资本从总体上来看是由不同的部分组成,有着一定的结构、存在着一定的比例关系的。不同的结构对经济增长的推动作用各不相同,但一般来说都存在着一个较优的能推动经济增长的构成。虽然在经济增长的过程中,这个构成及相应的比例关系会发生变化,但这个构成本身也是随着经济增长而发生动态变化的,一般状况下都能适应经济增长的要求。由此可见,经济持续稳定增长的一个重要前提就是形成比较合理的人力资本结构,这也是稳态增长机制一个比较重要的方面,欧陆国家尤其是德国20世纪初期在经济增长绩效上对英国的优势正是其人力资本结构较英国为优的外在体现。英国在第二次工业革命中所表现出来的相对于德国的弱势,与其在高端科技人力资本上的不足有很大关联,而德国随后因这种高端人力资本的大量流失也失去了在西方世界的技术和经济领先地位,因此经济长期增长的一个重要动力就是结构合理、比例协调的人力资本。

第二,在工业和后工业经济的挑战面前,人力资本方面的问题往往构成发展中国家经济增长的最大障碍。从德国的经济赶超之路我们可以看出,人力资本方面的突破为德国经济长期稳定增长提供了强大的动力。到19世纪中期,德国无论在高端人力资本还是在技工方面的培养都已不逊于英国,尽管当时英国在经济上依然还有很大优势,但这种优势是前期发展成果的体现,在随后的发展中,德国凭借其在人力资本培养方面的优势,经济上逐渐赶超了英国。在这个阶段,其他国家,除了规模效应巨大的美国之外,在人力资本方面并未超过或达到英国的水平,包括法国与俄国,因而这些国家的经济实力仍未赶超英国。对比二战后发展中国家的经济发展历程,我们可看到人力资本方面的缺陷极大地制约了这些国家的经济增长,这种缺陷很难在短期内得到弥补,它造成的经济增长的不良影响远远超过自然资源方面的缺陷所造成的影响,这通常构成发展中国家经济增长和社会进步的最大障碍。

第三,人力资本禀赋与国家产业和经济发展联系紧密,甚至在一定程度上决定了产业发展的方向与深度。人力资本禀赋是一国长期经济、社会和文化发展的产物,反过来也对经济发展的方向和进程产生很大的影响,特别是在现代工业社会,人力资本禀赋对于一国经济发展的作用要远远超过以往。德国重化工业之所以崛起,与德国在高端人力资本和技工培养方式等方面的优势大有关系,在这两个方面即使是当时的英国也很难与之相比,正是由于德国在这两个方面的优势,德国一直以重化工业闻名于世,直到今天依然如此。不仅德国,其他国家(特别是发展中国家)的经济发展也无不受人力资本禀赋的强大影响。这是因为,人力资本是过去各种有形和无形投入不断积累的产物,本身就是一种可贵的经济资源,物质资本如果与社会既有的人力资本有机结合,不但能有效降低物质资本的机会成本,而且在经济活动过程中会使原有人力资本得到最大限度的增值,从而使社会整体人力资本禀赋在生产过程中发挥越来越大的作用。正因如此,人力资本对经济特别是产业的发展具有很大影响,甚至能在一定程度上决定一国产业发展的方向。

三、前工业时代中国情况的简要对比

作为世界上人口最多的国家,中国在工业化时代的发展可谓一波三折、历经艰辛,现代化和工业化的进程直到今天依然没有完成。许多优秀的学者从多个角度进行了探讨,给出了自己的答案。基于以上分析,本书认为,中国现代化和工业化进程屡经磨难的一个重要原因就是中国人力资本发展水平不高。中国没有法德一样雄厚的基础科学方面的人力资本,民众文化水平长期低下,不足以吸收西方现代科技、生产知识;鸦片战争后西方商品如潮水般地涌入,又使得中国工匠大面积地破产,实际生产经验的传承出现一个大的断层,而工匠历来被认为是工业化的一个推动力量,但如果考虑到当时中国工匠对于西学知识的匮乏以及中西文化的隔膜,即使不出现大面积的破产,工匠在实际中能发挥多大作用依然值得怀疑;中国的知识精英的人力资本积淀于传统的科举考试,当时整个知识阶层的文化状态不足以吸收西方的先进科学文化知识,并且当时科技在不断发展,连英国这样的欧洲国家追赶先进水平都倍感吃力,遑论处于封建社会晚期的中国!中国封建社会的强大可以被认为是中国转型迟缓的一个因素,正因为中国传统封建社会有着高超的农业社会技术管理能力,在有效调动社会资源方面有着上千年的经验,当时清政府利用这种强大的资源调动和社会管理能力,成功地在相当长的时间内控制了中西经济文化交流,也限制了中国人力资本随着世界的发展而同步提升。可以设想,如果没有英国这样一个对欧洲局势相对超然、又可以在更大范围内充分利用和调动资源的国家,仅仅依靠不断陷入内耗的欧陆国家本身的力量,是不足以在如此短的时期内打开中国的大门的。由此我们更可以深切地感到人力资本积累和发展水平对于一个国家经济社会发展甚至世界局势的重要性。

中国在工业时代的落后,也与中国当时人力资本的通用性较强而专业性不足有关,这种情况在精英阶层的人力资本中表现亦很明显。在现代工业社会,通用性较强的人力资本在整体上不易产生结构性失业,也更容易将先进的技术以更快的速度扩散至各个产业部门。然而在分工尚未充分发展,人力资本的专业性较之通用性更能推进技术的发展和产业部门分化的时候,人力资本的通用性过强反而会在相当程度上阻碍新技术的扩散,也难以在国内形成一个学习西方先进技术和文化的引领阶层。中国经济社会转型之所以步履艰难,与这样一个阶层的缺位有着很大的关系。

第二节 人力资本的性质

从以上分析我们可以看到,一国人力资本禀赋对经济发展具有相当重要的影响,这种影响将在比较长的一段时期内影响该国的发展路径和经济前景。正如卢卡斯和罗默一再指出的那样,人力资本拥有水平而非人口数量决定了一国的经济发展,罗默特别指出,人口数量和市场规模不应被当作人力资本禀赋的一种替代,一国经济要想实现腾飞,就必须具备一定的人力资本禀赋。由此我们可以对世界各国的经济发展有一个更深入的理解:一国要想实现经济发展,必须具备一定程度和范围内的人力资本禀赋优势,并且这种优势是相对于别的国家而产生的;因而对人力资本概念进行仔细研究和剖析对我们把握经济发展过程的一些内在问题和实质有很大帮助。下文我们将对人力资本的一些性质和效应进行仔细分析。

一、人力资本发展的前瞻性

对于一个经济体来说,经济发展最重要的源泉就是民众和其所拥有的人力资源禀赋。经济发展史上不乏这样的例子:一个资源极其丰富的国家,民众的生活却莫名其妙地陷入困境,民众的幸福感较低,在资源耗尽后国家陷入长久的经济萧条;而一个土地狭小、人口异常密集的国家,却在提升了民众的人力资本后成功地实现了经济起飞。这说明人力资本对经济的发展起着重要作用。

值得我们深思的是,凡是实现了经济发展的社会,几乎都经历了一个漫长的前工业化历程,而这个阶段往往伴随着非常大的社会变迁,甚至是整个社会教育、经济和政治体系的全面变迁。以日本为例,日本的工业化产生于明治维新时期,但日本在德川幕府时代就开始引进西学,号称"兰学",也就是说,当西方向远东古典经济和政治秩序发动冲击时,日本的精英阶层对西方的文化与技术已有了相当程度的了解,这一点与鸦片战争之前的中国有着明显的不同。日本之所以能以远较中国为快的速度推进工业化,与日本精英阶层当时的知识状况有很大的关系[①]。可以说,正是因为当时中日两国人力资本禀赋上的差距,决定了两国在后来一百余年间的发展程度和路径有着天壤之别。由此我们可知,一个社会要想实现经济发展,必须具备一定程度的人力资本发展水平,也就是说,人力资本发展必须具有前瞻性。

人力资本的前瞻性就是说,当经济开始发展时,必须有现成的人力资本可资利用,该经济体现有的人力资本存量将在很大程度上决定该经济体发展的方向和程度。如果发展机遇到来而经济体缺乏足够的人力资本应对,那么该经济体不但不会得到发展,反而有可能被其他具备条件的经济体远远地甩在后面。二战后中国大陆在发展上之所以落后于日本和"四小龙",关键的一个原因就是在人力资本存量方面远不及这些经济体,放眼当时世界,除了西方发达国家和前苏东地区,能在人力资本上胜过日本和"亚洲四小龙"的几乎没有。战后产业转移之所以以远东边

[①] 一个很有意思的案例就是鸦片战争对于日本的冲击和《海国图志》对于日本精英阶层的影响,当十余年后日本面对佩里中将"黑船"的冲击,日本精英阶层有更为丰富的经验和知识来处理发生在日本的类似事件,并能迅速吸收西方先进文化技术,在国家政权的范围内推动国家的工业化——由此可见学习与信息流通对于形成人力资本的重要性,并且这种重要性在推动国家经济发展进程中具有不可替代的作用。

缘地区为第一波目的地,除了地缘政治方面的原因外,更有人力资本禀赋方面的原因[①]。由此可知,要实现经济的起飞并使其在一段时期内平稳发展,必须要有人力资本发展的前瞻性,尽早做好人力资本培育工作。

二、人力资本的阈值性

人力资本的形成是一个非常艰辛的过程,特别是对于技能型的人力资本而言。人力资本的培育往往意味着形成一种新的能力,在这种新的能力形成之前,必须要有一段时间来进行不间断的学习与锻炼;在达到独立的操作能力之前,学习者会有一段时间不能从事这项工作,而此时的投入必须不间断,只有在达到一定的标准之后才能起到形成人力资本的效果,就是说,要形成一种人力资本,必须达到一定的阈值,如果中途放弃,之前的投入就归零,这就是人力资本的阈值性。

值得注意的是,人力资本的阈值性不是静止不变的,它会随着主客观条件的变化而变化,具有一定的动态特征。随着客观条件的变化,人力资本的阈值也会有所变化(比如开发新的学习工具会降低阈值,从业者技能的普遍提高而使阈值也提高等),一般而言,如果阈值随着时间的推移而逐步升高,则此项人力资本具有升值的趋势,如果随着时间的推移阈值降低,那么该项人力资本则有贬值的趋势。

人力资本的阈值性可以用来解释许多宏观经济现象。自从人类迈入工业化时代以来,许多国家都孜孜以求致力于国家的工业化,但成功的仅仅是欧洲、北美和东亚的20多个国家和地区,甚至在某些国家和地区还发生过"去工业化"现象。如果从人力资本具有阈值性的角度来看,我们就会发现,要想成功进入工业化时代,必须在人力资本的数量和质量方面都达到一定的阈值,并且这个阈值是随着经济和技术的发展逐步提高的,也就是说,从宏观上看,人力资本的培育成本随着经济与技术的发展逐渐升高。如果一个经济体没有在早期培育出人力资本基础的话,随着时间的推移,不但培育成本越来越高,而且该经济体额外付出的培育成本会使得其资源配置状况恶化,使居民的福利水平降低。从这个角度来看,西欧的工业化进度快于东欧,代价远较后者为低,东欧的进度又高于远东地区,并且付出的代价也低于远东,一个重要的原因即在于西欧离英国较近,学习成本低;东欧相应的学习成本要高于西欧,超越彼时工业化所需人力资本阈值的难度较西欧更高,特别是对沙皇统治下的俄国而言。

---

① 如果仅从地缘政治方面来考虑,我们便无法解释为什么美国向远东地区的产业转移不以地缘关系更近的菲律宾为目的地而以更具军事前哨的韩国、中国台湾为目的地。事实上,韩国和台湾地区在人力资本禀赋上是高于菲律宾的。

三、人力资本的用进废退性

人力资本的一个非常有意思的特征就是用进废退性,与自然界生物器官的演化十分类似。如果人力资本得到运用机会,经反复淬炼和实践总结后,其水平会得到提高,就能从事难度更大、技能要求更高的任务,人力资本也会产生增值现象;但如果人力资本的所有者将其技能搁置一段时间,其技能水平会明显退化,人力资本的价值会大大减小甚至消失。人力资本的用进废退性是人力资本区别于物质资本的一个重要特征。

人力资本的用进废退性可以帮助我们解释很多经济和社会现象。人类历史上许多精湛的技术最终消失,都是因为种种外力的作用使得人力资本拥有者的技能水平发生了退化,又长时间得不到恢复。在科技发达、信息畅通的现代,或许某种能力退化后在短时期内很快就能得到恢复,但在条件简陋、物资和信息均匮乏的古代,一旦某能力发生了退化,很可能需要很多代人的重新努力才能恢复。明代山西潞州的丝绸曾经名满天下,但经过明清鼎革之际的战乱,织工大量失散,重新生产的潞州丝绸已大不如前。学者们观察到,凡是出现大规模产业转移的地区,当地人力资本水平总是大幅下降,这反过来影响了这些地区的经济和社会稳定。

人力资本的用进废退性还有一个显著的影响:只要维持住一定的人力资本存量不致退化,哪怕有一两代人比较平庸,但总会出现一些天赋异禀的人将人力资本存量水平大大推进——在许多技艺的发展历程上,那些能影响某项技艺发展的人才并不是代代都有的,在某位大师将技艺及相关的人力资本水平推进到一个新的水平之后,其成果常常并不能被当时的人全部吸收,但他的继承者们一般都能将其主要成果纳入自身人力资本,对这位大师全部成果的消化和继承,往往需要几代人去完成。因此人力资本的用进废退性,不但在经济生活中具有重要影响,对整个人类的发展都具重要意义。

四、人力资本的补偿性

人力资本的积累既是一个社会过程,又是一个个体积累过程,任何社会的人力资本积累最终都需要个人来完成,如果社会个体由于各种原因未能实现自身的人力资本积累和升值,再好的促进人力资本积累的政策都将失去效力。从个人的角度来看,积累人力资本是一项耗时颇长、代价不菲的工作,人力资本积累的门槛越高,所耗费的代价就越大,积累者所付出的机会成本也就越高,如果缺乏相应的补偿机制在人力资本发挥效用之前对积累者实施补偿,那么社会个体积累人力资本的意愿就会大大降低,就会拖累整个社会的经济发展速度与质量。

这里必须指出的是,人力资本的补偿性包括两个方面的涵义:一是政府与社会在社会个体从事人力资本积累活动时应给予一定的支持,帮助积累者分担一定的成本,降低积累者的机会成本,使得一些具有相当个人才能与人力资本禀赋者能专心从事人力资本增值的活动;二是对工作过程中人力资本水平明显地超过平均水平的劳动者,要适时予以褒奖并给予高于平均水平的工资,当整个劳动群体的技能与人力资本水平都提升时,应及时在劳动者的收益上反映出来。这就是本书所提出的人力资本应具有的补偿性。

人力资本的补偿性对经济发展具有重大影响。经济的持续发展,最终一定要落实到劳动者的人力资本与技能的不断提高上来,如果经济发展没有使劳动者的技能与人力资本拥有水平得到提高,那么这样的经济发展是不可持续的。当社会人力资本水平提高时,一定要反映到劳动者的收益上,这样才能激发全社会发展经济与积累人力资本的热情,推动经济持续发展。从这个角度来说,中国现阶段人力成本的升值,对于中国人力资本的持续积累和水平的持续提高,乃至中国经济整体素质的提高与在国际上产业竞争力的进一步增强,都有着极其重要的正面意义。我们很难设想,一个拿着越南工资水平的工人,在工作积极性和认真程度、学习热情上,能与德国产业工人相比,尽管在目前全球化条件下两者的文化水平和教育程度是相差无几的。因此,现阶段的中国,必须极力重视人力资本的补偿性。

五、人力资本的规模性

在观察和研究各个不同时期社会人力资本积聚的过程中,作者发现一个很有意思的现象:如果既有人力资本已有相当的存量,那么人力资本的积聚就会有加速的趋势,并且个体所能达到的高度也更突出。同时,具有杰出才能的个体也更有机会脱颖而出。如果人力资本的初始禀赋不高,那么社会在推进人力资本积累时将耗费更多的资源,这就是人力资本的规模性。

人力资本的规模性并不难理解,这与学习成本与学习机会有很大的关系。人力资本的形成往往表现为获得一种新的能力,而这种新能力的获得必须是学习或培训的结果,如果在一定时期内,某个社会或经济体只有一小部分人在从事一项新技能的学习或培训,那么该项人力资本形成所付出的成本与最终效果,将会远远低于有许多人从事此项人力资本形成过程时所付出的成本与效果。这里值得注意的是,随着人力资本规模的增加,形成此项人力资本所需的边际成本是递减的,所获得的边际收益则是递增的,并且随着规模的扩大,人力资本的平均质量会获得很大提高,甚至出现这样的局面:高人力资本经济体的人力资本平均水平高于低人力资本经济体中较为突出和较具天赋的劳动者所具有的人力资本水平。

人力资本的规模性使我们认识到,国内市场以及海外贸易对一国经济长期持续稳定发展的重要性。正如上文所述,人力资本的积累与保持是一项耗时耗力、成本不菲的工作,人力资本能否在平均意义上达到某一水平,关键要看其是否达到一定的规模。而事实上,如果没有一定的国内市场作为支撑,人力资本发展到一定的水平之后便很难继续上升,除非进一步拓展海外市场,这就告诉了我们对外贸易的重要性。揆诸各国经济发展历程,决定一国产业竞争力的,往往是该国的人力资本水平,如果某行业人力资本水平低,连本国市场都难以保住,长此以往这个行业的人力资本将逐渐消退;但如果某一行业的人力资本水平强于国际一般水平,则该行业将得到比国内更大规模的市场来支撑,人力资本的规模性也将发挥到最大限度,对国家和行业的发展,对民众生活水平的提高,都具有重大意义,因此,我们应该重视并灵活运用人力资本的规模性。

六、人力资本的路径依赖性

正如其他形式的资本一样,人力资本也具有路径依赖性,这对很多国家的发展产生了微妙的影响。人力资本的路径依赖性源于发展人力资本的成本,正如前文一再强调的那样,人力资本的培育和积聚需要耗费大量的时间和物质资源,特别是对于个体而言,这种耗费甚至具有机会成本的意义,一旦这种成本发生,就很难在短期内移作他用[1],人力资本拥有者也将会对这项人力资本产生依赖性,任何危害既有人力资本种类和存量的行为都将受到既有人力资本拥有者的抵制。

显然,一国人力资本初始禀赋将对该国人力资本发展路径产生强有力的影响,任何社会对外来技术的吸收和对内在技术变化的反应都将受到本国人力资本初始拥有状况的制约,并且发展水平越低,社会越封闭,这种制约效应就越明显。近代中国面对西方技术和文化的冲击时的表现就是这种路径依赖性的反映,由于中国传统知识精英的人力资本主要集中在行政与社会管理方面,对于西方近代科技和生产知识的传入,当时中国的知识精英们(特别是基层不拥有社会管理权力的知识精英)对这些新知识新技术采取了一种或明或暗的抵制态度,致使中国人力资本积聚速度缓慢,在此期间西方又发生了第二次工业革命,中西差距进一步拉大,甚至被日本拉开差距,对中国的发展和命运产生了极其深刻的影响。由此可见人力资本路径依赖性对一国经济社会发展的深远影响。

人力资本的路径依赖性具有正负两个方面的效应。从正面意义上来说,人力资本的路径依赖性使得社会群体能最大限度地发挥自身优势,扬长避短,从自身实际出发尽快吸收外来技术和知识,在利用自身长处做好学习、吸收工作的同时,自

---

[1] 一些通用性技能特别是生产领域的技能不具有此性质,比如焊工可以在很多行业找到工作,但对于大多数高度专业化的岗位来说,一旦离开此岗位,之前的人力资本投资就完全失去意义,新技术一旦采纳,旧的人力资本也将急剧贬值。

身的短板也会在无形中得到弥补,并使人力资本在原有水平上得到精进;从负面意义上来说,人力资本的路径依赖性会使人产生惰性,从而对新思想、新发明和新知识产生排斥,不利于社会和经济的发展。

卢卡斯(1993)指出,一国经济发展的速度与该国的人力资本能否在部门间快速流动息息相关:如果人力资本能在部门间快速流动,那么该国经济发展的速度就快,调整的成本也低,如果该国的人力资本在部门间不能快速流动,那么该国的经济就会比较脆弱。卢卡斯的论述从侧面证明了人力资本路径依赖性具有正负两方面影响,人力资本只有在拥有水平较高的情况下,流动性才会比较强,纵然路径依赖性会对人力资本的发展产生影响,但在高水平下调整的成本比较低,并且人力资本的高水平会使得流动性、外溢性和贯通性大大加强,人力资本的路径依赖性反而会促进新的发展可能,从而能对一国经济、社会和文化的发展产生正面影响。

第三节　我国的人力资本现状与存在的问题

作为世界上人口最多的国家,我国在人力资源方面有着丰富的储备,这也是我国最大的发展资本之一。但世界经济发展的经验证明,人力资源大国不一定是人力资本强国,由于人力资本发展具有路径依赖性,人力资源丰富的国家往往会对其人力资源产生依赖,致使新技术的发明和应用过程缓慢。工业革命以来一个重要的经济现象就是传统上处于边缘地位的小国往往比其临近的人力资源丰富的大国在经济和社会发展上更早抢占先机,如英国之于德法,德国之于俄罗斯,日韩之于中国大陆地区。唯一的例外是北美洲地区,但发展之初的美国相对于当时的加拿大和墨西哥来说实在算不上大国。对于此种经济现象,历来有多种解释,但在笔者看来,人力资本上的差距是农业时代的人口和面积大国在工业时代失去光彩的重要原因之一。

近代中国的人力资本积累始于鸦片战争之后,但直到改革开放以前,中国的人力资本禀赋无论是在质量还是数量上都不能令人满意。改革开放30余年的历程,也是一个不断学习、试错和积累人力资本的进程。中国在这30余年中最大的收获,就是改变了中国人力资本禀赋,中国的人力资本无论在数量上还是质量上都有了极大的提高。虽然与顶尖发达国家还有很大的差距,但由于中国巨大的人口基数,中国人力资本的规模效应得到了淋漓尽致的发挥,从数量上部分地弥补了和发达国家的差距,而中国在人力资本规模性上无与伦比的优势,也为中国人力资本质量追赶发达国家提供了坚强保证。

但毋庸讳言,现阶段我国在人力资本质量和发展方面还存在很大的问题,这或多或少地阻碍了我国社会主义现代化建设进程,一些比较严重的缺陷还对我国的可持续发展造成了影响;找出并分析这些问题,对我国现代化建设和人民生活水平的持续提高都不无裨益。

一、人力资本在中国经济转型和发展中的作用

(一)人力资本与中国经济和社会的转型

中国经济曾长期居于世界的前列,在前工业革命时代,中国一向以繁荣富庶著称于世,海外贸易也比较发达,中国的茶叶、瓷器和丝绸等商品畅销西欧,使得中国长期居于外贸出超的地位,即使英国这样长期执世界技术发展之牛耳的国家也同样在对华贸易中处于入超地位。但工业革命的年代,随着鸦片战争打开中国国门,中国经济就进入了一个艰难的转型时代。

转型时代的中国经济并不是没有增长,但这种增长有着很强的对外依附性,当时,中国经济被嵌入世界资本主义经济体系,遭受到欧美列强的剥削与控制,只有在这种控制略微放松些时才获得了较好的经济增长,但当这种控制重新收紧时中国经济又处于凋敝状态。在这一历史阶段,正因为中国遭受了外来的政治和经济侵略,中国经济的增长受外来扰动的影响非常明显,整个国家经济也因此呈典型的半殖民地状态。

但这并不意味着在这一时期,中国社会中的内生性因素对国家经济没有影响,相反,在这一历史阶段,中国经济依然产生了若干内在的因子,为日后中国经济的发展打下了基础。在这里我们提出一个问题,为何在西方完成第一次工业革命时,中国经济面对西方国家的挑战几乎束手无策,不但国内传统手工制造业大面积破产,甚至被西方纳入了世界资本主义经济体系,成为西方的经济附庸?中国经济和社会成员特别是精英阶层为何表现出如此之差的学习能力?

答案显然在于当时中国的人力资本及培养方式严重与世界经济技术发展潮流相违背。如前文所述,鸦片战争前夕,英国和欧陆国家基本完成了工业化,基础科学在技术发展中所处的地位也开始呈现,这些力量使得当时西方社会人力资本开始加速分化,在分工的基础上西方社会的人力资本达到了传统农业社会难以想象的水平,并且仍在以更快的速度进步与分化。而在当时的中国,高端人才培养仍以私塾为主,技术型人才则以旧式的师徒相授为主要培养方式,技能型人才缺乏文化,作为社会文化主要承载者的士大夫阶层又严重缺乏技术和科学知识,整个社会的人力资本严重地单一化和刚性化,难以适应工业发展的要求。与西方相比,中国社会的人力资本呈现一种"断裂"的状态,社会人力资本出现了严重的"沉没"现象,而科举制度又阻碍了中国社会人力资本的转型,从而使中国失去了经济和社会转型的良机,义和团运动前的中国社会,呈现一个完全与世界发展相脱节的荒诞

状态。

这种转型期人力资本上的刚性,是随着科举的废除而改变的,中国社会这才逐步摆脱了人力资本上的高度单一性,具备稳态增长机制所需的人力资本开始成为可能。但我们不得不指出,与当时日新月异的科技发展要求相比,中国的人力资本出现了一个大的断层,中国培养的人才根本无法适应当时技术与工业经济发展的需要,中国由一个人力资本大国变成一个人力大国,社会的刚性使得中国传统的教育方式、文化和组织方式都发生了断裂,而这本可以通过及时的改革和开放来避免的。由于社会的刚性和人力资本上的断裂所造成的精英阶层普遍抵制,中国的人力资本越来越落后于世界先进水平,当科举废除时,新的教育和培训体系并未及时建立,整个社会处于一种可怕的蒙昧状态。在这种情况下,中国社会与经济的转型,很大程度上就依赖于人力资本的转型。

在整个20世纪的前半叶,中国社会转型的一个中心任务就是人力资本的转型,这个任务异常重要,如果不完成这个转型,中国要想发展现代工业经济,建立自主科技力量并最终建立稳态增长机制就都无从谈起。实际上,如果以发达国家为标准来衡量,时至今日我国尚未全部完成这个任务。从这个角度来看,中国在20世纪前半叶的经济发展充满不确定性,并经常受到列强这一外来因素强有力的干扰,就是可以理解的了。但与晚清社会显著不同的是,此时的中国的确存在经济增长现象,尽管由于人力资本方面的缺陷而显得断断续续,与这一阶段经济增长现象相联系的正是中国在现代人力资本方面的突破,但当时社会结构所存在的根本性缺陷使得中国人力资本在新中国成立后才开始出现大规模的变革与增加。

(二)新中国成立后人力资本的积累及与经济增长之关系

新中国成立后,中国人力资本的积累进入了一个新的时代。此前中国人力资本积累的最大问题是政府作用弱小,相关经济发展和人力资本积累的政策只能惠及少数地区和民众,多数地区和民众难以从政府的政策和国家的经济发展成果中受惠,特别是广大农村地区,更成了土豪劣绅的天下,基层政权为这些人所把持,对国家人力资本的进步与成长起到了极其恶劣的影响。

新中国主要通过三个途径有效地提升人力资本禀赋,为改革开放打下了坚实的基础。

(1)普及初等教育,有效地改变了民众缺乏知识的状况。新中国成立后不久就开始普及义务教育,尽管用现在的标准来看,当时的义务教育还存在着许多不足,师资也非常缺乏,但新中国毕竟在非常简陋的条件下确保了广大民众最基本的受教育的权力,民众的知识和文化水平较以往有了本质性的提高,开始能有效从事一些现代化的生产劳动,逐步掌握一些现代化的技能,摆脱了只能从事一些简单体力劳动的状态。这一成就是划时代的,它将数亿民众转变为能从事现代工农业生产的劳动者,大大地改善了中国的人力资本状况,以此为基础,中国发展现代化工农业生产便不再受人力资本方面的束缚,这一成就极大地推进了改革开放后的经济增长历程。

(2) 培养了一批能从事现代化大工业生产的技术和管理人才。中国在计划经济时代取得了非凡的经济成就,尽管在这个过程中也造成了许多浪费,但从发展人力资本的角度来看,这一阶段的经济成就突出地表现在培养了大批有大工业生产经验、懂得技术和管理的生产经营人才。由于旧中国工业的成就主要表现在轻工业方面,一些特殊地区,如伪满地区的大工业主要操控在帝国主义之手,生产和经营主要为帝国主义所控制,根本谈不上培养懂生产和经营的中国人才,这就严重阻碍了中国工业的进步。在新中国成立初期的计划经济模式下,国家将发展重点转向重化工业,为中国培养了一大批急需的技术和管理人才,从而为后来中国经济的腾飞与重化工业的大发展打下了宝贵而坚实的基础。

(3) 初步奠定了中国科学事业的基础。中国的现代科学事业从20世纪初期才开始起步,但1949年以前的发展一直步履蹒跚。科学技术的发展需要以安定的政治环境和大量的投入为前提,在20世纪前半叶这两个要求基本得不到满足,加上当时中国高教系统对广大人民群众基本是封闭的,老百姓很难承受高昂的大学学费,中国科学事业只能在依靠较少的投入和有限的人才基础上艰难发展。新中国成立后中国政府在高等教育和科学事业上进行了大量的投资,也新建了一批高校和科研院所,高校也向普通民众的子弟开放,这一切都为中国本土的科学事业奠定了根基。尽管这一时期中国的科学事业与国际先进水平相比还有很大差距,但这一时期的成就无疑成为后来赶超的基石。

(4) 地方"五小"工业的兴起将工业化的种子撒播到县域,大大提升了中国的人力资本禀赋。中国工业化进程中颇具特色的一点就是"五小"工业的兴起,这一举措不仅有别于苏东社会主义国家,也与一般发展中国家发展经济的举措相异。从"四五"计划开始,中央要求地方发展小煤矿、小钢铁厂、小化肥厂、小水泥厂和小机械厂,并拨出专项资金用于支援地方建立"五小"工业。"五小"工业的建立改变了中国工业分布格局,之前的中国工业主要分布在大城市,且以大中型企业为主。"五小"工业的兴起改变了这一状况,中小型企业开始在计划经济的框架下成长起来,并且县域开始有了自己的工业,工业化文明开始向县域渗透,为以后中国外向型经济的发展打下了根基。更重要的是,"五小"工业为中国培养了一大批县域工业人才,将工业领域的生产、经营和管理知识传播到县域,不但在一定程度上解决了县域物资供应不足的难题,还使得县域培养的大量具一定素质的劳动力得以从事工业生产,巩固和加强了中国在先期人力资本建设方面的成果。如果没有"五小"工业的发展,中国在改革开放后迸发的企业家才能将大为逊色。事实上,中国相当一部分民营企业家都出身于县级市,这些人的初始工业和创业经历,大多与"五小"工业有关。由此我们可以看到"五小"工业对中国人力资本发展和社会转型的重要性。

改革开放前的中国虽然走了一段时间的弯路,但从历史的大视角来看,这一阶段为中国补上了过去两百年间在人力资本上的缺课,为下一阶段经济的腾飞打下了坚实的基础,而中国经济奇迹,正是建立在其雄厚的人力资本基础之上的。

随着中国经济的快速发展,中国人力资本水平迅速提高。一般说来,发展中国家(包括中国)都有重视物质资本投资而忽略人力资本投资的倾向,但正因为新中国成立以来政府主导的经济建设积累了大量人力资本,中国的人力资本水平才迅速提高。表3-1给出了我国部分年份的物质资本存量和人力资本存量数据。

表3-1 我国部分年份物质资本和人力资本存量数据

年份	1978	1985	1995	2004
物质资本K	8 769.2	15 506.18	41 872.45	103 201.18
人力资本H	1 656.33	4 758.72	14 957.69	61 123.79
比值(K:H)	5.3:1	3.3:1	2.8:1	1.69:1

资料来源:谭永生.人力资本与经济增长.中国财政经济出版社,2007:145.

中国每年在人力资本方面的投入也大大提高,如表3-2所示。

表3-2 我国部分年份的物质资本投资与人力资本投资数据

年份	1980	1990	1998	2004
物质资本K	791.9	3 515.8	19 561.5	34 993.3
人力资本H	156.26	617.29	2 154.38	5 143.65
比值(K:H)	5.1:1	5.7:1	9.1:1	6.8:1

资料来源:谭永生.人力资本与经济增长.中国财政经济出版社,2007:145.

二、中国人力资本方面的问题

(一)中国企业家才能方面存在的问题

中国在经济上取得的成就,与中国企业家的崛起是密切相关的。由于中国经济环境上存在着相当大的不足,中国企业家能在这样一个不确定性相对来说比较高的环境下产生、发展和壮大,实在是一个奇迹,这也证明了中国企业家和中华民族在现代经济下的活力。

但正如中国经济尚存在大量的问题一样,中国企业家作为一个群体也存在不少问题,不但制约其作为一个群体的提升和发展,更制约了中国经济素质的进一步提高。随着金融危机的蔓延与深化,中国经济的发展环境有了相当大的变化,中国企业家在把握新形势下的机遇和应对新的挑战方面,还有相当大的进步空间。我们必须看到的是,中国企业家作为一个群体崛起的时间只有30余年,分析这一群体目前所存在的问题,对中国经济的进一步发展,有着十分正面的意义。

第一,从人力资本的前瞻性来看,中国企业家作为一个整体在把握产业发展方向、抢占全球产业制高点方面还存在一定的不足。国家间经济的竞争,说到底是产业的竞争,谁能提前把握产业发展方向,抢占新产业制高点,谁就能取得竞争的胜利。这就要求企业家具有前瞻性的眼光。目前智能手机市场上最大的两个品牌是苹果和三星,苹果智能手机能风靡世界,与乔布斯独特的前瞻性眼光密不可分,乔布斯及时把握了消费者的需求,创造了智能手机这个市场!如果不是李健熙当初力排众议,坚持芯片、液晶屏等核心电子元器件的开发,三星智能手机就不可能大放异彩,韩国电子产业更不会有目前的整体性崛起势头。对于中国企业家而言,尽管在对市场做前瞻性的把握方面与国际先进水平还有差距,但如果考虑到中国市场环境的多变性与西方国家对中国在核心技术上的封锁,我们就会发现中国企业家其实是在现有的条件下对市场和制度环境作了最大限度的利用。中国的企业家克服技术、市场环境和制度下的种种制约,来谋得自身的生存和发展,并且取得了突出的成就。但是,正因为这些制约较之国外更加刚性和严厉,中国企业家在发展产业方面有着"扁平化"的倾向,专注于产业垂直发展的企业家不多,这就直接导致了中国企业家在把握产业发展方向和抢占全球产业制高点方面还存在一定的不足。

第二,从人力资本的阈值性来看,中国企业家无疑已成熟到能担负起推进国家经济现代化的重任,但在成熟度和内部分工方面还存在着不足。中国经济的快速发展与中国企业家有着密不可分的关系,正因为中国企业家及时把握住了改革开放所带来的经济发展机遇,推动了中国经济的发展,使得中国的工业化进程实现了由国家强制性主导向民间盈利性主导的转变。中国经济在20余年内能实现从计划经济向市场经济的转型,中国企业家功不可没。中国企业家已足够成熟,能担负起国家的建设重任,这是一笔宝贵的财富。但中国企业家内部的分工尚不够细致,一些关键性和战略性行业缺乏足够重量级别的企业家,并且中国的企业家在国际化经营、管理巨型公司、掌管大型高科技企业、推进产业深度发展方面还存在明显的不足,另外中国企业家在产业的持续钻研程度方面相对于先进国家特别是德国和日本还有很大差距,这也制约了中国在需要长期技术和管理积累的产业方面的发展。

第三,企业家才能作为一种宝贵的才能,其用进废退性对经济的作用显得尤为突出。企业家的成长会受到社会环境、个人素养及教育背景、技术变迁、产业发展和财经制度变化等各种因素的影响,由此形成的企业家才能也会受到这些因素的制约。如果企业家安于现状或过于专注于某一领域,随着环境的变化,企业家才能将会逐步废弛,从而失去当初引领企业发展的力量。在中国企业家群体中,中小型企业在一定程度上存在着此类现象,由于种种原因,许多中小企业领导人在获得了一定的财富后对事业就会慢慢松懈,放弃了在创业阶段对事业的不懈追求。事业没有做精做强,在客观环境发生变迁时就会显得不知所措。中国每年有大量中小企业破产,其中相当一部分就是企业领导者失去了当初创业时的企业家才能而造成的。纵观发达国家强势企业,很多也是中小企业,但其管理者一直致力于进取,不断跟踪市场和客观环境的变化,引领技术潮流,确保本企业一直处于行业前沿,更确保了自身的企业家才能长久焕发青春。我国企业家在这方面与发达国家企业家相比还有所逊色,但考虑到我国企业大多只有数十年历史,企业家集中出现也才30多年时间,在这方面有所欠缺的是比较正常的。

第四,企业家才能作为一种人力资本的补偿性主要在于声誉机制,而现阶段中国企业家在补偿性方面受到国情的制约。一般而言,企业家并不缺乏经济上的收入,甚至企业家阶层就直接负责一次分配,但这并不意味着人力资本的补偿性对企业家来说不起作用;相反,企业家由于对社会所作出的特殊回报,相比于其他阶层尤其重视自身声誉,具有较强的荣誉感与社会责任意识,因而企业家才能的补偿性主要在于社会对其作用的肯定与赞誉,主要表现为一种声誉机制。现阶段我国企业家具有明确的荣誉感和社会角色意识,许多企业家积极从事慈善活动,对社会作出了很大贡献,但客观地说,我国企业家在慈善和公益活动方面还存在着涉及领域窄、方式比较单一、平均金额不高等问题,社会对我国企业家所作的公益和慈善事业还缺乏充分的肯定。由于我国在收入分配上尚存在一定的问题,社会上或多或少地存在着对企业家的负面情绪,表现为企业家的慈善和公益活动得不到充分的肯定,大众和媒体反而将焦点聚集在企业家的一些个人消费方式上,这不但扭曲了企业家的形象,使一般民众对其产生不良印象,更打击了企业家参与公益热情,对其行为产生误导。如果企业家们对社会的贡献得不到充分肯定,就会消解企业家阶层对社会的责任感和对经济发展的使命感,就会诱使企业家阶层专注于一些短期性强和投机性强的经营活动,从而对经济和社会发展产生不良影响。因此,在现阶段,我们要特别重视企业家才能的补偿性,满足企业家阶层自我实现和自我肯定的正当愿望。

第五,就人力资本的规模性来说,我国企业家群体已有相当大的规模,但在地区、行业、产业链上下游的分布仍不均衡。尽管发展历程只有30多年,但中国新时代企业家作为一个群体业已崛起,并且规模相当庞大,这也是与中国日益发展的经济相符合的。中国企业家群体往往具有相当的地域性和行业性,如以温州为代表区域的浙商,以煤炭采掘行业为标志性产业的新晋商等,可以说,这是一种新时代的"商帮"现象。这种"商帮"现象的存在,一方面打通了内部资源流动渠道,另一方面也有利于开拓新的市场并降低风险,对中国经济发展具有相当正面的影响。但任何事都有两面性,这种"商帮"现象的存在,一方面造成了企业家在地域上发展的不平衡,挤占了落后地区企业家成长的机会,另一方面又造成了某些行业企业家"扎堆",另外一些行业乏人问津,缺乏足够关注的现象。而市场是瞬息万变的,今天的冷门行业很有可能是明天的热门行业,今天拥挤的热门行业很可能是以明天的发展为代价的,特别应指出的是,我国企业家有时会缺乏上下游协作的概念,热衷于挤在短时期内比较热门的行业,却忽略了相关上下游产业往往存在着更多的机会。例如我国彩电企业曾一窝蜂地发展液晶电视的生产,却忽略了上游液晶显示器的发展,结果产业发展的主动权长期操于日、韩、台地区液晶显示器企业之手,造成重大损失。直至今日,我国的企业家群体在地区、行业和产业链上下游分布上的不均衡性依旧没有显著改善。中国经济要进一步发展,政府应推出有效措施,来改善这种不平衡性,而这种不平衡性的纠正,又会成为中国经济发展的新动力之一。

第六,从人力资本的路径依赖性来看,我国企业家比较擅长于劳动密集型和资源型产业,但随着我国经济的发展和企业家素质的提高,在资本密集型产业、高新技术产业和服务型产业方面的经营水平提升很快,但依然存在着一些短板。中国企业家群体特别是民营企业家群体多从劳动密集型产业起步,经 30 余年发展,目前已在劳动密集型产业、资本密集型产业方面取得很大成绩,出现了一批世界级和准世界级大型企业集团,如华为、中兴、三一、海尔和联想等,但从整体来看,我国企业家特别是民营企业家尚未完全摆脱家族式管理模式,完全意义上的经理人市场尚未形成,企业内部仍不同程度地存在任人唯亲、拉帮结派的现象,现代意义上的管理模式尚未形成,而以重化工业为主的资本密集型产业、高新技术产业和服务型产业必须以完善的内部管理和控制模式为前提,而这正是我国企业目前的短板,也是市场经济发展历程对我国企业所造成的路径依赖和制约作用。正因如此,我国的企业家群体在一定时间和空间范围内依然存在不稳定的特征,企业家特别是中小企业家队伍不稳定,中小企业的经营状况依旧不十分乐观,而中国企业家群体在市场经济中拼搏的时间尚不够长,目前还不足以产生大量世界级的企业家,要改变这种状况尚待时日,也有赖于我国市场环境和相关制度的进一步完善。

(二)中国科研人力资本方面存在的问题

近年来中国制造业开始有了全面升级的趋势,中国的年工业总产值也于 2011 年超过美国,占据世界第一大工业国的宝座。虽然中国制造业还有核心技术匮乏、品牌效应不强、高端产品市场占有率不高等问题,但对比改革开放前,中国工业显然已经有了脱胎换骨的发展,这与我国目前有一支规模较大、技术水平较高、年龄结构合理的科研技术队伍是分不开的。

虽然我国在科研人力资本方面已具备较雄厚的力量,但这并不意味着我国的人才队伍已不存在问题。相反,由于我国工业化和经济现代化建设起步较晚,在人才培养和储备方面本来就存在着不足,最近30余年来经济发展虽然取得巨大成就,但粗放发展的痕迹还很明显,这必然会反映在我国的科研人力资本上。就目前状况来看,主要存在以下问题。

第一,我国科技人力资本发展的前瞻性不足,存在着一些行业人才过剩,另一些行业人才极其稀少的现象,制约了我国经济的健康平衡发展。由于历史原因,我国科技在新中国成立后很长一段时间都处于与世界科技发展主流隔绝的状态,科研人员对世界科技发展主流情况认识不足,科技工作主要以跟踪和逆向分析西方成果为主,在知识和技术积累上往往落后于世界先进水平,这样的人才积累和知识储备反映在教育体系上就是培养出的毕业生比同时期的西方培育出的人才水平要低;同时由于中国落后的经济状况不能充分满足自身培养的人才中较为杰出者提升自身的要求,人才大面积流失,虽然近年来有所缓解,但从存量上看,这种因知识储备和人才积累方面的问题而造成的我国科技人力资本上的前瞻性不足的状况并没有得到充分缓解。此外,作为一个被西方封锁多年的国家,我国在人才培养方面一直存在着部门上的不均衡性,一些部门人才培养过多,产生人才流失现象,另一些部门由于缺乏人才和经济技术条件而长期得不到发展。而现代经济是一个综合性的体系,重大创新往往具有高综合性和广泛跨学科的性质,我国在跟踪一些重大创新时尚且受制于我国科研人力资本的不平衡性,遑论自身从事重大创新活动。我国在科研人力资本上前瞻性的匮乏已对我国重大科技创新活动和产业升级造成很大的影响。

第二,我国目前所拥有的科技人力资本已能确保我国经济平稳发展的需要,但离赶超世界领先水平还有一段距离。改革开放以来,我国在开发自身人力资本方面取得了巨大的进步,这种规模的全民教育水平和人力资本发展,在世界史上都是罕见的。正因为我国在人力资本特别是科技人力资本方面的巨大进步,才推动了我国工业化进程,如果没有高等教育等各方面的改革,很难想象我国经济在入世后会以这样一种高速度发展。随着我国经济发展的不断深化和各项改革措施的不断推进,我国的科研人才显然会得到更多的机会锻炼,其人力资本水平也将不断提高。但我们如果从世界范围内来考虑就会发现,和同时期西方发达国家相比较,我国科技人力资本禀赋的优势在于数量,劣势在于质量和分布的不均衡性。西方国家在科技发展上的投入一直未曾松懈,无形之中拉高了产业特别是高科技产业进入和发展的门槛,也就是说,随着先进国家科技水平的不断精进,科研人力资本的阈值性是不断提高的。许多发展中国家在追赶过程中吃了亏,一个重要的原因就在于没有把握住科研人力资本的这种阈值动态性质。我国也曾深受这种现象的困扰。科技的发展无止境,对相关人力资本的要求会越来越高,面对这种阈值的动态性,我们要赶超世界先进水平,必须确保我国科技人力资本在质量上的发展超过竞争对手,而目前我国科技人力资本的发展离这个要求还有一定的差距。

第三,就人力资本的用进废退性来看,我国科技人力资本的水平目前仍在不断提升,但也存在科研队伍不稳定、青年研发人员积极性不高、人才易流失等问题。我国青年研究人员水平较高,学习能力较强,为我国经济建设作出了突出的贡献,但由于我国在经济和科技力量上积累不够,使得我国科技工作者在技术水平上相对于先进国家的同行们仍显稚嫩,在达到一定的水平后受各种客观因素的制约,短时期内水平不能在国内得到较大提升,容易出现科技力量流失的情况。特别是受市场经济的影响,大批本来可以成为优秀骨干技术力量的优秀青年纷纷投入商海,导致巨大的人力资本浪费。虽然这种现象在全球都不同程度地存在,但在我国经济技术水平尚不够雄厚,主要科技和工业部门具备自我造血能力时间尚不够长的情况下,大量科技人员特别是熟练型科技人员流向商界,对我国来说损失尤重。一般来说,科学技术的发展不仅仅依靠一两个天才人物,还要有大批骨干在长时期内耐心地进行技术积累,这样才能确保整个国家的技术实力能够支撑起经济的长期持续发展。现阶段我国科研队伍的突出问题就是技术积累尚不够丰富,知识和人才储备较发达国家还有一定的距离,在这种情况下,长期从事科研工作并具有丰富研发和生产经验的技术人才就显得尤为宝贵。只有形成一支技术积累丰富、年龄结构合理的科研队伍,才能确保我国科研人力资本水平的不断提高,才能为我国经济的可持续发展提供支持。这就需要我们采取有效措施稳定住科研队伍,鼓励科技工作者从事本职工作。

第四,我国科技从业人员收入仍然不高,社会地位和声誉也与其贡献不相匹配,在这方面我们仍有提升的空间。在国外,科技工作者是中产阶级的重要组成部分,收入稳定且处于社会中上水平,具有较高的社会地位和较佳的社会声誉。由于科研工作具有一定的前瞻性和公共产品性质,科研成果的市场价值具有一定的不确定性,不能完全通过市场来解决科研人员的报酬问题,因而科技工作者的报酬有相当一部分是声誉报酬,即较高的社会地位与声誉。如果科技工作者得不到声誉报酬,社会地位较低的话,对于这一群智商较高、行动和策划能力俱佳的人来说,从事研发行业的机会成本就显得很高,就会诱使他们放弃需长期艰苦努力才能获益的科研工作而从事其他行业,这对社会来说就是一个很大的损失。中国古代技术进步大多依靠文化素养不高的工匠,而很少依靠具有较高文化素养的士大夫,最关键的原因就在于声誉补偿机制缺失;士大夫视从事生产技术活动为贱业,即使有人从事，心里也有低人一等的感觉。声誉补偿机制的缺失使得中国古代的技术进步具有偶然性和不确定性，难以在短时期内汇集起从整体上推动社会进步的力量。我国科研人员收入处于社会中上水平，但我国目前的科研力量多集中在大城市，广大中小城市科研力量薄弱，并且缺乏相应的工作机会，科研工作者尤其是青年科研工作者的收入相对于大城市的生活成本来说还比较微薄，难以全部满足科研工作者各方面的需要。而科研人力资本的积累有一部分成本是需要科研工作者个人承担的，这更突出了这个阶层的生活压力，特别是我国社会目前重视科学、技术和文化的氛围还不强，对科技工作者的声誉补偿机制还未完全建立，这对于我国科技队伍的稳定和水平的不断提高，造成了相当的消极影响。

第五，从人力资本规模性角度来看，我国目前无疑已拥有了一支规模庞大的人才队伍，但作用发挥不足，且存在着结构性的问题。中国最近十余年来高等教育的发展，极大地提高了民众的文化素质，也造就了一支庞大的受过高等教育的人才队伍。单纯从数字上来看，我国的人才规模已跃居世界前列，这降低了我国的技术发展成本和人才使用成本，促进了我国科学技术的发展。跨国公司纷纷把研发基地放在我国，正是我国巨大的人才规模带来经济效益的一个明证。但我国人才队伍的庞大也带来了一些问题，人才规模的庞大造成人力资本边际回报的递减，在一定程度上使得青年技术人员收入降低。目前我国青年技术人员收入不高，即便工作一定年限后收入提升了，其水平也难以和一些热门行业相比；同时每年大批新毕业的大学生进入职场，一些追求短期利益的企业会有裁减具有一定工作年限的员工而雇佣新人的冲动，这也使得青年技术人员不安于积累技术和自身人力资本，造成人才频繁流动，降低了人才质量。另外，我国技术型中小企业发展不足，难以消化人才，造成了严重的人才流失状况。社会对人才的需求是多层次、多梯度的，人才之间只有实现充分分工，才能在最大程度上避免恶性竞争，从而避免人力资本的损失。从这个意义上来说，实现人才队伍内部的充分分工是最大限度发挥人才规模性的最好途径，而这种充分分工是要建立在科技型中小企业充分发展的基础之上。目前，我国科技型中小企业的发展是不充分的，难以为青年人才提供足够的舞台来施展才华，也造成大批技术人才流向非技术岗位。

第六，考察我国科技人力资本发展的路径依赖性，我们发现这方面存在的问题直接影响了我国科技实力的提升。我国科技人才培养模式主要源自于前苏联，重视专才的培养，较不重视发展通用能力，学科划分过细，各学科各部门的人才之间缺乏交流和互动，高中实行文理分科，更是将这一缺陷带到了中等教育体系。但是现代科学和生产技术是一个规模庞大、互动复杂、需要多学科之间协作的体系，如果专业划分过细，人才能力过窄，那么能从整体上驾驭这个复杂科研生产体系的"帅才"就会十分稀缺，并且会因为人才的思路狭窄和缺乏交流而失去很多创新的机会。这正是目前我国经济技术体系存在的一个顽疾。我国跨行业人才培养不足，导致人才在多样化和通用型能力上存在缺陷，制约了我国经济的发展。这正是我国人才培养机制目前的软肋。我们在人才培养上过于注重专门能力，人为设限，导致培养出来的人才思维比较狭窄，能力单一；加上我们的人才规模，这一问题就突出地反映到我们的竞争力中，这值得我们重视。

（三）中国产业工人人力资本方面存在的问题

产业工人无疑是一个经济体的神经末梢，再强大的产业和技术，如果不经产业工人娴熟的技术和灵巧的双手，都不能转化为能为市场所接受的产品，经济的繁荣更无从谈起。法国和德国在人力资源禀赋方面的差异给我们提供了一个观察分析这些问题的视角。法国的人力资本以知识分子的理论性科研和文化建设见长，技术型人才和熟练产业工人相比于德国均有所逊色；而二战后的德国虽然在基础科学上的水平和人才储备方面远较法国逊色，但在工程师和产业工人的储备方面却一直保持着优势，德国甚至限制普通大学招生人数，以确保中等职业技术学院充足的生源。由此可见，产业工人作为国家人力资本的重要组成部分对经济发展所起到的重要作用，一国在产业工人方面的资源禀赋甚至能决定一国经济发展的前景。

目前，我国一线产业人力资本发展存在如下问题。

第一，从人力资本的前瞻性来看，中国一线产业人力资本的发展既不能满足社会的需求，又不能对中国的产业升级起到足够的支撑作用。目前社会上存在着轻视体力劳动者的风气，优秀青年都不愿从事体力劳动，虽然在一线生产岗位能淬炼出丰富的动手经验和较高的技术水平，收入也较为丰厚，但在传统思想的影响下，年轻人愿意从事生产一线技术性工种的越来越少，并且工作态度也不认真。当我国的经济发展和产业升级需要大量经验丰富的技术工人时，我们却尴尬地发现，作为人口大国的中国，技术熟练的工人却是短缺的！从本章第一节的论述中我们知道，具备一定数量技术经验丰富的产业工人是一国经济可持续发展的重要前提条件之一，而我国目前由于多种原因造成的高级技工短缺，不但给企业的生产经营造成了困难，更在一定程度上造成熟练技工工资的不合理上涨，技术娴熟的技工所得报酬已含有租金的性质，技术相对生疏的员工也会产生攀比心理，这些问题都与我国一线产业人力资本发展的前瞻性缺乏有关。

第二，目前我国产业工人人力资本总体上已具相当水平，但精细制造能力尚不足，熟练技工年龄偏大，要维持现有人力资本水平并达到先进国家的标准还有很多工作要做。我国技术工人已经具备相当高的技术水平，改革开放前的 30 年优先发展重化工业和军工产业，造就了一批技术水平高超的工人；改革开放以来外资的进入又带来了国外先进的质量控制体系和流程操作规范，弥补了以往我国在培养产业工人中存在的不规范和随意性强的弱点。事实上，发达国家在向我国转移产时,在培养我国技术人员方面往往不甚积极,但其先进的生产体系和流程在我国的普及却实实在在地推动了我国劳动者技能的提升。虽然我国劳动者已拥有较高的劳动技能,但熟练技术工人年龄偏大、文化素质不高、吸收运用新技术能力弱等缺点,影响了我国制造领域人力资本的进一步提高;而年轻人对于从事制造业兴趣不大,浮躁的社会风气也使得年轻人不愿从事数十年如一日的技术积累工作,等到这些人愿意从事制造业时,年龄往往偏大,已不太适合一些需要较高灵巧性和长期积累的工种,一些老工人的技术绝活难以传授给下一代,人为地造成技术的断层。我国产品在制造方面与国外先进水平存在差距,原因即在于此,这势必会对我国产业升级造成不利影响。

第三,自 20 世纪 90 年代以来,中国产生了技工荒,从整体上影响到了中国制造业的进步。正如前文所述,人力资本是有用进废退性的,技术工人的技能尤其如此。技术工人一旦离开其熟悉的生产流程,其人力资本立即开始衰退,等离开一段时期后,要重新恢复到原有水平所需付出的成本大致会和培养一个全新的技工相等,从这个意义上来说,技术工人所拥有的人力资本专用性最强,用进废退性最为明显,一旦失去要重新培养的代价也最大,且在目前的条件下很难通过境外人才引进的方式解决,这一点和别的人力资本有很大的不同。我国改革开放以来发生的一些重大经济事件,曾造成海量的技术工人流失,对我国经济产生了不利影响。现阶段我国技术工人年龄普遍偏大,精力体力都已退化,在从事一些技术要求较高的生产流程时心有余而力不足;而技术工人培养、认证和评级方面的缺陷,也使得我国高级技术工人的培养缺乏规模效应,这也限制了我国制造业体系整体劳动技能的提高,并时常面临着技能退化的威胁。

第四,我国制造业一线工人工资偏低,不但未能充分补偿工人的人力资本,更拖了我国工业品品质提升的后腿。要想充分发挥人力资本在经济发展中的作用,必须重视人力资本的补偿性。人力资本要达到一定的成熟度,需要大量的培训和实践机会,但对人力资本拥有者来说,独自依靠自身的力量来承担这些成本比较困难,必须由其所属的社会部门来分担这些成本。制造业工人的成熟时间一般都较长,工作环境也比较枯燥,积累一定的人力资本需要在体力和精力上比别的部门付出更多,如果工人得不到足够的补偿(这种补偿包括物质和精神双重的),那么这种成本中很大一部分就需要由工人自己来承担,制造业岗位对那些具有较强智力和动手能力的人就会失去吸引力,而留下来的将是些智力和动手能力平庸的人,从而在制造业内部发生逆向淘汰。由于充沛的人口红利,中国制造业曾以成本优势傲视全球,但这种优势是建立在低工资的基础之上的,由于忽视工人人力资本的补偿性,中国制造业被迫定位于低端状态,拖了中国制造品质提升的后腿。在中国,轻视体力劳动者的风气比较浓厚,熟练技工不被看作是宝贵的人才,声誉补偿机制也不健全,对于制造业来说,为了弥补工人人力资本在声誉补偿机制方面的缺失,就必须提高工人工资,这在人口红利逐渐消失的当下更加重了企业经营的负担。

第五,得益于中国庞大的人口基数,中国产业工人的规模世界第一,但身份不清,阶层不明,对中国经济发展起到了负面的影响。中国产业工人队伍无疑是世界上最为庞大的,但令人尴尬的是,中国产业工人的身份并不明确,相当一部分熟练半熟练产业工人是农民工,缺乏各方面的权利保障,受制于户籍制度,即使拥有较强的技术能力也很难在城市落户,在工厂打工到一定年限后,这些熟练半熟练农民工往往选择回乡,这不但造成人力资本的巨大损失,更造成我国熟练技术工人队伍不稳定。熟练技工的规模远不像想象的那么庞大,而决定一国工业品制造品质的恰恰是这些技术工人。由于大量优秀农民工技工回乡,制约了我国产业工人规模,随着人口红利的逐渐消失,我国的产业工人规模也呈逐步缩小趋势,如果不及时加以重视并采取措施,我国产业工人人力资本规模无论在质上还是量上的发展趋势都不容乐观。

第六,从人力资本的路径依赖性来看,我国产业工人人力资本偏于粗放型,要扭转这一状况需要较长时间。我国工业生产体系脱胎于前苏联,与前苏联相似,生产方式比较粗放,产业工人的技术也相对粗疏,不习惯精细化和节约化、个性化生产。改革开放以来通过合资等方式引进了西方先进生产体系,培养了一大批优秀的产业工人,但我国民族企业相对来说比较不重视精细化、个性化生产,在相应的质量管理体系方面也不如外资和合资企业,我国的产业工人如果离开了有外资背景的企业,其生产技能会迅速粗疏化,这正是我国产业工人人力资本强大的路径依赖性所致。由此看来,由外资企业所带来的先进生产理念和管理方式只是作为一种外在性的强制约束而存在,尚未完全转化为我国产业工人和民族企业的生产自觉,由此造成我国产业工人人力资本强大的路径依赖性和发展惰性,不仅使中国工业品始终无法摆脱低端形象,更对中国制造业的进一步发展造成了威胁。

综上所述,我国在人力资本方面尚存在不少问题,有待于我们去解决,中国人力资本提升的过程,也将是中国经济持续增长的过程,中国经济在此过程中将获得来自人力资本提升方面的重要动力。

第四节　提高人力资本水平,加快经济发展

一、人力资本发展对经济的提升作用

由上文叙述可知,我国在改革开放后积累了巨大的人力资本,这既是改革开放

的结果,也是将改革开放推向深入的巨大力量。罗伯特·卢卡斯反复强调,人力资本而非人口数量是推动经济发展的重要力量。而中国经济较印度经济更早地腾飞,恰恰印证了卢卡斯的这一真知灼见。但我们在这里要指出的是,人力资本不仅是推动经济发展的重要力量,而且人力资本在质和量上的发展本身就可以直接推动经济增长,在现代市场经济和社会化大分工的条件下,情况更是如此,试叙如下。

首先,人力资本的形成需要消耗大量资源,其本身就会形成新的需求。人力资本从开始学习、实践到形成一种新的能力,需要消耗大量时间,更需要消耗大量物质资源,这本身就是一种需求,并且相对于物质资本投资更为美妙的是,除了极端专门化的技艺之外,人力资本投资只要不产生用进废退效应,总能对经济产生正面的影响,形成正的收益流量(从社会的角度来看更是如此,在某些情况下对个人不一定形成正的收益流,但对社会往往形成正的收益流),因而人力资本的形成会带动相当一部分需求,并且这种需求往往是中长期的。从投资的角度来看,人力资本投资对经济发展将会产生永久性影响,除非发生重大战乱导致人口迁移或死亡,否则这种投资一般都会在社会经济发展中起到长久的影响而不会消逝。

其次,人力资本的形成改变了社会发展形态和既定路径,成为推动经济发展和社会进步的重要力量。任何社会都有一定量的既定人力资本,其拥有的人力资本数量多寡与水平高低决定了该经济体在世界上的发展水平和经济实力。落后国家要想取得经济发展和社会进步,必须从提升人的素质入手,提高自身所拥有的人力资本水平,唯有如此,其发展才是实实在在可持续的。二战后日本、拉美、"亚洲四小龙"和东南亚都经历过不同时间的高速增长,最终只有日本、韩国、中国台湾等跨入发达经济体行列(中国香港和新加坡土地面积过小,地理位置优越,本质上不属于大规模经济体,其发展缺乏普遍性意义),最关键的原因在于日本、韩国和中国台湾重视人力资本积累,其发展的成果实实在在地体现在了人的素质上。所以,经济后进国家或后进经济体要想推动社会发展,改变社会发展的既有路径,推动人力资本的形成与高水平积聚将是不二法门。

第三,人力资本集聚到一定程度后会产生一种整体效应,形成一个经济体长久的竞争力而难以被其他国家模仿或超越,从而成为该经济体竞争力的根源。从各国的经济发展历程来看,其核心竞争力要经过很长时间才能形成,但一旦形成之后就会构成该经济体长久的竞争力,成为该经济体立足于国际经济交流的品牌,其他国家很难超越。比如德国商品在俾斯麦统一德国之前很长一段时间内被认为是劣等货,但随着国家的统一,德国在科技、制造方面的人力资本不断发展与融合,终于在机械和化工方面形成了德国独具特色的人力资本优势,德国商品也被公认为优质品,德国商品的精密制造形象至今仍没有别的经济体可以超越。但这样的整体性优势的形成需要长时间的积累与投资,最忌讳的就是短期行为和急功近利。新加坡经济在很长一段时间内曾被中国香港甩在身后,一个关键的原因就在于新加坡政府对发展产业急功近利,新加坡政府总是急于抓住当时(20世纪60—70年代)每一个发展机遇和概念,在许多新兴产业重复投资,而不注重人力资本的长期积累,结果导致经济发展的低效。至今新加坡的产品尚未形成明确的整体性优势和品牌效应,其教训不可谓不深刻。我国在产业发展过程应极力避免急功近利。

二、需要采取的措施

我国经济正处于发展方式转变的关键阶段,这一阶段产生的较高的转型成本,会对经济发展产生相当程度的负面影响。随着经济发展方式的转变,人力资本也需要做一个相应的变更,以符合经济发展方式转变的需要,而人力资本的改造与转型将产生大量需求,会对经济发展产生正面效应,从而部分抵消经济转型所带来的不利影响。考虑到我国目前的实际情况,应当从如下几个方面入手,发挥人力资本升级对经济的正面影响。

首先,鼓励民众积聚人力资本,积极创造各种机会来便利民众的学习、研究,分担部分转型升级成本,并为民众提供足够的施展才华的机会。人力资本的形成是有成本的,如果完全由民众承担成本而又缺乏相应的回报渠道,那么将无人愿意从事人力资本的积累。事实上,任何一项人力资本的形成,都是政府、企业和民众通力协作的结果,如果政府的作用没有充分发挥,企业和个人将就人力资本成本的分担而讨价还价,甚至出现企业不愿意培训员工、对员工掠夺性使用和个人不愿意学习新技术的结果——这样的实例在生活中屡见不鲜,如果出现这样的情况,不仅无法实现人力资本提升对经济的正面影响,更会损害经济的中长期发展能力。这种情形出现的根本原因是人力资本具有一定的公共产品性质,同时人力资本的获益者是政府、企业和个人三方,容易出现权利和义务不一致的结果。解决这一问题的根本之道是要理顺人力资本形成过程中政府、企业和个人三者的关系,政府要充分发挥提供公共产品的功能,积极创造条件鼓励企业和个人从事人力资本的积累与提高;在三者中,企业为人力资本形成提供了实践机会和物质资本,因而政府也应采取措施激励那些容易积累人力资本的行业与企业;对于个人来说,在形成人力资本的过程中主要是付出了机会成本与时间成本,因而政府要采取措施,稳定民众的预期,使民众能够看到得到回报的前景,这样就能使我国人力资本水平不断提高,同时减轻经济结构调整的负面经济效应。

第二,创造尊重人才、尊重科学、尊重技术的社会文化氛围,为人才成长和民众积累人力资本创建良好社会环境。人才成长和人力资本积累对社会环境的要求很高,安定的社会环境是首要条件。例如,法国在胡格诺战争前曾拥有远比英国雄厚的工艺技术人力资本,但随后的宗教迫害和战乱使得人才大量流失到英国,导致其在经济发展上始终落后于英国。此外,整个社会要充分认识到科学、知识和人才的价值,要以尊重和宽容的态度对待人才,能容纳人才的不断探索过程及其可能遇到的挫折,理解人力资本积累的艰难性,明白人才成长的过程也是人力资本积累的过程,人才遇到挫折也正是人力资本经历增值的过程(因为人才总是从挫折中得到成长)。经济发展的历史和现实都证明,一个社会如果不尊重科学技术,特别是不尊重人才的话,是不可能取得良性的社会经济发展的,反而会造成经济发展的断裂,带来经济社会双重灾难,晚清的中国、纳粹时代的德国就是先例。就我国目前的情况来看,有两种倾向值得警惕:一是急功近利,对人才的成长缺乏容忍度,急于在人才培养上看到立竿见影的效果,带来的恶果就是短期行为泛滥。二是物质主义,社会环境陷于金钱拜物教,将一切商品化,轻视人力资本的长期价值,急于将人力资本折现;而人力资本的价值从实质上来说是对人力资本投入的一项累计价值意义上的购买,购买方一般注重的是人力资本长期积累所带来的使用价值。如果社会和市场充斥将人力资本立即折现的短视思潮,那么整个社会的人力资本水平将趋于扁平化而陷于发展停滞,这是我们尤其应该重视和警惕的。

  第三,尊重人力资本的市场价值,改变事实上的低工资政策。人力资本的积累是一个非常艰难的过程,特别是对个人而言,个人在积累人力资本的过程中付出了金钱、收入和情感方面的成本,这些成本是难以完全用市场价值来衡量的,如果不尊重这种付出并给予补偿,那么人力资本将长期处于低水平状态。由于人力资源丰沛,长期以来我国在事实上形成了低工资政策,虽然推动了经济的腾飞,并且中低端产品占据了世界相当一部分市场,但代价是造成劳动者特别是制造业的劳动者工作积极性低,不愿长期从事技术积累工作,产品品质也因此得不到及时提升。要想改变这种状况,必须切实可行地提高民众工资水平,尊重民众所拥有的人力资本市场价值。有观点认为民众工资水平提高会增加工业制成品的成本,削弱中国工业品在世界上的竞争力,但如果考虑到民众收入提高可以带来的市场效应以及制成品品质提升的效应,这样的付出应该是值得的。我国有世界上最多的人口,如果工资水平上升到一定程度,势必带来巨大的市场效应,加快各种资源的利用和流动。而经济发展的成果,正是建立在各种资源充分利用和合理流动的基础上的,美国之所以成为世界上第一强国,与其拥有世界上规模最大的市场密切相关。特别值得指出的是,市场规模的扩大,将带来可观的规模效应,显著降低产业发展的成本,摊薄研发费用,降低人力资本成长的成本,并能以更快的速度培养出大量的人才,提高整个国家的全要素生产率。一言以蔽之,低工资造成了人力资本的低水平,最终使经济和人力资本都陷入低水平成长的陷阱,而适度的高工资则会改善劳动者的预期,促使其努力提升自身的人力资本,并发挥出规模化的市场效应。因此,适时改变低工资政策,是促进我国人力资本积聚并最终发挥正面经济效应的重要措施之一。

第四,充分发挥政府的公共服务功能,鼓励人才的培养和流动。经济发展的可持续性与人才成长的速度和深度密切相关,经济发展到一定程度后社会人才储备不能支持经济进一步增长,此时社会经济就会出现问题,这样的事例也比比皆是。如前文所述,人力资本的积累是一个耗时很长的过程,甚至可以视为一个特殊的生产过程,接受教育期主要依靠家庭和学校的一些补助,进入职场后,则主要依靠企业和自身的投入与努力。从纯经济观点来看,培养人力资本是一件吃力不讨好的事,并且人才培养出来后很可能会到别的企业工作或自己创业,在社会信用机制缺失的情况下尤其如此,因此盈利性机构大多在人力资本的培养上缩减开支,并且抬高人才招聘门槛以降低培养费用,这就造成了人力资本培养上的市场失灵。在这种情况下,政府应充分发挥其作用,采取措施纠正这一市场失灵状况。关于教育系统,本书会在第五章做出系统的研究,此处强调的是,我国成人职业技能培训有着很大的市场需求,同时,企业对各种类型的实用性人才需求又很大,这两者之间存在着巨大的匹配空间和搜寻成本,如果政府发挥作用,支持企业或一些非盈利性机构针对企业需求而开展成人职业技能教育,并督促有需求的企业以合理的价格雇佣学成者,同时建立起相应的个人信用机制以约束学成者的机会主义行为,在合理的期限内确保企业的利益,那么不仅可以解决大量的失业与低收入问题,更可以提升整个社会的人力资本存量水平,减少社会资源的浪费。作为公共产品提供者的政府,其提供公共产品的种类与水平往往决定了一个社会的发展水平,如果政府采取得力措施将中国巨大的人力资源转化为人力资本,那么中国的经济发展将永远不会缺乏动力。

三、从人力资本观点看中国经济的发展动力与前景

入世以来中国经济取得了骄人的发展成果,但我们要看到,这一阶段的发展主要还是依托丰富的人力资源,以低人力成本和低资源价格优势来推进整个国家的工业化,随着全球市场开发完毕和经济危机的影响,这一发展模式基本完成了其使命。但这并不意味着中国经济的发展将缺乏动力,相反,从人力资本的观点来看,中国经济步入了下一个发展的关键性十字路口。

对中国经济的一个重要冲击是所谓人口红利的结束。人口的结构性变化,意味着相当一批步入中年的劳动人口已很难再从事低水平、高强度的劳动,并且青年劳动人口由于数量的不足和对生活品质要求的提高已不会再从事与父辈相类似的简单劳动。这对许多产业特别是出口型劳动密集产业的生存造成了威胁,目前已有相当一部分此类产业出现向境外转移的苗头,从而对中国经济的发展造成了

影响。

尽管面临着种种不利条件,中国在人力资本上的潜力足以使中国经历一个较长时期的中速稳定增长。在很长一段时期内,人才缺乏是制约中国发展的一个重要因素,特别是比较优秀的高层次人才向海外流失,使得中国的科研实力长期在低水平徘徊。高层次人才的匮乏制约了工业化进程,也间接导致高级实用性人才增长速度缓慢。20世纪90年代初中期,中国的工业化进程并不十分乐观。入世后由于中国在人力资本和用工成本上相对于其他发展中国家的优势,以及经济全球化力量的推动,中国工业化进程骤然加速。此前不断扩展的高等教育体系解决了制约中国工业发展的研发、工业设计人才匮乏的问题,扩张中的工业又提高了培养中高级实用性人才的能力。可以设想,如果没有20世纪90年代后期的高校扩招,中国很难如此充分地抓住这次全球化的发展机遇,世界经济的全球化进程也不会如此迅速与彻底。根据国际经验,工程师等技术人才和高级技工都有一定的成长周期,即使是高校扩招后培养起来的第一批技术人员,也要再过一段时间才能到达他们的巅峰水平,中高级实用性技术人才的成长亦如是。这些宝贵的人力资本在成长的过程中,积累了大量经验和难以书面表达的技术,由于中国工业和人才的规模性,这种积累将对年轻人的成长起到一个加速作用,并且这种人力资本的增长将孕育出新的巨大的创新机遇。虽然中国现阶段比较缺乏顶尖创新型人才,但由于中国中高级人才无与伦比的规模性,一旦对经济发展有重大影响的新技术出现,在实用化生产上中国依然有着很大的优势。在人类社会经济发展历程上,能充分利用新技术、抓住新机遇的国家,往往不是首先发明这一技术的国家,而是最有实力对该技术实行产业化研究、规模化生产、市场化推动的国家,在这三个方面中国都有显著的优势。和其他发展中国家相比,中国在人力资本方面的优势主要在于规模、经验和多样化方面;和发达国家相比,中国人力资本的优势体现在规模、年龄结构和冲劲方面,并且中国的人才从整体上看都正处于盛年,虽然在顶尖人才和经验上较发达国家逊色,但这完全可以靠规模效应来弥补。随着经济和技术经验的积累,顶尖人才脱颖而出的机会也将越来越多,此外,高级创新型人才也可通过"引进+培养"方式来解决。放眼全球,像中国这样具有巨大人力资本优势的国家几乎是独一无二的,只要中国做好人力资本的培养工作,化人口资源优势为人力资本优势,即使存在着种种挑战,也足以使中国经济保持一个中速增长的态势。

对中国来说,人力资本方面的进步与完善将在较长时期内成为中国经济增长的强劲动力。中国在技术、制度与商业习惯方面与西方差距甚大,虽然近十年来的高速发展已经使这个差距大大缩小,但我们应当看到,在目前中外人力资本差距较大的领域,都是一些"硬核"型的领域,要在这些领域有所突破,必须花费较长的时间和耗费极大的努力，而这正是中国人力资本巨大的成长空间，也是中国经济巨大的增长空间。这个过程，既是中国经济持续发展的过程，也是稳态增长机制逐渐形成的过程，在这个过程中，中国经济将逐步摆脱那种严重依靠物质投入的粗放型增长模式，而转向依靠人力资本进步和科技创新的新增长模式。人力资本方面的完善与进步，会对这一过程起到显著的促进作用。

第四章　加强科学技术创新能力

　　科学与技术是一种具有特殊经济意义的物品,长期以来,人们对科学技术作为一种经济物品的具体涵义认识不足,不但影响了相关经济学理论的发展,更严重影响了世界经济的发展。英国科学哲学家李约瑟曾发出这样的疑问:古代中国在科技上长期领先于世界,为何没有发展出现代科学并实现工业革命？这个问题有着各种各样的答案,综而述之,步入帝制时代的中国在实用技术上长期领先于世界,但在科学上却与当时的先进水平有着不小的差距,诸如欧几里得的《原本》、亚里斯多德的《物理学》那样代表了古代世界最高思辨水平的伟大科学著作,直至明末才被引进中国,在中国才出现类似著作。由于科学具有系统性强和不直接涉及经济利益等特点,因而不易于传播和保存。事实上,文艺复兴时代的西欧正是从当时的阿拉伯世界重新引入了古希腊几何学,并结合自身的实践理性才推动了现代科学的大发展。技术特别是古代形态的技术常常限于口耳相传,以技术诀窍的形式存在,难以书面化和规范化,并由于涉及经济利益而传播范围极窄,很容易受社会环境变化的影响而失传。考虑到这一点,我们需对中国古代经济发展的特点做出重新审视,并以此作为以后经济发展的借鉴。

　　中国古代技术的进步往往与国家的直接推动有关。在交通落后、物流方式单一的古代,技术的传播极为缓慢,而如冶铁、养蚕、纺织等技术,在古代都属于高新级别的,其在作坊内部的传播都受到严格的控制,遑论传播到社会上甚至他国异乡。在这种情况下,国家对于技术传播与交流的作用就显得异常重要,宋代占城稻的传播就是一个例子。在中国古代,往往要进行大规模的修筑长城、治水和开凿运河等公共工程,各地的工匠汇集在一起,不同地区的生产方式也互相汇集,无形之中促进了技术的交流与进步。封建国家为了获得更多的收入,又主动推广先进的生产技术,黄道婆从海南地区带来先进的纺织生产经验很快就被当时的政府在江南地区推广,随即又推广到全国。古代皇室对奢侈品的大量需求也促进了中国一些相关技术的进步,并产生了明显的规模效应。瓷器就是一个明显的范例,正因为以皇室为首的上层社会对瓷器有着很大的需求,产生了明显的规模效应,这才使得瓷器生产成本降低而进入百姓的日常生活,并最终成为当时中国外贸的一个拳头产品。由此可见,一个大一统的强大封建国家的存在,使得中国的技术发展在一定

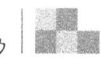

程度上超越了当时技术和空间条件的限制,这是当时中国技术领先于世界的一个重要原因。

但这样一个强大的封建国家的存在对中国技术乃至中国经济的发展也产生了不利影响。中国封建王朝明显不注重科学的发展,除了康熙等极个别时期,无论是封建君主还是士大夫精英,对科学的发展都缺乏兴趣。中国传统文化以儒学思想为主,注重人伦理念,自然并不是其关注的重点,因而中国古代的科学发现缺乏国家支持,科学家们的理论成果也很难系统地传授和推广,而只能依靠零星出现的天才人物来继续原有的工作。由于缺乏师承,科学家们需要花很多时间来揣摩和体会前人的成果,这在相当程度上阻碍了科学的发展。封建国家对科学的发展缺乏支持,对科学家的工作也并不热心,除了一些天文方面的计算,但到明清时代国家对天文计算方法的热情也明显下降,这直接造成了中国古典数学、物理和天文观测事业的退步,而此三项古典学科被公认为现代科学之母。

如果考虑到古代中国作为一个庞大的经济体,将许多在地中海沿岸和阿拉伯世界需要通过贸易解决的问题经由"大一统"国家政权内部化和非贸易化了,我们就能更清晰地认识到封建"大一统"国家对科学的不利影响。小经济体由于缺乏统一的官僚管理系统和物质调拨体系,不得不花大量精力来解决生产中遇到的各种问题,直接或间接地推动了技术与科学的进步。此外,这些小经济体之间交流频繁,无形中丰富了各自的技术与科学体系,而这一条件是古代中国所不具备的。同时由于科技事业缺乏国家的支持,在面临西方科学挑战时,中国科学界和封建精英们都束手无策,清末的情形即是如此。

中国近代经济发展与现代化的尴尬也正在于此。现代技术尤其是科学的发展极为迅速,每隔五十年左右就有一个发展高潮(体现在经济发展上就是所谓的康德拉季耶夫周期),而中国由于体制的障碍,重技术而轻科学,往往上一个周期的成果还没有完全消化吸收,先进国家又开始进入下一个经济和科技发展的长周期,中国不得不在消化不良的情况下应付下一个发展周期。可以这样说,中国经济现代化的步履艰难,关键的一个原因就是在中国没有形成自身的科学传统,从而缺乏深层次的创新能力。

第一节　科学技术的经济学性质

科学技术是一种具有特殊经济意义的物品,罗默 1990 年在其著名论文中指出,普通商品具有竞用性和排他性,公共物品具有非竞用性和非排他性,技术则具有排他性和非竞用性,科学则具有非排他性和非竞用性。科学和技术是两种特殊的经济物品,不同程度地具有公共物品的性质。

罗默对于科学技术经济学性质的探索具有划时代的意义,也解决了增长理论上的重大课题,在前文中已有所描述,但从科学技术发展历程及与经济发展的关系来看,罗默的研究成果很大程度上依然是一种抽象,我们需要在更为深广的历史过程中推广这一研究。

一、科技的排他性与竞用性

科学发展需要国家的大力扶植,科学取得的研究成果也常为国家所垄断,因而科学尤其是投资浩大的现代科学具有很强的排他性和竞用性。科学的发展需要政府力量的支持,科学活动从本质上来说是非营利性活动,虽然在现代社会经常有富豪支持科学活动,但这种支持多集中于对功成名就的学者做出褒奖,富豪们缺乏对科学研究进行评估的能力和意愿,因而其对科学研究的支持具有很大的偶然性和不确定性;而现代科学的发展需要学者们在某一方向上作长时间的探索,耗资巨大且难以在短期内看到效果,从这一点看,国家才是支持科学发展的最佳组织形式。但国家对于科学的支持并不是无条件的,作为世界上最大规模且稳定性较高的组织形式,国家间的竞争常常是人类竞争的最大规模的稳定表现形式[①],国家对科学的投资,往往具有明确的功利性目的,在发展中国家尤其如此。国家对科学的支持,首先要求科学研究成果具有明确的或潜在的重大军用价值,其次是具有重大的经济和社会价值。也就是说,科学研究成果必须在国家层面上符合国家的利益诉求,正如技术需在企业层面上符合资本的利益诉求一样。国家对科学的投资,必须对国家整体竞争实力的提高有所裨益,因而对于重大的科研成果,国家对其内部数据、研究过程,都有着很强的占有权,甚至还决定其成果和数据是否发表。一个显著的例子是美国曼哈顿工程期间,为防止法西斯国家获得相关发展思路,美国停止了原子研究论文的发表。直至现在,重大科学项目的研究成果和数据,依然是一国的重大机密,即使是数学这门公开性最强的学科,其中许多具有明显军事意义的分支也限制其他国家的学者介入。由此我们可以看到,科学成果是一种具有特殊经济意义的物品,在国内层面上具有罗默所说的非排他性和非竞用性,是国家提供给国民的一种公共商品,在国家的层面上则具有很强的排他性和竞用性,在国际间的贸易中会受到极大限制,这是我们必须重视的。

二、现代技术的发展特征

技术的发展往往具有螺旋式发展的特征,今天的当红技术明天很可能就会被

---

① 虽然经常会存在国家间结盟进行竞争这一现象,但这种联盟从长期来看缺乏稳定性。

淘汰,但随着技术的发展在将来又会以其他的形式整合进新的技术,因而技术的排他性与竞用性并不如想象的那么强烈。技术发展在人类社会的进步中发挥了重要作用,在早期人类社会,技术的发展往往与科学发展存在着一定程度的脱节,但在今天,技术的发展程度早已与科学水平的高低成正比。现代技术的发展往往受科学发展和需求这两个因素的制约,科学发展常常会强制性淘汰现有技术,消解现有技术的租金,并使得依附于现有技术的人力资本价值大大缩水,这些人力资本的所有者为了生存不得不寻找其他的出路,无形之中就将原有的技术带到其他的行业,从而推动被淘汰的技术在其他行业的应用;需求对技术发展也会起到强烈的塑造作用,一项实际的需求通常会催生新的产品与新的概念,这些新产品、新概念的完善又会在很大程度上提出新的科学问题,从而促进技术的发展。如果我们用静态的观点来看待技术和技术发展,就会认为技术具有很强的排他性和竞用性,但从动态观点和技术与科学间的关系来看,技术发展的精髓在于一种将现有资源组合起来的创新精神,许多专有技术是可以用不高的代价取得甚至引进的,只要这些技术没有与特别的经济用途相联系的高昂技术租金。一个社会只要有较为丰富的普通技术储备和一定的科学水平,就可以以需求驱动来实现符合市场需求的创新,这种创新可以在市场上充分得到补偿,并且是在充分利用现有资源的基础上实现的。所以,从这个角度来说,技术的排他性与竞用性并不像通常认为的那么强烈。

三、基础科学是现代技术发展的基础

技术需以科学为基础,技术发展到一定阶段,科学研究水平即成为其瓶颈,因而有必要鼓励盈利性单位发展和承担一定的科研任务,同时由国家来资助一部分前瞻性技术研究。科学发展的历史告诉我们,越是前沿性的科学研究,排他性越强,但如果没有及时转化为技术而为社会所利用,那么这种投资将因没有回报而难以持续。前苏联的科学发展水平不可谓不强,但因与国民经济联系不紧、缺乏回报的渠道而陷于解体。从这个角度来看科学研究具有强烈的竞用性和排他性。此外,各国从来不缺乏技术天才,这些天才型人物通常都具有相当的技术知识水平和创意,善于将许多想法和需求转化为具体的技术和产品,但他们往往缺乏将这些技术和产品转化为生产力的渠道,在缺乏知识产权保护的情况下他们的这些想法和技术就会成为公共产品,任何有资源和资金实力的单位与个人都可以将这些技术成就占为己有;即使有了知识产权保护制度,技术的所有者通常也是弱势群体,对于那些具有实力的个人和单位来说,利用技术的成本并不高。因此,要降低科学技术的使用成本,只有充分利用和发挥科学和技术的经济物品性质,制定正确的发展和资助路径。对于基础科学研究,应当主要由国家资助,企业可适当地做一些前沿

性研究,由国家对其适当地补助,并实现大学与企业间的人才流动。此外,企业也要花费一定的成本搜寻和发现民间的技术天才,将其发掘出来为自身服务,并要善于充分利用民间技术市场;国家应鼓励民间企业间、个人与企业间的技术交流与贸易活动。这样不但可以大大降低技术发展的成本,更可以增加创新的动力,培养出更多的创新人才,甚至出现像比尔盖茨那样的技术型天才企业家。

四、国家间科学交流及表现形式

国家间科学交流表现为派遣留学生和访问学者,技术交流常表现为技术的引进,但存在许多超出常规的行为,国家间科学活动的交流通常是以人才的流动与匹配的方式来显现。对于科学落后的国家来说,为了提升本国科技水平,增强自身发展能力,必须在科学上加大投资,但由于本国落后的科研实力,派遣留学生成为一种见效较快的方法,美国、法国、英国和日本等科学发达的国家在历史上均曾向国外派遣过大量留学生,这些留学生回国后也直接推动了本国科学水平的大发展,从而为本国的经济腾飞与持久发展打下了坚实基础。对于派遣国来说,向国外派遣留学生不仅节省了大笔培养费用及宝贵的时间,而且可以获得直接供使用的人才,弥补了本国人才数量和质量上的不足,这是一种特殊形态的贸易行为:人才输出国花费了大量资金培养中高级人才,并向人才输入国支付一笔不菲的学费,在人才和资金上都处于逆差的状态,但当人才培养并成熟后,这些人才回国工作,能带来很大的收益,同时由于规模效应,同样的人才在科学发达国培养的成本会小许多,因此当人才回国后对派遣国来说又形成顺差。但在西方大学开始国际化后这种科学人才交流模式发生了改变。以二战间大量德国犹太籍科学精英流亡美国、大规模进入美国大学为契机,西方国家的大学迅速完成了国际化,开始大量聘用来自异国特别是第三世界国家的教研人员,使得发展中国家的人才大量流失,长期处于人才失血状态,拖累了经济的发展,更削弱了本国经济的中长期发展能力,中国也存在这种情况,所幸由于中国经济的快速发展,通过短期讲学、聘请兼职教授等方式,我们争取到了相当部分流失在外的科研人才服务,提高了我国的科学研究水平,短期扭转了在人才交流上的不利状况,但从根本上扭转这种状况还需更多的投资,并制定吸引人才的措施,特别是在适当时期推进我国大学的国际化,扩大选才范围。

科学和技术是具有特殊经济学意义的物品,不同于普通商品,因而在经济活动中不能以对待普通商品的眼光来看待之,并且由于科学与技术存在着很强的公共物品属性,因而,为社会提供基本的科学服务,为本国企业家提供科技支持,为国家竞争力的延续而开展一些非获利性的前瞻性技术研究,就成了政府义不容辞的义务。

第二节 从内生增长理论看研发的策略

内生增长理论中包含了丰富的研发策略和思想,作为一种将研发活动内生化的理论,内生增长理论细致地提出了西方世界中研发活动的特点和策略,并以此为基础提出科技进步是经济长期增长的源泉。在内生增长理论特别是熊彼特增长理论中,研发活动是经济人出于自身利益最大化而进行的,经济人由此采取了种种策略来实现自身利益最大化,常常导致个人利益与社会利益的不一致,从而使社会利益受损,但这也为后发国家追赶先发国家提供了契机。

一、基本模型中的研发策略

在内生增长理论中,比较著名的研发方法有两种:一是由罗默等人提出的产品种类增加模型,二是由熊彼特提出、阿吉翁和豪威特等人形式化的质量梯子模型。下面就让我们简略介绍这两种模型及相关的研发策略。

(一)产品种类增加模型及研发策略

罗默在斯蒂格利茨等人工作的基础上,运用一般均衡方法,得出了正的内生增长率。罗默工作的关键在于假设生产函数是一系列中间体的函数,这些中间体每个都单独表现出递减的边际生产力,且所有投入都具有规模报酬不变的特性。每个中间体都具有加性可分性,即每个中间体的边际产出不受其他中间体的干扰,仅与自身有关,就是说,一种新的中间体,既不是现有中间体的直接替代品,也不是这些中间体的互补品。虽然这种假设在大多数情况下与现实情形不符,但对于描述突破性创新是比较合适的。正是因为生产函数的这种性质,在这样一个三部门模型中,可以出现正的内生增长率。

在实际的经济运行中,我们看到新的资本品的不断出现,对于最终产出具有强劲的推动作用。一个极佳的例子就是计算机的出现,它对整个社会的生产效率都产生了极大的促进作用,包括绝大多数服务行业,许多私人小超市甚至都已经实现了收银电算化,大大促进了流通效率。在发达国家,许多资金都被投入开发新的中间体,并且在经济运行的实际过程里,中间体的加性将不再成立,旧的中间体将被淘汰,新的中间体将不断出现。而在实际经济生活中,由于人的创造性,旧的中间体又通常被开发出新的用途而重新焕发青春,因此我们甚至可以认为作为整体的中间体具有边际收益递增的性质。在实际研发中,我们应该着重于研发新的中间体,同时发现现有中间体新的应用领域,最佳的一个办法就是延长产业链,将产业链深化细化,这也是普通发展中国家都能做到的。

(二) 质量梯子内生增长模型及研发策略

该模型具有极其明显的熊彼特模型性质,熊彼特模型的特征是,企业改进产品和技术将会对现有产品、技术产生挤压和淘汰作用。该模型认为,最终产品的生产者同时使用 N 种中间品,并且各种中间品的数量是不变的,研发的作用在于提高每一种中间品的质量。当创新发生时,中间品的质量就会提高,相应地最终产出也就增加,从而产生经济增长现象。该模型依然是一个三部门模型,由最终产品部门、研发部门和消费者所组成,最终经济增长率取决于三部门经济活动的一般均衡。

研发活动主要集中于中间品部门,其作用是提高中间品的质量,如果某个企业成功地开发出了质量更好的中间品,那么该企业将对这种产品拥有独占权,从而获得稳定的利润流。由于该企业已有稳定的收益,它就没有动力来进行下一波的技术开发,因为这样会使其技术租值消散,在这种情况下,进行下一轮开发的是新的企业,也就是说,企业的技术领先地位是暂时的。因此,研发成果的产生在一定程度上具有随机性,其与研发的投入有很大关系。

通过三部门均衡分析方法,可得出该模型的经济增长率[①]。值得注意的是,经济增长率中出现了成功研发的概率,而进行成功研发的概率取决于内生变量,即质量指标 Q。但是,这种方法是以假定新的研发者可以自由使用现有研发者所有的知识为前提的,而在现实生活中,要想做到这一点几乎不可能,领先者总比追随者具有更多本领域的知识和经验。巴罗和萨拉-伊-马丁的著作中也对此进行了进一步的阐述。

笔者对模型进行了修改,允许领先企业开发下一代产品,并且认为由于技术和经验的原因,领先企业在研发下一代产品时对后来者具有成本优势,那么,在一定的条件下,领先企业将执行所有的研发,后来者将被逐出研究领域。虽然这种方法仍有抽象的部分,但显然与实际生活更加贴近。

质量梯子模型给我们以众多启示,特别是在研发策略方面。发达国家的研发实体尤其是大公司,在其优势领域几乎有着不可动摇的地位,并且这些公司能有步骤地控制其研发进程,以对潜在竞争对手的研发活动进行打击。在这种情况下,如果想要赶超这些大公司,必须大量投入,并做好在相当长的时间内不盈利的准备。对于经济实力一般的国家,长时间地做研发活动,在经济上是难以承担的,只有那些经济技术实力较强和本土市场较大的国家,才有能力或潜力做这样的投入。但我们要指出的是,这些投入是随着技术进步而不断增长的,甚至可能达到这样

---

① 详情可见:巴罗,萨拉-伊-马丁.经济增长.上海:格致出版社等,2010:260.

一个阈值:在此阈值下,几乎不可能有国家能在某个领域超越现有的技术领先者。这就启示我们,要想在技术上赶上和超越现有发达国家,必须大力发挥政府的作用。

二、研发策略的两个层次

从基准模型我们可以看出,研发策略在微观和宏观上是有差异的。作为微观经济单位的企业,只需考虑自身的盈利状况,并以此为基础来进行研发活动;但对于作为宏观经济调控者甚至一定程度上的经济发展指导者的政府来说,要想使社会研发活动与社会所需最优水平相适宜,需采取措施来引导微观单位的研发活动,这就是说,研发策略具有两个层次:企业层次和政府层次。

(一)企业层次

作为微观经济单位的企业,为了收回自身的投入,特别是考虑到投资人的收益要求,通常不得不控制创新节奏,加强垄断力度,并在一定程度上打击竞争对手,这表现为对知识产权制度的充分利用。知识产权制度设立的初衷就是保护创新者的利益,从而鼓励社会上的创新活动,这同时就限制了竞争对手直接在生产中使用现有创新者的成果,但对于竞争对手来说,这些成果所体现出来的知识和技能,却是比较容易就可以学会的。竞争对手可以充分利用现有创新者的知识水平,来从事下一代的创新。

行业既有的领先者,享受着其先期投入所拥有的垄断地位,通过专利制度的保护,可以在一定的时间和空间范围内制止竞争对手们的仿制行为以保护其利益,但很难做到对相关知识与制程完全保密(如果领先者能做到这一点的话,他将倾向于利用技术保密而不是专利形式来维护自身利益),因而这些知识和制程都可为对手所利用来从事下一代的开发。由于存在技术租金消散现象,领先者往往不会从事开发,但事实上领先者特别是具备规模效应的大公司往往采取阶段式技术进步法,即在取得突破性创新时,不是一下子将创新全部向市场推出,而是以一定的节奏并根据竞争对手的动向,总抢先竞争对手半步推出阶段性创新,从而将技术租金最大化,并逼迫对手不断跟进,使对手始终处于不利状况。这种研发策略的不利之处在于:企业的资源都集中在现有技术上,难以对下一阶段的主流新技术做出前瞻性的预测和把握,同时竞争对手感受到领先者的压力之后,不得不将技术和资金等资源集中在下一代技术上,一旦突破这种压力而取得创新性成果,该项创新一定是突破性。

企业需发展通用型技术能力,建立一定的技术储备,避免技术能力被限制在一个很小的领域,以减轻技术进步可能造成的冲击。对于企业特别是大企业来说,做好技术管理工作,防止因新技术产生而对自身造成巨大冲击,是十分必要的。企业需要不断跟踪和创造技术前沿,发展通用型技术能力,做好新技术、新思想的管理与跟进工作,切忌将自身技术能力局限于一个狭窄的领域,作茧自缚,一旦新技术产生则手足无措。柯达公司在这方面的教训令人深思,柯达公司的相机与胶卷业务曾执全球之牛耳,但公司高层过于沉迷自身的成功,没有及时做好新技术的管理工作。1974年柯达公司技术人员发明了数码相机,这一革命性的技术创新并没有为柯达高层所重视,而草草地将之卖给了日本公司,30余年后日本数码相机产业将柯达公司逼入墙角,柯达公司不得不宣布破产清算,而其对手富士公司及时利用在化学感光材料上的优势而进军化工行业,成功地实施了转型。因此,发展通用型技术能力,做好技术的储备、管理与跟踪工作,对于企业的发展甚至生存,都是极为重要的。但在中国企业中存在一种不顾技术与产业的关联性而盲目推进多元化经营的倾向,这对于企业的发展也是不利的。

因而,对于具有规模效应的领先者来讲,应避免陷入对自身技术的路径依赖。雄厚的技术积累固然是本钱,但也是一种包袱,过于雄厚与专业的技术积累往往会阻碍所有者的视线,使其不容易看到下一代技术发展潮流,并对新技术和新思路有着本能的排斥,这是领先者特别是具有规模效应的领先者尤其应注意的。对于落后企业来说,也不应该满足于仅仅跟在领先者之后亦步亦趋,而应在吃透相关技术制程的基础上仔细研究市场动向。市场总是不断变化的,市场本身的变化总能为后来者留下或多或少的空间,并且这种空间是随着时间的流逝与消费时尚的变化而不断变大的,后来者有足够的时间空间来把握住这种变化。此外,后来者进行调整的成本要低于领先者,如果把握得当,甚至不必在根本性的创新发生时,就能占据一个相对有利的地位。无论是领先企业还是后来企业,都应以市场需求为根本,将技术进步与市场需求有机地结合起来。

(二) 政府层次

从政府层面来看,一国企业的技术领先程度,往往决定该国经济在世界上的地位,技术领先的领域越多,经济地位越高,在世界贸易和金融活动中所占据的地位也就越稳固。但企业具有逐利性,很难想象某个企业能以提升国家产业技术水平为目标而长期不求回报地从事经营活动,更难以想象某个企业会为公共利益而主动放弃自己的技术垄断地位,因而,政府在技术进步中应扮演相应的角色,落后的发展中国家尤当如此。

各国政府都很重视对研发的投入,并积极支持本国企业等经济和非经济组织对研发活动的投资。一般而言,越是发达国家越重视研发投入,2006年主要国家研发投入情况如表4-1所示。

表 4-1 主要国家 2006 年 R&D 投入及其占 GDP 的比重

	R&D 投入（亿美元）	R&D/GDP
冰　岛	3.09	2.97
新加坡	19.66	2.13
印　度	36.92	0.8
巴　西	48.95	0.9
以色列	52	4.52
芬　兰	54.49	3.48
俄罗斯	55.34	1.29
丹　麦	55.77	2.62
奥地利	56.15	2.19
瑞　典	120.08	3.98
韩　国	160.02	2.63
加拿大	166.25	1.95
中　国	186.01	1.13
英　国	339.96	1.88
法　国	390.16	2.18
德　国	615.53	2.52
日　本	1 352.8	3.15
美　国	2 924.37	2.68

资料来源：科学技术部发展计划司.科技统计资料汇编，2006 年

一些具有前瞻性和重大应用价值的战略性技术，不能仅仅依靠企业进行，而需要国家力量来推动和参与，但发展到一定程度，则需要企业特别是民营企业的力量来推动其产业化。越是战略性技术，启动成本越高，在初始阶段也就越无利可图，除了一些具有垄断地位的大企业，鲜有企业能够承担这些花费。而大企业的投资是以谋得垄断地位为目标的，这种垄断势必会阻挡新技术的普及与升级。因而应由国家来主导一些战略级别新技术的前期开发，并在出现市场应用前景、开发和推

广成本能为企业所负担后,将之以一定的条件转让给符合条件的企业经营,这对于促进国家的技术进步和产业升级是很重要的。而在把握市场和与国外强势企业竞争方面,企业特别是民间企业具有很大的优势。诸如工业设计、市场调查、新产品开发等对于构筑技术优势必不可少的工作,恰恰是企业所擅长的,国家力量不宜干预。

先进国家的高新技术通常是掌握在大公司之手,对发展中国家的企业形成了很大压力,要想扭转这种状况,后发国家政府必须鼓励本国企业重视消化吸收外来先进技术,设置一些突破点,以局部创新来推动整体创新。现代高新技术连接着许多学科,这些学科的发展需要很长的时间和高度专业化的技术积累,发达国家通常会通过改进一两个环节来推动局部技术进步,以此形成与竞争对手特别是发展中国家之间的技术差距来维持其技术租金。企业天生具有逐利性,如果没有国家的推动和支持,很少会有企业主动重视技术消化与吸收,形成自身的技术特点与优势。技术的消化与吸收是一项耗资颇大、时间成本较高的工作,只有企业内部技术和管理人员长期艰苦学习,吃透技术的诀窍与思想,落后国家的技术水平才会实实在在地得到提高。政府必须充分发挥公共管理职能,鼓励企业从事技术消化与吸收,同时不应贪大求洋,应该立足于现有基础,选择几个关键性的、对其他技术带动性比较强的技术领域作为突破口,尽快取得突破,从而带动国家整体科技水平和企业技术力量的提高和增强。

在创新中,各方面往往发挥着各自的作用。科技型中小企业擅长于概念研发,大企业长于制造与标准制定,政府的长处在于规划能力和服务提供能力,要想在国际市场上取得技术领先地位,必须将三者的力量结合起来。这就需要政府充分发挥其规划能力,促进三者之间人才和思想的交流。科技型中小企业没有既得利益的包袱,往往敢想敢干,对研发人员也没有大企业那么多的束缚,机制比较灵活,因而一些天才型的想法不会像在大企业那样受到普遍质疑,更无需经立项等程序才能推动,甚至很多中小型科技企业就是根据一个想法或创意而成立的。大企业内部管理比较严格,机制不如中小企业灵活,但大企业生产能力强大,容易取得规模效应和成本优势,如果掌握了足够的力量甚至能制定行业标准。作为公共服务提供者的政府,其对社会的信息收集能力与规划能力,是很少有组织能与之匹敌的,要想充分发挥中小企业和大企业在技术进步中的作用,政府必须充分发挥其提供服务的能力,根据一定的目标制定相关规划,分别发挥中小企业与大企业在技术创新中的作用,在保护知识产权的条件下鼓励技术人才在政府资助的科研机构、大企业和中小企业之间的交流,促进人才、资金和技术的大融通,从而推动技术进步。

第三节　研发与社会组织

研发活动离不开经济组织。经济组织以盈利性或公共服务为目的，投入资金、组织科技人员从事研发活动，以获取科研成果。现代科学技术已形成一个极为庞驳精深的体系，需要众多科研人员进行协作，同时与国内外同行保持密切联系，像诺贝尔那样仅凭自身的能力和家族的财力来从事科研活动在现代社会已几无可能。在西方社会，资助科技活动的机构比较庞杂，不但有盈利性机构比如企业，还有各种公共组织，由于公共组织相对来说不太重视经济利益，所以在资助一些长期性的科研活动中具有独特的优势。

一、研发活动与政府机构

现代政府的基本职能是提供公共服务，而组织和资助科学技术特别是基础科学和具有战略意义的技术则是一个非常重要的部分。正如前文所言，科学技术特别是基础科学研究在一个经济体内部具有很强的公益性质，而在国家间的排他性和竞用性却很强，所以政府需要为国民提供科学技术服务，以满足国民发展产业、获取收益的需求。这项职能对于发展中国家特别重要，发展中国家落后的一个重要原因就在于政府提供科学技术服务的能力不足，科学技术全面落后。从国际社会看，凡具有较强科学技术公共服务能力的国家经济发展水平一般都较高，由此可见政府在科学技术活动中的重要性。

现代政府一般采取如下形式来提供科学技术服务。

（一）主管、指导科技活动的政府职能部门

许多发达国家和发展中国家都成立相应的政府职能部门来指导、支持和扶植本国科学技术活动，如美国的总统科技顾问委员会、白宫科技政策办公室和国家科技委员会，这三个机构直接隶属于总统，负责制定和协调国家的重大科技发展规划活动。现代科技体系庞大，学科划分细密，而对生产和社会发展起重大作用的科学技术通常具有强综合性与高学科交叉性等特点，当重大科学技术革新发生时，一个经济体即使不是原创者，只要其具有良好、均衡的科技能力，足以在短期内赶上原创者甚至成为领先者。政府应充分发挥科学技术管理、规划能力，按照国际先进水平和本国科技现状，科学合理地分配资源，确立主攻方向，同时制订并执行人才培养计划，形成一个合理的在部门间良好配置的人才梯队。此项工作具有极强的公共管理性，非普通的科研团体或自治机构可以完成，同时科研各学科之间、各部门之间常会为资源配置而发生矛盾，这更需要政府在听取各方面意见的基础上来进

行协调。所以,现代国家一般都设置相关的科技管理部门来对整个国家的科技活动进行指导和规划。

(二) 政府设立的公立科研机构

政府设立公立科研机构,资助事关国计民生的重大科研活动或科技项目,也是常见的对科研活动进行管理和指导的形式。一些重大原创性科学技术,在其创始阶段往往无利可图,并且常会引发多种纠葛,这需要政府投入和协调,此外当企业和高校的科研实力较弱、不足以担负起整个经济体经济起飞所需的科学技术时,政府经常会设立公立科研机构来承担重大原创性科技创新活动,从而推动整个社会的技术进步。台湾在 1973 年成立工业技术研究院,负责对产业升级意义重大的技术开发,将私人企业不愿或无力进行的前瞻性技术研究承担过来,并且积极向民营企业转让技术,大大促进了台湾地区产业升级的进程,在台湾地区 20 世纪 80 年代开始的电子产业发展大潮中,工研院功不可没。中国大陆在解放初期为促进科学发展,面对当时各大高校人才失血、科研力量薄弱很难单独承担重大科学技术活动的现实,从各高校抽调一批精兵强将,组成中国科学院,在不过大损伤各高校科研实力的基础上集中力量从事国计民生所急需的科技研发活动,短期内取得了明显的效果,并且培养出大量人才反哺各高校,成为政府设立公立科研机构的典范。由此可见,政府设立公立科研机构经常会对该经济体的经济技术发展起到重要推动作用。

(三) 政府和军队设立的各种基金会与专项基金

政府为了扶植某个学科的发展,也会采取设立专门基金会的方式来推动薄弱环节的科技发展。作为政府机构中具有特殊作用和地位的军队,对于科技的需要通常会超过其他领域和部门,并且军事技术通常具有引领、促进技术发展的特点,因而在国外,军队也会根据自身需要,设立专门基金对大学和公立机构的科技活动进行资助,有时甚至会根据自身需要资助别国科研机构的研发活动,目的是取得这些科研活动成果的使用优先权和设置相应保密级别。军队资助的科研活动通常有保密性的特点,但在培养人才方面有很大作用,另外其取得的许多通用性技术的外溢性也会大大推动技术的发展。

二、研发活动与企业

(一) 研发活动与大型企业

大企业在研发活动中起着重要作用。一方面,作为现有先进技术的垄断者,大企业有着强烈的维持垄断地位的愿望,大型企业通常会利用自身在技术和市场上的优势地位对竞争对手进行打击,对技术进步的潮流进行引导。正如前文所指出的,将技术进步次级化乃是大型企业维持其市场地位的有力手段,大企业会充分利用市场上出现的、对其他部门来说是原创性的却可以用来改进自身核心技术的创新，特别是利用这个阶段此类创新开发代价大、成本高的特点，来进一步甩开和竞争对手的距离。在西方经济运行的现实中我们经常可以看到，一些具有垄断地位的大型企业热心支持基础科学的研究，比如微软公司，对于离散数学和算法的研究十分热心，甚至在公司内部成立了研究这些学科的部门，目的是为了将基础学科的创新次级化、开拓全新应用领域，以加强自身的垄断地位。另一方面，大型企业有足够的资金从事一些前瞻性和基础性的开发，特别是这些开发得到政府资助或者具有明显的军事用途时。大型企业技术实力雄厚，特别是有着丰富的生产经验，在将技术用于生产上有着得天独厚的优势，因此大企业能利用自身的生产经验和规模优势，低成本地将中小企业的创新成果运用于生产；中小企业的创新成果特别是生产性创新成果，也只有为大企业所普遍应用后才能体现其价值。在西方世界还可观察到这样一个现象：西方大型企业或多或少都会参加一些具有军事意义的技术项目开发。军事项目往往具有不惜成本、坚决利用新技术的倾向，这从另一个侧面保证了西方大企业的技术活力，也加强了其在市场上的垄断地位（值得玩味的是，除了纯军工企业外，与军事领域联系较小的大企业较不稳定，而与军事领域联系较强的大企业稳定性较强）。所以，大型企业在技术开发中的作用总体上是积极的，有无足够数量的大型企业，通常是衡量一国经济和技术实力的一个标志。

（二）研发活动与中小型企业

中小企业是实用性技术研发中最具活力的主体，也是创新成本相对较低的主体。多数技术上的原始性创新，常产生于一些天才的创意，而在大企业严格的技术管理体制下，一些原创性的想法不易通过内部审批，取得资金的步骤也比较复杂，并且由于其内部的人事关系，所有权也容易被人剽窃，所以一些很有才华的技术人员宁可采取创业的形式来保护自身的知识产权。一些在生产流程上很容易进行的神来之笔式的创新，在大企业内部产生时，由于其内部调整成本较高，反而不易在大企业内部立即推广，而对于中小企业来说，这些改进往往是它们市场竞争力的来源，因而这些微小的改进反而容易在中小企业内得到采用。如果这些技术的确具备规模效应，具备在大企业推广的价值，那么在中小企业内运用成熟后又，它会被出售给大企业，大企业的规模性反而可以筛选出有价值的生产技术。一言以蔽之，中小企业在孕育原始性创新和可推广成熟生产流程方面，具有不可替代的价值。

对于民用消费行业来说，创新不仅被新技术所引导，更易为市场需求、文化因素和时尚所引导，因而这些行业的大企业往往兼具大型企业与中小企业的特征，该行业的许多大企业也是由中小企业所成长起来的。一旦对市场需求的把握有所错位，就极易在市场中被对手超越，所以这些企业的创新活动经常是建立在周密的市场调查基础之上的，通过对消费者口味的把握来综合运用技术、市场调研成果和工业设计等手段,进行技术创新活动。在这些行业中,创意有时比生产工艺和单纯的技术更重要,其创新活动往往具有次级性的特点,但我们切不可因此忽略这些企业的发展及其所进行的研发活动,这些企业担负着将高新技术和军用技术民用化、进行价值回收和弥补研发费用的功能,对回收研发费用、夯实科研基础和实现研发—生产的良性循环具有特别重要的意义。所以我们应该重视此类企业和行业的发展。

(三)研发活动与企业成长阶段性的关系

大型企业和中小型企业在研发活动中的作用固然有所不同,但在一些消费性和竞争性较强的领域,中小企业易于成长为大企业,同时对于处于不同发展阶段的经济体,其内部企业的研发活动也有差异。

中小企业的研发活动如果具有规模性,那么这些中小企业就容易成长为大型企业,企业规模变大后又会促进自身的研发活动,从而刺激创新。一般说来,研发活动要具有规模效应,需具备这几个特点:①收益性,即研发活动本身就有很强的应用价值,能很快带来收益,如果研发活动离最终应用的价值链较长,则不易产生收益性;②次级性,原始性的重大创新具有不确定性和长期性等特点,大规模地投入人力物力不一定能产生预期效果,而建立在原始创新基础上的次级应用型创新确实可以明显体现规模性;③交叉性,研发活动所涉及的领域应比较宽广,开拓创新的范围应该比较大,能比较容易地做出新的成果;④初始性,如果研发活动是在某一技术或经济领域发展初期所进行的,那么就比较容易取得规模效应,起步早的企业也容易在市场上取得垄断地位。如果中小企业的研发活动能满足这几个特点,那么中小企业成长为大企业的概率就相对较大。

由中小企业发展而来的大企业在技术创新上更加积极,更愿意用自身的规模效应来压制对手,特别是技术上的规模效应。这些大企业往往会致力于细化市场,精化工业设计,人为造成产品的差别化来加强自身的垄断地位。为了增强自身在技术上的控制力,这类大企业积极地发展与中小型科技企业的协作与贸易关系,通过买断中小科技企业研发成果的办法在消除潜在竞争对手的同时扩大自身的技术储备,获得自身急需或有发展前景的技术。这些企业相对于传统的大型企业来说,更愿意在技术上与市场建立起密切联系,将相关研发成本外部化以减轻管理和成本上的负担,因而这类企业摆脱了传统大企业容易僵化、管理体系传导不畅、对新技术敏感程度不高的缺陷,在技术上和市场上更有竞争力。

(四)经济发展阶段对企业研发活动的影响

1. 企业研发活动受经济发展阶段的制约

经济发展水平的高低对于大企业和中小企业的研发活动有重大影响。经济发展水平越高,中小企业越愿意将生产建立在研发的基础上,以研发引导生产、把握市场、推动技术革新的能力就强;如果经济发展水平不高,中小企业就更倾向于利用低人力成本来进行粗放型生产,而对采用新技术和从事研发活动兴趣不高。在这种情况下,该经济体也很难产生具备国际竞争力的大型企业,其大企业也只能是利用市场力量建立的垄断性企业和缺乏先进技术与市场竞争力的重化工业企业,这些企业往往缺乏盈利能力,最终将成为国民经济的包袱。这种情形对大多数发展中国家来说都不陌生。

对于发展中国家而言,要使其大企业和中小企业专注于研发活动,并且以研发来支持、推动生产,须经历一个长期而艰巨的过程。一旦完成这个过程,整个国家的经济也就超越了中等收入陷阱,从而形成了稳态增长机制。但到目前为止,仅有日本、韩国等少数经济体走完了这一过程,并且或多或少地留下一些后遗症。

2. 外贸对企业研发活动的影响

对于发展中国家而言,除了一些公用事业企业,其大型企业都是从中小企业成长起来的,并且这些国家的技术实力多集中在大型企业而非中小企业之手。尽管大型企业在技术革新方面偏于保守,但对于发展中国家而言,大型企业在技术开发、消化和学习方面较之中小企业具有明显的规模效应,大型企业通常决定了发展中国家的技术实力,即使像日本这样的发达国家,其中小企业在技术研发中的活跃程度也明显不如欧美。因此,当经济体处于较不发达状态时,如果能给中小企业一个较好的生长环境,使其中的佼佼者能较快地成长为大型企业,就能更好地提高国家的经济技术实力。

在经济发展的早期阶段,这种环境一般主要受外界因素的影响。发展中国家的经济增长都离不开国际市场,由于经济发展和工业化所需设备和多数原材料都要从国际市场取得,发展中国家必须具备相当的国际支付能力,即一定的外汇储备,才能支持经济的发展和工业化的推进,哪怕是进行最彻底计划经济的发展中国家,都必须在国内经济中留出一些部门和企业参与国际贸易,以取得硬通货。工业化的规模越大,对国际支付能力的需求越高,如果工业化的成果——国内企业不能充分有效地参与国际贸易,那么逐渐扩大的工业化规模迟早会拖垮国内民用行业,并超过本国贸易部门的创汇能力。如果经济主导者不顾经济平衡而强行推动工业化进程,就势必要加强对外贸易部门的发展,就会对本国的民用部门产生进一步的挤压,长久下去经济必然陷入困境。正是有鉴于此,现代发展中国家大都最终采取了出口导向型经济模式推动经济发展。

但出口导向型模式却蕴含一个重大缺陷:出口导向型国家在利用国际市场实现了经济的初步发展后,由于资源过于集中在劳动或资源密集的对外贸易部门,无形之中会挤压投向重化工业部门的资源。在这种发展战略下,中小企业是劳动密集型出口企业的主力,大型企业是资源出口型企业的主力,整个经济就会陷入对低人力成本和资源出口的依赖,无论是大型企业还是中小企业,都缺乏相应的技术力量作为维持经济增长的内生性动力。一旦国际市场发生变化,经济就会陷入困境。

正因为这个原因,在实行出口导向型战略的发展中国家,小企业只有两条发展出路:一是逐步增强技术能力,从而发展成为有足够技术能力的大型企业,具备自身造血能力;二是在国内人力成本开始提高后向海外转移。如果做到这两条,那么该经济体逐渐发达的技术能力和分工能力就可以支撑一批科技型和服务型中小企业的崛起,从而带动经济在一个更高的阶段上发展。但要做到这两点还有一个重要前提,即对外贸易部门须由本国资本而非境外资本所主导,境外资本一般都不会为资本注入国培养技术能力,提升其中小企业技术水平,因而外资如果主导了该经济体的对外贸易部门就会出现对该经济体优势资源的过度利用,一旦优势消失,外资就会离开寻找新的投资场所。民族经济力量对于发展本国经济至关重要,拉美等国长期陷入中等收入陷阱,与此有密切关系。

3. 制约中小企业成长的因素

发展中国家的中小企业很难做大做强的一个重要原因就是技术水平较低,因而发展中国家的中小企业在经济发展之初就要有进行技术学习、吸收和改进的意识和能力。发展中国家企业技术水平落后,很难赶上世界先进水平,但技术先进并不构成国家发展的绝对优势,先进技术是否采用,也要考虑一个成本的问题,否则我们便无法解释为什么像美国这样技术先进的国家不采用自动化技术生产日常用品而要从中国这些发展中国家进口。发展中国家要想取得经济技术和社会的全面进步,必须大力吸收境外先进技术和管理经验,将其内化为自身的能力,这本身就是一个创新的过程。日本在二战前工业体系技术水平落后,质量管理体系不健全,二战后引进美国的戴明博士,学习现代质量管理体系的思想和方法,最终推陈出新,一举在质量控制和精细制造方面超过美国。值得注意的是,引进和吸收国外先进技术和管理不能盲目贪大求洋,要根据自身实际水平和一定时期内要达成的目标来进行,一味追求高技术和重化工业的发展并不可取,应该尊重市场规律,在市场经济的框架下提高本国企业的技术和管理水平,发展自身的重化工业,同时应用先进技术来武装自身的传统产业。

制约发展中国家中小企业做大做强的还有市场因素,没有一定的市场,这些中小企业很难做大做强,这就牵涉到一个市场占有率能否支撑国内企业升级转型的问题。企业和产业的成长离不开市场,没有市场支撑的发展,势必是无源之水、无本之木。二战后曾风靡一时的进口替代战略也都是因为生产出来的产品不能找到合适的市场,只能在贸易保护主义的做法下强行在国内推销,导致国内重大福利损失才难以为继的。要想在市场中立足并成长为大企业,必须充分重视市场,做好市场细分工作,并在此基础上进行技术改进和工业设计更新,力争规模效应。韩国和中国台湾是二战后发展比较成功的两个经济体,在20世纪70年代石油危机后,两个经济体同时遇到了发展瓶颈,韩国选择了重化工业路线,而台湾则重点发展电子产业,在亚洲金融危机后两者的发展又出现分流:韩国相对来说比较重视中国大陆市场,韩国的工业品相对欧美和日本比较低端,正符合了当时中国大陆市场对中低档工业品特别是耐用消费品的需求,因而韩国企业如三星等,利用了中国大陆市场而发展壮大;中国台湾更重视美国市场,中国大陆在其产业布局中是作为代工基地而存在的,台湾企业利用大陆丰富的人力资源从事组装和低档零配件生产,做成成品后再销往欧美。虽然从短时间来看台湾企业获得了不小的发展,但对大陆市场的忽视使得台湾企业不能充分分享大陆市场成长所带来的红利,在经济发展水平上逐渐为韩国所超越,在企业规模和品牌运营方面更是被韩国企业甩在了后面。由此可见,发展中国家的中小企业要想做大做强,必须重视市场,找到合理的市场战略和定位。

发展中国家的中小企业很难做强做大的另外一个重要原因就是普遍忽视吸收国外先进管理经验并将其改造为适应本国文化的形式。研发是建立在生产基础上的,必须围绕生产体系进行,如果生产体系本身就处于紊乱状态,研发活动肯定会大受影响而失效。事实证明,由于研发工作具有探索性质,其对管理经验和体系的要求要远远高于一般发展中国家中小企业的生产体系,不重视先进管理经验和体系的引进,就很难做出系统的研发工作。发展中国家的中小企业生产方式都偏于粗放,不重视管理体系特别是质量管理体系的引进和本土化,即使是引进了也是流于形式,遑论在国外先进管理体系上进行创新。日本在二战后创造了傲人的工业文明,关键的一步就是引进了戴明博士的管理理念,并结合自身实际创造了日式质量管理体系。没有良好的内部管理,任何研发活动都难以产生持久的实质性效果,因此发展中国家企业特别是中小企业要形成独立的技术能力和技术开发体系,首先必须引进国外先进管理经验并结合自身特点推陈出新。

只有当经济发展到一定水平后,整个企业体系才会表现出较高和较为成熟的研发能力。从这一点出发,我们即可发现出口导向型经济发展战略的施行,并没有给相关国家和地区带来整个企业体系的技术进步,除了日本因二战前就具有相当强的技术水平外,在战后实行出口导向型发展战略的国家和地区中,只有韩国和中国台湾具有较强技术水平,并且这种技术水平在相当程度上依然操于外资之手。要想培养出较为独立且水平较高的企业技术体系,就不能忽视进口替代战略的作用。而日本、韩国的成功,恰恰是因为在相当程度上推行了进口替代战略,保护了国内市场;至于台湾地区,广大的中国大陆市场为其产业发展和技术升级提供了坚实的市场和人力支撑,但由于台湾本身市场狭小,对进口替代战略的重视程度不够,导致其产业体系具有"两头在外"的特征(市场在美国等发达国家,原材料、劳动力和生产基地则严重依赖于中国大陆,现阶段对大陆市场的依赖也越来越强),因而其经济较之日韩表现出更多的扭曲性,企业研发体系较之日韩也更加不成熟。因此,发展中国家要想提高自身技术实力,必须给中小企业一个良好的生长环境,在条件许可的情况下,部分推进进口替代战略,以国内市场为依托,发展出本土的拳头产业和龙头企业,这样才能有效推动本土技术实力的发展。

三、研发活动与高校

高校是以培养人才为主的机构,在传统上就具有相当的科研能力,或者说,如果不具备相当的科研能力,高校将很难承担起培养高层次人才的重任。发展中国家高校水平与发达国家的差距,主要就在于科研能力方面的差距,正是科研能力方面的差距使得发展中国家培养出来的人才在数量上和质量上都不能满足自身经济的发展需要。对于发展中国家而言,提高高等院校的科研水平,有着特殊的意义。

在西方国家,基础科学研究一般都由高校来承担,高校因而兼具人才培养和科学研究双重任务。这种制度安排是含有深意的:一方面,教师只有在不断的研究实践中,对于既有的基础理论才会领会得更加透彻,在从事教学活动时才更有可能将理论精华传授给学生,让学生受到良好的教育。科研活动落后的大学,其学生的平均素质一般不会高于科研活动活跃的大学。另一方面,高校具有丰沛的高素质人力资源,由于人才使用过程是和人才培养过程合而为一的,高校更容易形成浓郁的学术氛围和环境,这一点与社会团体有着较大的差异。

从其所承担的研发活动性质上来看,高校一般从事基础科学和战略性技术的研发活动,这些活动一般都无利可图或需要大量初始启动资金,一般的企业对其无甚兴趣或力有不逮,因而高校承担了这些任务(当然发达国家有些特大企业愿意并且有能力在基础科研上进行投资,但这毕竟只是在少数发达国家的少数企业)。高校在整个国家研发体系中的作用十分重要,一国(或一个经济体)的科研水平,归根结底是由其基础科研水平决定的,基础科研水平高,能用于生产的技术手段就比较多,科技人员就能运用更多的技术手段来实现特定生产技术目标,从而更有机会从事创新,因而高校的科研和教学水平往往能体现一个经济体的竞争力。

除此之外,高校在人才培养方面的作用更不可忽视。人才培养尤其是高端人才的培养,是一件资源消耗极大的活动,如果依照惯常的经济活动规律,很少有企业能负担起如此之多的人才培养费用,如果考虑到人才培养成功之后的机会主义行为,那么这种人才培养就更显得无利可图。在这种情况下,唯有高校能负担起这项培养任务,将教育过程和人才培养过程有机结合起来,这同时也是现代社会日益发达的科技分工的需要。人才在完成研发活动的同时也积累了知识和技能,同时在教育和研发的过程中科技培养费用是用应付给这些人才的报酬相抵消的,只有高校才能以这种方式来培养人才,同时不用担心人才的机会主义行为。所以,一国的科技实力的强弱,在很大程度上取决于该国高等教育体系的合理性和实力的强弱。

第四节 中国技术创新的潜力、方向与路径

经过数十年的发展,中国的科研实力已具有相当的水平,但与发达国家相比,尚有一定的差距。对发展中国家来说,一个尴尬的现实就是其科技实力的发展很难与其产业发展有效地结合,包括韩国这样较为发达的国家,其科技实力的发展还没有真正有效地与该国经济发展结合起来,达到发达国家的水平,韩国至今在科技发展特别是与生产有关的科技方面严重依赖于美国和日本。俄罗斯、印度和巴西这些科技水平较高的发展中国家也不同程度地存在这些问题,虽然这些国家科技实力不俗甚至已具有较高的水平,但它们也没有解决好科技发展和经济发展协调并进的问题,所以对于中国来说,要想在未来实现经济持续快速发展,必须做好科技与经济发展相结合的工作。

一、中国科研实力现状

目前阶段,中国的科技实力已经相当可观,具有一支庞大的科研队伍,中国庞大的高教系统每年都培养出大量人才,成为中国科研体系的生力军。中国科研体系的特点是门类齐全,人员水平较高且数量众多;缺点是一些关键学科发展不充分,优秀领军人物数量不足,而且科研力量的成长没有与企业很好地结合起来。中国科技实力的基本情况见表4-2。

表4-2 中国主要科技指标在世界上的位置

	2003年	2004年	2005年	2006年	2007年	2008年
R&D经费占世界的比重(%)	2.5	2.9	3.5	4.0	4.9	6
R&D经费的世界排名	6	6	6	6	6	4
发明专利授权量占世界的比重(%)	6.3	8.3	8.8	7.9	9.2	12.6
发明专利授权量世界排名	4	3	4	4	4	3
SCI、EI、ISTP收录我国论文占世界比重(%)	5.1	6.3	6.9	8.4	9.8	11.5
SCI、EI、ISTP收录我国论文数世界排名	5	5	4	2	2	2
EI收录我国论文数世界排名	3	2	2	2	1	1

资料来源:《中国科技统计资料汇编(2010)》。

(一) 基础学科和应用学科

基础学科及建立在其上的应用学科(如计算机科学、机械学、医学等)是一切技术发展的基石,没有这些学科的充分发展,技术水平很难得到有效提高。基础学科和应用学科具有很强的公共产品性质,一般都是由国家来负责投资,将之作为向国内社会提供的公共产品来发展。现代技术的特点就是和基础科学的界限越来越模糊,技术发展的前沿通常也是基础学科和应用学科发展的前沿,技术的发展向基础学科和应用学科提出大量的问题,而这些学科的发展反过来又推动了技术的发展。中国在基础学科上的力量较为薄弱,这与文化传统有关。中国的传统文明是一种实用理性的文明,较不重视对自然的研究,这也影响到了新中国科学技术的发展路径。新中国成立伊始,百废待兴,对科学技术的发展只能选择方向,有所为有所不为,比较注重提供生产资料及与军事有关的重化工业的发展,对基础学科和应用学科的关注不够,结果使我国错失了20世纪60年代以来的新科学技术革命这一良机。正是在这个阶段,西方国家在数学、物理和化学、生物等基础学科方面取得一系列进展,一些分支的面貌几乎彻底被改变,本来实力就不够雄厚的中国被西方国家迅速甩在身后,甚至还被韩国、中国台湾等地区所超越。这构成了我国当时科技落后的一大重要原因。

经过30余年的追赶与发展,我国在基础学科和应用学科上的实力大有提高,但与国际先进水平相比依然有较大差距。以数学为例,数学在生产生活中发挥着重要作用,特别是二战后,数学的发展直接催生了计算机、算法设计等一批对社会发展起重大作用的应用学科和亚学科的产生和发展,成为人类探索自然和推动技术进步的重要工具。中国在改革开放前,数学教育和科研远远落后于国际水平,近30年间也仅取得几项重大原创性成果[1],而在一些至关重要的领域几乎为空白。这种状况导致我国的科学发展仅限于几个分支,形成不了成片的连带效应,对整个科学体系的发展和生产技术的推动效应十分有限。一直到今天,我国数学研究的力量依然比较薄弱,许多学科的人才禀赋和发展状况与30年前相比并无本质性的突破,一些弱势学科依旧薄弱,千辛万苦培养出的人才要么滞留海外不归,要么流失到别的行业。由于一些学科长期不振,我们对现代数学的认识也十分有限,难以从整体上把握现代数学发展潮流,这对我国一些强势分支的发展也产生了不利影响。在这种情况下,我国与世界先进水平的差距不是越变越小,而是越拉越大。数学如此,物理、化学、生物、医学等分支同样存在这些情况,只是形势不如数学这么严重。这种学科内部和学科之间发展的不平衡性严重地制约了我国基础学科和应

---

[1] 它们分别是:华罗庚教授在多复变函数上的成果;冯康教授在有限元计算方面的成果;吴文俊教授在数学机械化方面的成果和廖山涛教授在动力系统稳定性方面的成果。

用学科的发展,造成了大量学科发展上的短板,大大拖了我国科技力量发展的后腿,也使得我国的科研方向和成果面临着无数看不见的障碍。

(二) 技术发展

就目前阶段而言,我国已具有相当的技术能力,不但在发展中国家中首屈一指,在某些方面与世界发达国家相比也毫不逊色,比如对化工生产具有核心重要意义的成套乙烯生产装置,世界上仅有五国能生产,我国即是其中一个。在钢铁、化肥、机械、电子等方面,我国不但具备了强大的生产能力,在技术水平上也有长足的进步,成套设备和大型特种设备取得了很大进展。

我国目前的技术发展有如下特点。

1. 长处与缺点都比较明显

我国技术的长处在于集成能力较强,短板在于关键零部件特别是精密零部件生产能力不足。中国一直重视大型成套设备的生产,某些方面甚至具备世界领先水平,例如蛟龙号深海探测器和中国二重8万吨级的模锻压机等,但这些笑傲全球的尖端设备中,相当一部分关键零部件是从国外进口的。国产的零部件在计划经济时代就是一块短板,一直到现在,很多精密零部件国内还生产不了,或者在可靠性和耐用性方面存在较大缺陷。不能否认,技术集成能力是一种十分重要的能力,许多先进设备的核心技术就是将一大堆零部件集成起来,但零部件方面的缺陷,正反映了一个经济体技术能力的不足。先进零部件生产反映了一个国家工业发展水平和积累程度,需要相当长时间的积淀,一些发展中国家可以快速地生产出钢铁和化工产品,却难以在更长的时间里稳定生产出符合要求的大批量同规格的零部件,而这些正是老牌发达工业国家之所长。在很长一段时间内,我国把有限的资源投向了重大成套设备的生产,锻炼出了强大的技术集成能力,在零部件特别是较为精密的零部件生产和研发上投入大大不足,不得不长期依靠国外进口的零部件来满足需要,这反过来又压抑了国内相关企业的发展,进一步削弱了本来就不强的技术能力。关键零部件和精密零部件已成为中国技术力量一个非常明显的短板。

2. 存在明显的技术短板

由于起步比较晚,中国的工业化程度明显不如发达国家,在一些传统和关键技术领域存在着十分明显的缺陷,如材料、数控机床、仪器仪表等。以数控机床为例,2008年,中国高档数控机床品种数量只占德日等国的10%,在稳定性、加工精度和工作效率等方面更是差距明显;高档数控系统仍是国外厂商的天下,国内企业在高速、高精、多通道、复合型数控系统上和国外的差距依旧明显;在刀具、数控刀架、滚珠丝杠和导轨等方面甚至还不如台湾企业,这也是当初台湾当局坚决要求将机械领域列入 ECFA 的早收清单的原因之一,甚至有的国外厂商利用 ECFA 赋予台湾企业的优惠到台湾开设工厂,以进一步打击我国大陆民族机械产业。中国在材料、数控机床等方面的落后,已严重影响整个国民经济的协调均衡发展,并在一定程度上对产业升级和国家安全造成威胁,这是我们应当予以密切关注的。

3. 技术力量分布不均

由于复杂的历史和地理原因,中国的技术力量分布并不均衡。首先,从经济组织上来说,中国现有技术力量绝大部分分布于高校、国立科研院所、国有企业之中,除了一部分科研人员开办的高技术企业之外,大部分民营企业的技术力量薄弱。外资也在中国培养了一部分技术人员,但多是为其在中国境内的生产提供服务的,更多的则是直接利用中国较为廉价的技术人才,外资除了带来许多先进的生产理念和管理方法外,并没有带来太多的核心技术,这就造成外资企业技术力量存在严重的依附性。其次,我国现有技术力量的区域分布存在着不少问题。我国的技术力量过度集中于中心城市,向下渗透的能力薄弱,在一个省级经济区域中,技术力量和资源往往集中在省会城市,到一些地级城市,技术力量严重缩水,仅能维持地区基本公共服务和简单再生产,缺乏推动地区产业高级化和合理化的能力。从整体上看,我国现有技术力量呈现一个"两头强、中间弱"的格局,东部地区由于深厚的文化教育传统和较为发达的市场经济,早早通过市场机制和国际竞争培养了技术实力,西部由于是传统的军工重镇,技术实力也不俗,只有中部地区技术实力较为落后,既难以通过经济和区位优势吸引人才,又很难通过国家投资和政策来培养技术实力,这就造成了我国技术实力在空间上的不均衡。最后,我国技术实力在行业和职业间的分布也不均衡。某些行业技术力量较强,人才呈相对过剩状况,某些行业长期得不到发展,人才大量流失,相应地也造成了大量技术力量的流失;同时人们在择业时普遍轻视技术性和实用性工种,造成技术工人特别是高级技工人为紧缺,无形中削弱了我国工业的整体实力,也使得我国技术人员缺乏现场的观念,其所提供的设计常有闭门造车之嫌,人为地造成大量浪费,也拖了技术发展的后腿。

4. 技术管理力量不足

广义的技术包括管理水平和方法,现代技术是一个复杂的综合体系,一个生产技术流程往往会涉及许多分支和学科的技术,要使这些技术环节在生产中良好衔接,并且在实践中不断改良和创新,需要一套行之有效的技术管理体系,而技术管理体系和能力也正是衡量一个工业体系是否成熟的标志之一。日本制造在二战之前以粗制滥造著称,缺乏行之有效的技术管理能力,结果其在二战中生产出来的武器在流水线生产体系下的美军武器面前不堪一击。二战后,日本吸收了教训,引进了美国戴明博士的成果,形成了独特的精益生产体系,日本制造也以精密尖端的新形象出现,完全看不到当初的影子。但日本工业体系过于依赖这种精益生产技术管理流程,使生产过程始终处于一种紧张状态,缺乏应有的弹性,在新的技术变革面前这种技术管理流程纷纷被市场淘汰。由此可见,技术管理对整个工业体系有着根本性的作用,我国企业的现实情况是,国有企业通过与各国合资,引进了西方多种技术管理方法和流程,但多数是囫囵吞枣,没有形成自身独特的技术管理理念和方法;民营企业长期习惯于粗放生产,比较缺乏技术管理的概念,更谈不上对自身生产体系进行提炼和优化,技术管理方面的缺陷严重制约了我国工业体系的进步和提高。

二、中国经济发展进程中的技术因素

与其他发展中国家相比,中国的一个独特优势就是科技发展水平较高,具备较为完整的工业体系,能在一定范围内进行创新来推动经济的发展并满足经济发展过程中所提出的要求。但正如上文所述,中国在基础学科和技术上还有不少的缺陷,特别是在基础学科上更需补大量的课。从历史上看,影响深远的技术创新都是建立在新的基础学科科研成果之上的,中国在鸦片战争之后近代化的步履蹒跚,归根结底在于中国当时几乎不存在基础学科研究,大大限制了其吸收近代技术以推进国家的近代化。考察现阶段科技进步对中国经济发展的影响,对研究中国经济下一步发展的方向和进程,具有深远的意义。

(一)中国经济发展的技术来源问题

改革开放以来,中国经济之所以得到发展,外界多认为是引进西方技术即实行三来一补、在全球范围内参与产业分工,就像"亚洲四小龙"所做的那样。但这种解释难以说明为何具有与中国相似条件和资源禀赋的印度未能走上这条发展道路。同时与中国相比,东南亚诸国在开放方面早于中国,与"亚洲四小龙"的地缘政治联系密切程度又远高于中国大陆,并且一直是日本最大的海外投资地之一;而中国在改革开放之初仅有五个沿海开放特区,实际开放的地区无论从人口还是市场规模上相较于东南亚都没有优势可言。那么,为什么中国会先于各方面均有优势的东南亚,发展成为现代世界经济体系中不可忽略的一极?

我们认为,关键原因在于中国改革开放前的30年狂风急雨般的现代化历程,为整个国家的发展打下了坚实的基础。这可以从多个方面来分析,但首先在于中国的科研实力在当时虽然较为落后,却自成体系,在当时经济发展所要求的范围内不受外来资本的制约。这一点在其他国家的发展进程中也有类似体现,日本和"亚洲四小龙"之所以在战后经济发展进程中占据先机,与其当时所拥有的经济社会基础特别是科技基础有很大关系。值得注意的是,中国台湾在战后很长一段时间经济发展领先于韩国,直到2000年后方被韩国超过,最根本的原因即在于台湾在1949年后得到了一大批大陆籍知识分子和技术人员,这批人才是大陆地区数十年近代化进程所积累的宝贵人才,为台湾地区的技术进步提供了坚实的支撑。具体到中国大陆的情况,改革开放前的30年在基础学科上的建树其实不多,主要精力都放在实用性技术的发展上,理论研究主要为实用性技术发展提供服务,虽然基础学科发展缓慢,但却培养了一批具有深厚理论基础的实用性技术人才,发展了一大批生产实用性技术,尽管这些技术在当时先进程度不高,却涵盖了广泛的领域,能够支撑当时中国经济发展的需要,何况当时经济发展的重点是轻工业和劳动密集型产业,这种支撑更显绰绰有余。此时的中国无须在技术和公共领域做出大量投资即可实现经济发展,这是东南亚国家所不具备的条件。

(二) 技术力量向市场化转化:乡镇企业的作用

中国改革开放以来经济发展的另一个值得注意的方面是乡镇企业在技术进步中的作用。乡镇企业是中国特有的经济发展形态,是其他经济体所没有的,但乡镇企业在中国经济的发展过程中起到了不可忽视的作用,更促进了整个国有经济体系30年间积累的技术在社会上的扩散。发展中国家促进经济发展与技术进步的一个重要经验就是:如果不能很好地将技术进步与经济发展结合起来,那么经济的发展迟早都要受到阻碍;但如果实现了这种结合,哪怕是在较低技术水平下实现的,也会产生良好的结果。韩国和中国台湾经济发展的历程给这个观点以很好地诠释:中国台湾经济发展初期一直比较注重技术的市场导向,政府采取扶植的态度但绝不包办,鼓励民间企业依托国际市场逐步提高技术水平;而韩国则采取国家资本主义的做法,积极扶植大财团,采取重化工业优先发展的方针,强制性地提高技术水平,结果经济发展的绩效长期不如中国台湾,一直到中国大陆经济崛起时,韩国瞄准中国大陆市场,才在经济发展绩效上超过中国台湾。中国乡镇企业的发展,也与该经验暗合,乡镇企业是作为市场力量而兴起的,在整个国民经济尚处于计划经济的大环境下,乡镇企业在计划经济体制上打开了一个小口,在乡镇企业的形式下,一种新的市场力量开始成长,中国经济在党的十四大后成功转轨,与乡镇企业的发展有着极大的关系。相较于苏东,中国由于已有很强大的市场经济因素,在向市场经济转轨时显得更有序,短期内代价也较低,但缺陷是未理清产权,给未来发展留下隐患。可以这样说,当时的中国产生了两种市场经济因素:一是沿海经济开放地区蓬勃发展的"三来一补"产业,二是内地特别是东南沿海地区自发产生的乡镇企业,就对中国发展的重要性来看,后一种力量的重要性要远远超过前一种力量。

乡镇企业的重要性在于,不仅释放了中国市场化的力量,更将中国社会在改革开放前30年所积累的技术力量市场化,真正地推动了经济发展和技术进步。国营企业曾在很长时间内占据国内大部分的市场,但国营企业不注重研究市场,在研究新技术、发展新产品方面比较盲目,所拥有和研发的技术经常落后于国外一个世代,虽然国营企业特别是大型国营企业为当时中国技术进步作出重大贡献,但仅靠国营企业显然无法实现赶超国外先进技术的目标。乡镇企业的出现盘活了国有企业积累了 30 余年的技术，尽管这些技术在当时世界上并不属先进之列，但正契合当时国内市场的需要。引入市场因素后，这些技术充分地发挥了价值，真正为民间所掌握，为中国民营企业培养了第一批技术人员和企业家。正因为乡镇企业的作用，从一开始，中国走的就是依靠国内市场来推动技术进步和经济发展的路子，与"亚洲四小龙"有着本质性的区别。乡镇企业在以苏南为主的江南地区发展最为活跃，这批乡镇企业复苏了江南地区历史上曾经活跃的市场经济传统，同时对周围地区的发展起到了带动作用。在此影响下，改革开放以来第一批本土企业家开始成长，或许江南地区的乡镇企业有着种种不完善之处，但它的伟大历史功绩就在于在资源极其有限的条件下，将上海等地的技术资源有效盘活，并催生了第一批具有大生产经验和管理能力的民间企业家。

（三）本土市场容量与技术发展的关系

由于中国有着极为庞大的本土市场（即使在 20 世纪 80 年代中国经济起飞阶段，市场容量依旧可观），要在这样一个大型经济体中启动经济现代化进程，显然靠进口难以从根本上解决问题，中国本土工业体系虽然粗放，但在 20 世纪 80 年代，却足以为这样一个规模庞大、需求档次不高的经济体提供消费品特别是廉价生产资料，满足经济发展的需求。当时西方世界所提供的工业品因档次较高，只能为中国大型国企提供一些高级资本品，在西方世界看来较为低档的日本产品到了中国市场就成了高档产品。在这样一种情况下，中国本土产业获得了一个发展良机，加上民众因收入提高而不断释放出来的购买力，中国迅速补上了计划经济时代因重视不够而造成的劳动密集型产业欠账，为参与国际分工打下了坚实基础。这里特别要指出的是，即使像服装这样较为低档的劳动密集型产业，要想在国际市场上占据一席之地，也要有一个不断的孕育过程，需要一定的经验积累和销售渠道，更需要一个初步的自主工业体系支撑。这也是为什么迄今为止只有日本、"亚洲四小龙"和中国通过劳动密集型产业来初步参与国际分工，原因即在于这些经济体在劳动密集型产业上已具有相当基础，因而我们很难想象乌克兰或俄罗斯可以采取这样一条路径来实现经济起飞。

计划经济时代长期受忽视的劳动密集型产业在国内技术和产业体系的支持下一跃而成为国家的拳头产业，为中国进出口平衡和保持国际支付能力作出了重要贡献，这又为中国重化工业的发展和整体工业水平的提升创造了条件。因为技术能力长期不足，中国不得不进口大量工业设备来实现国家工业化，到了重化工业阶段，这种需求显得尤为迫切。对于中国来说，最大的困难不在于国外的封锁或其索取的垄断高价，而在于国际支付能力不足——事实上，这也是拉美国家工业化受挫并背上沉重外债的关键原因——窘迫的国际支付能力在整个 20 世纪 80 年代构成了对中国工业化进程的强大制约,中国不得不量入为出,小心翼翼地在各个急需的用途间分配宝贵的外汇资源。中国劳动密集型产业的崛起打破了这一局面,中国获得了稳定的国际收入来源,打破了国际支付能力的硬性制约,中国可以在劳动密集型产业所创外汇的基础上较为宽松地进口所需设备,从整体上推动国家工业化进程,这反过来又进一步提高了中国劳动密集型产业的国际竞争力。中国重化工业进程在90年代后期骤然加速,正是得到了来自劳动密集型产业外汇和市场两个方面的支持;技术水平提高后的重化工业体系为劳动密集型产业提供的技术支持无论在强度上,还是在水平和数量上,都远远超过了其他发展中经济体。中国在入世后迅速成为世界工厂,技术水平不断提高的重化工业扮演了重要却不易被觉察的角色。在此基础上,中国的重化工业获得了一个非常庞大的市场,即本国劳动密集型产业;中国劳动密集型产业所需设备,相当一部分来自于国内厂商,据统计,2007年,中国纺织机械国内市场总容量为830亿元,约60%的市场份额为国内厂商所占据,并且国内纺织机械的出口也大幅增长。在技术水平不断提升的基础上,中国初步形成了劳动密集型产业与重化工业联动协调、良性发展的局面。

相形之下,印度开放时间仅落后中国10余年,但由于印度与英联邦国家传统的经济联系,以及中国直至十四大才提出建立社会主义市场经济,两国几乎是在同一时间选择深度参与国际分工,而印度正因为在重化工业方面的落后,难以为劳动密集型产业提供系统的支撑,才在经济发展中走了一条跳过制造业直接发展服务业的道路。此外,正如前文所指出的,东南亚开放时间较之中国要早许多,按照传统理论,劳动密集型产业的下一个承转地应该是东南亚而非中国,但中国却越过了东南亚承接了"亚洲四小龙"的劳动密集型产业,这同样可归结为中国具有良好基干产业基础的缘故。近年来中国国内工资水平大幅上升,但中国国内劳动密集型产业迄今为止尚未看出有大规模转移境外的迹象,究其原因,是其他地区尚未能在重化工业、基础设施、市场等方面胜过中国。中国在劳动密集型产业方面的整体优势显然还要持续一段时间。

令人感兴趣的是,中国本土市场在推动中国产业技术进步方面开始扮演一个越来越重要却更趋复杂的角色。中国本土市场随着经济的发展在全球的地位愈加重要,据统计,2011年中国已成为全球最大汽车销售市场。本土市场的扩大带来的是更趋激烈的竞争,一些原来中国市场消费不起的产品也开始有了市场,并对本土产品形成了挤压之势。在这种情况下,中国本土市场日渐世界化,中国企业要参与世界市场竞争,首先必须参与本土市场竞争,但中国企业在技术方面的弱势与不成熟又极大地削弱了其竞争力,在高档耐用消费品和高级资本品方面,国外产品在中国市场上占据很大优势,个别部门甚至占据绝对优势。技术力量的不足已逐步变成中国企业甚至中国经济进一步发展的桎梏,特别是在中国本土市场容量不断加大,对高档消费品和资本品需求不断提高的大环境下。如果中国企业不能及时提升自身技术水平,将很难在国内市场上占据有利地位,就会拖累中国经济的发展。

三、目前存在的问题

按照罗默在1990年提出的观点,创新要成为持续的内生增长机制,必须实现研发部门、中间体部门和最终产品部门之间密切的协作与配合[①];只有建立联系密切、协作顺畅的产学研合作体系,持续的稳态增长才有可能,同时,良好的稳态增长机制也有赖于产学研各个环节的良好运行。发展中国家经济成长历程告诉我们,获得一时的经济成长并不困难,但要建立相应的经济增长机制,得到稳态经济增长就不是一件容易的事了。纵观一百余年来大型发达经济体阵营,我们发现仅仅增加了日本、韩国等寥寥几个成员,而这些国家的成功很大程度上是由于建立了稳态增长机制,也就是说,建立了良好的产学研协作体系,使技术进步成为其经济增长的源泉。

在发展中国家,一个常见的误区就是单纯重视先进技术的引进,却不重视掌握先进技术人才的培养,特别是不重视相关基础学科的引进与发展,结果造成了国家科技力量的结构性落后。现代技术发展的一个重要特征就是越来越依赖于基础学科的发展,并且呈多个基础学科交叉融合之势,一个环节的落后就会导致某一产品整体系统的落后。如果某经济体缺乏雄厚的基础学科研究水平,那么对于引进的先进生产技术就会知其然而不知其所以然,甚至缺乏维修保养先进生产设备的能力,遑论追赶先进技术水平。一些欧洲的发达小国在这方面做得比较好,这些国家原本经历了工业革命和科学技术革新,已将基础学科和技术发展能力整合进自己的民族文化传统,并在长期的积累中发展出自己的优势学科和拳头产业,加上积极参与国际分工,将自身产业融入周围大国的整体产业链,从而锻造了自身的稳态增长机制。这一点是一般发展中国家所忽略,并且也是短期内难以做到的,因此,发展中国家要想建立稳态经济增长机制,必须重视基础学科和相关技术能力的提高。

中国目前已经拥有了相当的技术实力,但仍然存在的不少问题一直制约着中国整体科技实力的提高,并在深层次上制约了中国经济的进一步发展。从历史经验来看,西方国家之所以形成稳态增长机制,能在长期内较为稳定地推动经济增长,与西方国家形成了一套行之有效的产学研互动机制有很大关系。在中国,这套互动机制还在形成的过程中,远未像西方国家那样能在经济增长中充分发挥出自身力量。中国的产学研机制目前存在着如下问题。

---

① 详见第二章的论述。

(一) 基础学科发展不充分

中国基础科学实力与其大国地位不相称,不能完全满足中国经济发展的需要。如前所述,中国基础学科在改革开放前所取得的成就较为有限,特别是"文革"十年的影响,导致科技人才培养出现一个大的断层,十余年间对国外科技发展的状况缺乏关注。正是在这十年内西方国家发生了新一波科技革命,基础学科的面貌和中心课题几乎完全改变,我国科技事业的追赶成本无形中被加大,相当一部分资源要消耗在学习新成果上,进一步摊薄了我国当时为数不多的科技投资。基础学科在整个经济社会发展中起着"原动力"的作用,西方国家对于发展中国家的经济技术优势正是建立在强大的基础学科优势基础上,放眼世界我们发现,凡是基础学科强国一定是经济强国,没有一个经济强国是不具备强大基础学科实力的。中国在基础学科上的历史欠账让中国经济发展付出了很大代价,至今中国尚不能摆脱对西方技术的依赖,进而成为创新型大国,与基础学科上的不足有着极大的关系。中国在基础学科能力上的不足,不仅与其大国地位不相称,更影响到了中国经济长期稳态经济增长机制的形成。

(二) 企业技术实力薄弱,创新意识不强

一般来说,中国企业的研发能力不足,许多中小型民营企业(科技型企业除外,但如果用发达国家标准衡量,中国科技型中小企业的研发水平也不高)的技术实力尤为薄弱。国有大型企业具有相当的研发实力,但在中国粗放型经济增长方式下,其研发实力并没有得到充分发挥,对于国有企业来说,生产档次较低的产品就有利可图,因而缺乏动力从事技术开发和新工艺的推广应用;许多中小型民营企业满足于作为一个生产车间,热衷于追逐短期利润,缺乏研发和产品升级的意识,有的甚至缺乏起码的生产标准化意识和能力。在西方发达国家,企业作为产学研协作体系中的重要环节,一般都具有较强技术能力,一些大企业甚至能制定产业标准,而那些中小企业,虽然技术实力未必很强,但在自身领域却往往是高度专业化的。相形之下,中国企业的技术实力整体不高,并且企业经营者尚未完全意识到研发和创新的重要性。这些问题的严重性在全球金融危机前尚未被充分认识,但在金融危机中,中国企业的这些弱点暴露无遗,2008年爆发的企业倒闭潮正体现了这一点。中国经济要想摆脱粗放增长状况,真正建立稳态增长机制,势必要淘汰一大批粗放型中小企业,从而呈现一种企业发展上的"创造性毁灭"状态,并从整体上增强企业的创新意识和能力。

(三) 研发与生产一线和市场相脱节

研发人员的知识面狭窄,动手能力普遍较弱。由于培养方式、文化和技术力量分布的影响,中国科技人员的知识面不广,动手能力相较于发达国家同行为弱,对生产实际的了解不够深入,且没有足够的意愿和动力来了解实际生产。中国传统

文化主张"君子不器",知识分子不愿意了解生产实践,社会一般舆论也不以了解生产实践为荣,这一腐朽观念曾大大阻碍了中国的技术创新。中国传统知识分子远离生产实践,有相当一部分技术革新由工匠做出,而工匠缺乏记录、系统总结技术革新成果的能力,无形中大大延误中国古代社会技术革新的进程。西方工业革命成功的一个重要历史经验就是研发人员需具备知识分子的特性,这样才能系统总结生产实践中的成果,发现问题,实现有意识的技术创新。英国工业革命时期,大量的英国工匠具有相当的书写、计算甚至几何学能力,能在相当程度上对原始的工艺技术作出初步的设计和革新,此时的英国优秀工匠是集工程师和产业工人双重身份于一体的,相对于当时文化知识匮乏的欧陆工匠,英国工匠具有更强的革新能力;但后来欧陆特别是德国实行了工程师知识分子化后,英国工业相较于德国工业大为落后,由此可见工业化彻底改变了知识分子和技术人员的培养与使用方式。近年来,中国虽然在培养技术人员上取得了很大成绩,但传统思维方式仍未改变,无论家庭还是社会都不重视学生动手能力和实践精神的培养,片面鼓励孩子死读书,导致年轻人从孩提时代动手能力就不强,这种特质日积月累,在工作中就表现为闭门造车,死搬教条,不重视生产经验的积累,轻视技术工人和生产劳动等,这样的技术人员和生产第一线有着不小的隔膜,设计出来的产品经常脱离生产实际,更和市场需求相脱节。一般说来,工艺设计的技术壁垒相对较低,实现工业设计的突破较容易,但中国技术人员的市场观念不够强,也经常发生和市场消费需求相脱节的情况,这一切都说明我国工业体系甚至整个社会培养人才的方式并没有完全摆脱农业社会旧观念的影响。

(四) 知识产权保护不力,缺乏科技创新成果交易平台

近十年来,我国涌现出大量科技型企业,产生了一大批具有较高技术水平的科技成果,有的甚至已具有国际领先水平,这些企业为中国科技进步作出了巨大贡献,但是这些科技成果常面临难以转化为具体生产力的问题,难以为产业界所吸收,成为切切实实推动国家产业发展的力量。国内不良的产业发展环境也加剧了这一问题,目前国内知识产权保护措施尚不到位,知识产权容易为他人所盗用,即使受害者诉诸法庭,胜诉后也难以保证自身利益得到充分保护,所以相当多的科技企业在面临这种情形时索性放弃上诉。在发达国家,知识产权被认为是保护创新的基石,政府对保护知识产权不遗余力。一个企业要想利用其他企业的研发成果,必须通过产权交易市场与技术所有企业进行规范的交易,对研发企业的前期投入进行充分的补偿。知识产权交易平台是社会持续创新能力的基础,虽然技术具有公共产品性质,但当社会技术能力发展到一定水平之后,技术的私有性质即产权价值急剧升高,如果不对知识产权进行充分的保护,研发企业无法回收前期投入,就会退出产权交易市场,最后剩下的就是劣质企业,正如经典分析里提到的"柠檬市场"一样。从人类技术发展史来看,技术要想得到充分的发展,必须在社会上广泛应用和普及,并不断地改进和创造财富,而盗版猖獗在短期内固然会提升社会生产力水平和整体福利,但从长远看一定会削弱整个社会的创新能力,造成生产率在低水平徘徊。这些缺陷事实上已经在影响我国的科技水平。

由此可见,我国的科技创新能力目前还存在不少缺陷,这些缺陷在中长期内会对我国经济增长的能力构成相当大的制约。我国经济要想进一步发展,要想在新的世纪成功推进现代化进程,关键是改变影响我国深层创新能力的一些缺陷,释放中国人民身上的创新活力,真正让中国变成创新型国家,最终推动经济长期持续稳定发展。

四、中国技术创新的措施

中国具有技术创新的悠久传统,封建时代的中国之所以在经济上远远胜过当时的西欧诸国,与中国当时旺盛的技术创新能力有很大关系,即使到了明代晚期,中国在技术创新上依然活力充沛,宋应星的《天工开物》即是明证。但中国在封建时代的大量科技成果并没有系统地转化为相应的理论成果,在西方初步完成了近代科学体系,并开始工业革命的时候,中国在技术上开始真正落后于西方。科技的落后使得中国在整个20世纪的经济发展步履蹒跚,不但科技积累不足,还经常受到来自国外强有力的干扰,如日本在20世纪30年代开始的对中国的侵略就对中国科技近代化的进程造成了近乎毁灭性的影响。可以说,中国近代以来经济的凋敝,国家的落后,与技术落后有着极大的关联。今日中国要想实现经济的进一步发展,彻底完成中国的现代化事业,必须竟前人未能之事业,推动国内技术创新,增强国家科技实力,促进经济长期稳定增长。

中国近代经济发展的不顺畅,根源在于中国未能像西方国家一样,建立一套适合现代科学技术发展的稳态经济增长体系。正是因为这套体系的缺乏,中国在整个20世纪的经济发展,呈现高度不稳定状态,在发展速度上表现为大起大落。要想建立符合中国发展状况与国情的稳态经济增长体系,需要做到如下几点。

首先,大力重视基础学科的发展,将科学精神融入民族文化。中国近代的落后与基础学科的落后息息相关,西方正是因为在一千余年积累的基础上发展出了近代科学,才为数次工业革命奠定了坚实基础。如果没有这些基础学科的发展,在第一次工业革命后,西方世界要想在电气化工业、内燃机和化学工业上取得突破绝非易事,西方世界特别是法德两国在基础科学上较为雄厚的积累,才催生了第二次工业革命,相应地法德成为第二次工业革命的旗手,而在第一次工业革命中遥遥领先的英国却因基础科学的薄弱而失去在技术方面的领先地位开始衰弱。西方国家打开中国国门正值第一次工业革命在西方世界基本完成,第二次工业革命蓄势待发之际,这一方面说明了中国传统小农经济的强大,另一方面说明了西方主要殖民国家只有在完成了第一次工业革命后才具备了向中国传统封建王朝全面挑战的实力。如果没有第二次工业革命,中国将会有比较充裕的时间来吸收西方先进技术,进而会有较多的时间和机会来抹平和西方的技术差距,正像沙皇俄国所做的那样。但第二次工业革命及基础科学进一步发展,大大增加了中国追赶先进生产技术的难度,西方技术发展越迅猛,科学发展越快速,中国所需要补的课就越多,中国进行文化、经济和社会调整的成本就越高,加上巨国效应和清王朝的衰落,中国几乎没有机会来发展本国的科学技术。这个矛盾一直到清王朝覆灭前才基本解决,但民国时期军阀混战造成的弱政府状态使得中国进行全面经济、文化和社会变革的能力大幅降低,而此时西方世界正孕育着以量子力学为代表的新科学革命,无形中又大大提高了中国技术和社会革新的壁垒。总结历史经验教训,我们就可以发现中国在技术上始终落后于西方世界的一个关键原因在于中国迄今为止尚未完全形成本土科学传统,在基础学科上的力量远远落后于西方国家,甚至在某些分支不如一些发展中国家。考虑到中国传统文化的实践理性性质,以及基础学科的巨大投资在短期内难见成效,中国在基础科学上投资不足就是可以理解的,但这也使得中国在技术发展上始终落后于西方世界两三拍,一直缺乏独立、重大自主创新能力,中国本土做出的一些原创性创新通常在西方世界有着对应物,对推动这些学科在整个世界范围内发展的实际作用有限,有的创新成果因在当时得不到充分的重视而被荒废,多年后我国还需派人到国外学习这些早已被我国学者发现的科学成就。这些事实充分地表明,中国在现阶段之所以显得缺乏创新能力,根源在于基础学科的落后。一直到现在,我国在基础学科方面的落后都在威胁我国经济的持续发展能力,要想从根本上解决这个问题,建立我国经济稳态增长机制,必须大力重视基础学科的发展,转变社会传统观念,将科学精神融入我国文化传统之中。现代基础学科已高度发展,需要巨大的投资和丰沛的人才储备,中国在这两个方面都具有优势,如果好好发展,中国在基础学科上相对于那些中等规模的发达国家(如英法等)会有更大的优势,中国经济的发展就会获得强大的动力。

　　第二,大力扶植民营科技企业发展,造就一批国内外行业领军企业。民营科技企业是技术进步的生力军,先进技术只有广泛被社会采用后才能发挥出其应有的经济和社会价值。前苏联的科学技术不可谓不先进,计划体系不可谓不完善,但没有民营科技企业的运营,先进的技术不能转化为能为社会所消费的产品,难以产生对社会财富积累有意义的正循环,先进的技术反而成了国家经济的包袱,不断消耗国家有限的财富。这也是一般发展中国家发展先进技术的通病,因此我们一定要重视民营科技企业的发展,将技术进步的成果回馈社会。此外,从企业组织形式来看,企业要想做强做大,要么占有市场,享受规模上的优势;要么占据技术高地,享受规模报酬递增的优势。除了军工企业,国有企业在提供公共产品、挖掘市场规模方面有着民营企业不可比拟的优势,同时国有企业一般都具有公益性质,在管理上和市场灵敏度上较之民营企业又有着不小的劣势,要切实推进整个国家产业结构的升级和整体技术进步,必须大力扶植民营企业,争取造就一批在国内外市场上领军的企业。从国际经验来看,凡是经济发展比较快速的国家,科技型民营企业的力量都不俗,发展中国家要想取得经济发展和技术进步,必须重点推动民间企业技术进步。我国民营企业自改革开放以来发展较快,在国际化经营知识和经验比较缺乏的条件下取得了骄人业绩,其实是占据了中国市场广大的优势。随着中国经济的发展,中国市场规模的持续扩大,民营企业要想进一步发展,必须在家门口进行激烈的国际竞争,而参与竞争的国外企业档次越来越高。在这种情况下,我国的民营企业特别是民营科技型企业必须勇于迎接挑战,首先在家门口利用本土优势赢得这场竞争,而提高技术含量,增强技术能力是不二选择。我国的民营企业在各种市场和非市场力量的倒逼下普遍存在较大的经营压力,也产生了自发的转型要求,但很多不利因素光靠企业本身是很难克服的,特别是在国外企业具有很强的技术和垄断优势的情况下。我国民营企业起步较晚,技术力量普遍不如国外领先企业,如果听之任之,很少有企业能长期与国外领先企业相抗衡,这会影响到我国经济的长期稳定发展。因而,政府需要发挥对经济的管理和调控作用,积极鼓励民营科技型企业发展,造就一批拥有先进技术、在国内外市场上具备一定竞争力的企业,使之成为我国经济发展的生力军,为提高整个国民经济素质,促进经济发展和产业升级作出贡献。

第三,政府发挥牵头作用,在一些薄弱行业和环节狠下功夫。中国经济和技术水平已得到很大提高,但一些关键技术还远远落后于国外先进水平,尚未具备独立引领世界技术发展的能力。以对整个工业体系至关重要的工业仪器仪表行业为例,该行业涉及大量需长期积累的技术与特殊工艺,包括多维精密加工、精密成型、光学元器件精密加工、专用芯片加工、MENS技术、特殊焊接、粘接、烧结等工艺[1],在这些领域,我国与国外有着较大的差距。正因为在这些需长期积累的技术和工艺上与国外先进水平差距较大,我国每年都需进口大量关键零部件,国外厂商往往借机提高价格,不但赚得大量不合理利润,甚至试图左右我国一些关键行业的发展。在这种情况下,不但我国经济增长的一大部分成果落入他人之手,我国经济安全和国家安全更得不到保障,随着国际技术发展日新月异,技术分工越来越细密,这种威胁和风险越来越不可忽视。罗默的经典增长理论表明,技术进步的重要源泉就是中间产品创新,只要中间产品数量不断增加,经济发展就始终有着不竭的动

---

[1] 高梁.中国装备制造业的自主创新和产业升级.北京:知识产权出版社,2011:162.

力。无论在理论上还是实践上,我们都必须重视我国工业体系中一些薄弱环节和弱势共性技术的发展,这些薄弱点的突破必定会将我国的工业实力和经济发展水平推向一个新的台阶。要在这些薄弱行业和环节上取得发展,光靠企业自身的力量显然远远不够,需要政府起到一个强大的推动作用。在西方发达国家,高技术企业的发展也是得到政府的大力支持的。政府可通过向研发企业提供补贴、鼓励采用国产设备、制定相关设备和重要零部件国产化时间表、以优惠价格向一些有希望发展成为行业领头羊的企业转让先进技术、设立科研机构从事前瞻性和薄弱环节的技术研究等方式来推动关键技术的突破。需要指出的是,在这些薄弱行业和环节取得突破的成本会很高,不能完全指望通过市场机制来解决。实际上,这些技术应作为向社会提供的公共服务,政府应当承担相当一部分的投入,其所获得的成果也一定要尽可能向企业特别是民营企业转移,且费用要在多数企业所能承受的范围之内,甚至允许某些企业以信贷的形式先期取得部分技术。虽然政府付出了一些先期投入,但一定会在经济发展成果、社会效益和税收上取得丰厚的收益。我国政府以往也在这方面做过许多努力,但将所取得的技术成果向社会推广的程度不够,对生产发展和经济技术进步所起的实际作用不大,不但白白投入了大量资金和资源,所获得的成果也因受众面太小而不能持续发展进步。因此,政府要在技术薄弱环节上下大工夫、取得突破,更应重视这些技术向社会的推广,只有这些技术真正为我国企业所吸收,才能转化为我国经济、技术和社会发展的长效推动力量。

第四,打造完善的产学研互动机制。产学研相互协作、密切互动是现代产业体系的重要特征,与传统社会产业的发展不同,现代产业的发展需要海量的知识和技术支持,一些重要产品的开发和新技术的突破,必须借助学有专攻人士的支持。企业在日常生产活动中经常会遇到各种各样的问题,在按已经设计好的图纸生产时也会遇到意料不到的麻烦,这些问题往往超出企业自身的技术能力,这时就需要得到专门研究机构的协助。从发达国家的经验来看,真正具有创新性的技术,其原型都首先产生在政府支持的大学和研究机构中,企业的优势在于其积累的丰富生产经验、诀窍和实用性技术,这就是产学研合作的契机之所在。产业体系只有得到学术体系和研发体系的支持,才能获得新技术、新概念和强大的综合生产技术支持,才能充分发挥自身潜力,牢牢把握发展机遇;学术和研发机构只有和产业体系密切结合,才能明白市场需求,了解新技术概念的可行性,判定新技术的经济性和发展前景,在研发新技术时做到有的放矢。一般来说,经济比较发达的国家,都是产学研协作做得比较好的国家,良好的产学研协作体系也成为成熟市场经济的一个标志。按照罗默的理论,良好的知识生产机制是经济增长的保证,但通过以上分析我们发现,知识生产机制必须由产学研三方协作来完成,只有做到产学研三方密切协作,才能确保社会始终有充足的创新活力。

第五,适当采取高技术产品进口替代战略,摆脱对国外高科技产品的依赖。对于中国高端产业尤其是高技术产业来说,市场是一个尴尬的问题,许多国内采购单位对境外产品有一种病态的迷恋,甚至在招标条件上对本土产品进行限制,这不仅浪费了许多宝贵资金,对我国正在成长中的高技术产业更是一个不小的打击。高技术产业是一个投资大、见效慢、成本回收时间长的行业,但一旦产品研发成功,只要能维持技术上的垄断性,其高额利润和技术租金将使投资者得到丰厚的回报。企业在收回投资后获得的高额利润又会成为企业的研发资金,从而巩固企业在市场中的垄断地位,形成对竞争对手的全面优势。我国高端产业企业正陷于这样一个负循环:国内招标企业盲目推崇外资企业的先进技术,不信任本土企业,哪怕本土企业在技术上处于明显优势时也是如此,这不仅大大提高了境外企业的竞争优势和技术优势,更使得我国在这些产业的大量投资难以及时收回,加大了我国高端产业发展的困难,可以说,西方国家相对于我国的经济和技术强势,相当一部分乃是我国企业培育出来的! 这种经济和技术上的强势极有可能投射到政治、文化诸方面,从而阻碍我国的发展,加大我国经济崛起和政治自主的成本。因此,在现阶段,我国政府应采取措施,适当推行重化工业产品和高技术产品的进口替代,以提升和巩固我国在高端产业上的地位。对于高端产业来说,最重要的是市场,有了足够的市场,不仅可以顺利收回投资,更可以锤炼自身技术人员和产业工人的能力,全面提升技术水平,从而培育出强大的经济技术优势,因此我们必须保证我国高端产业在本土占有一定份额的市场,确保我国高端企业成长的空间。尤其应该重视的是,随着我国经济的发展,我国已有逐渐变成世界上最为庞大的重化工业和高技术产品市场的趋势,如果我国的高端产业不能在本国市场上获得一定份额,那么我国高端企业的发展就会遭到遏制,我国经济将很难突破一定的发展水平,这对中国经济的长期成长相当不利。高端产品市场本身就是一个垄断竞争市场,在市场上存在着强大的垄断力量,不适宜一般的自由市场竞争规则,为了确保本国经济的成长,采取一定的保护措施,不仅是必要的,而且是可行的。

第六,加紧关键零部件的开发。我国目前在许多大型工业设备和消费品方面成绩斐然,如钢产量常年位列世界第一,机电产品出口已位居世界前列等等。一些高精设备也有很大进步,比如蛟龙号深海探测仪在各个技术指标方面均居世界前列。但我们要看到,虽然我国系统集成能力已经有了很大发展,但我国所产设备上的重要零部件许多还是出自于国外,比如京东方已经是世界排名第六的液晶生产企业,技术创新活力十足,但其基本生产设备——曝光机还要从日本进口;我国汽车生产企业所用的液压部件,大多也要从德国、日本等国进口,国产液压部件尚需数年才能成熟。重要零部件受制于国外,不仅使我国企业的利润空间受到挤压,也使得我国在重要部件的关键用途上受制于人,许多重要零部件的进口合约上都必须标明"不得列入军事用途",且外方都要进行定期核查。这些重要零部件进口所受到的各种限制还让国外相关势力对我国的产业实力有了一个比较清晰的了解,这对国家整体产业竞争力和国家安全构成一种无形的威胁。种种迹象表明,我国必须重视重要零部件的国产化,开拓高端零部件的生产和研发,为经济发展和经济安全注入新的活力。在现代生产技术体系中,关键零部件往往具备很强的技术通用性,需要长时间的积累,反映了一个国家工业化的深度和水平,一旦在这方面取得突破,就意味着该经济体的工业化程度已经到了一个相当高的水平。从世界各国工业化发展进程来看,工业集成技术总是先于关键零部件技术发展,这是因为如果缺乏足够的国内市场,关键零部件就不得不在世界市场上寻求出路,没有一个发达国家愿意放弃本国成熟可靠的关键零部件而采用后发国家性能不稳的零部件,从而为发展中国家的工业化作贡献。所以无论哪个国家,都必须遵循装配——集成——关键零部件这一工业技术发展路径来推动自身工业化历程。我国现阶段在工业集成技术上已有相当基础,按照这一工业化发展路径,我国应当投入相当精力用于关键零部件的研发和生产,促进我国工业高级化进程。我国正在兴起的装备制造业为关键零部件产业的发展提供了良好的机遇和广大的市场,以此为依托,我国如能发展出强大的关键零部件产业,必能取得良好的规模效应,这些标志着一国工业化体系成熟程度的关键零部件产业就会成为我国新的比较优势,我国整个工业体系在价值链上的地位也将大幅攀升,这对于我国经济的持续稳定发展有着极其重要的意义。

第五章　次生优势的培育

内生增长理论认为,人力资本和技术创新是经济发展的基本动力所在,经济增长的根本动力正在于这两个因素。以此为基础,内生增长理论发展出了许多模型,但多数模型都是在索洛增长模型和拉姆齐模型基础上,通过引进一些特殊参数来做出理论设定,方法上并不脱离罗默和卢卡斯工作的范围,这意味着经济稳态增长的根本动力即在于人力资本禀赋提升和技术创新。

但我们注意到,只有在稳态增长机制建立、经济体已经比较成熟的情况下,经济方能仅依靠人力资本禀赋提升和技术创新来实现增长,现实的例子就是西方发达国家。这些国家基本完成了稳态增长机制的建设和基础设施建设,凯恩斯式的药方对其稳定经济增长状况并无显著作用,至少从长期来看如此。发达国家的年经济增长率较某些发展中国家为低,但它们每年都能保持一定的经济增长率,经济的波动性远较发展中国家为低。而发展中国家虽然在经济发展上容易大起大落,但只要步入经济起飞阶段,发展的速度就会超过一般的发达国家。这说明,在经济的转型阶段,有一些其他的因素作为经济增长的动力,本书将这些因素称为影响经济增长的次生因素。

在经济起飞和增长的早期阶段,人力资本进步因素能发挥比较重要的影响,但此阶段经济体的技术能力一般都比较薄弱,难以依靠创新来获得持续的增长动力,因而人力资本的进步也必然受到经济体自身技术能力的制约。这就是说,如果经济体缺乏相当的技术能力,其人力资本进步也将受限而难以持续发挥对经济增长的驱动作用。但我们观察战后发展中国家经济增长历程就会发现,凡是超越"中等收入陷阱"而成为发达经济体的,如日本、韩国,某种程度上也包括中国台湾,都经历了一个艰辛的提高自身技术能力和人力资本禀赋的过程,在这个过程中,这些经济体也经历了高速增长后的一个中速增长阶段。正是在这个阶段,这些经济体的自主技术能力被培养出来,并在一些领域步入了国际先进甚至领先的行列。这就启示我们,要想使经济持续增长,必须不断增强自身技术能力和人力资本禀赋,而那些能够对这两个方面起到促进和提升作用的因素,是可以在中长期内促进经济增长的,这些因素即上文所说的次生因素。

在稳态增长机制形成前,某经济体的增长主要依靠次生因素的推动。在这个阶段,公共工程的建设往往能够有效地推动经济增长,这是因为在经济的起飞阶段,公共设施的供应往往不足,公共工程建设本身即可推动经济增长,在公共工程建成后,其又能在经济建设中发挥重要作用,所以在这个阶段适当推进凯恩斯主义通常是有效的。除了公共工程建设,技术的学习、消化与吸收对推动经济增长也有正面作用,就像公共设施建设一样,技术学习、消化和吸收过程本身即可创造需求,并且在相应能力形成后,对于经济发展会有很大的推动作用,而与公共设施不同,这种作用通常是存在着边际收益递增的,公共设施则会存在边际收益递减现象。产业结构的优化与地区内调整也对经济增长有重要影响。在经济发展的早期,经济体只有充分利用自身比较优势,积极参与国际分工,利用市场的力量来承接国际产业转移,才能获得较快发展。在此基础上,经济体应该因地制宜,调整好内部产业结构和地区分布格局,并结合技术学习的成果,实现产业升级,巩固经济成长结果,争取形成稳态增长机制。如果考虑到经济的现代化过程也是人的现代化过程,教育对整个经济体发展的重要性就是不言而喻的了,忽视教育的发展,经济增长就无从谈起,因而本书将教育也列为转型阶段影响经济增长的重要次生因素之一。

经济发展必然带来资源禀赋优势的变化,在这种形势下,经济发展可能逐步失去动力而陷于停滞状态。如果考虑到这种资源禀赋优势的动态变化,我们就可以深刻理解现代增长理论中所说的"稳态增长"的重要性,只有结合不间歇的技术发展和人力资本进步,经济增长才能表现出充沛的动力。资源禀赋的变化,是随着经济发展状况的变化而变化的,经济增长使得社会平均水平的资源价格开始上涨,这一般会带来双重效应:其一是处于社会边际开发水平的资源开始有了开发利用的价值,从而增加了整个社会可供开发的资源总量;其二是改变了原有资源禀赋的结构,特别是打破了原有的资源禀赋优势,使得资本流向其他具备该经济体原有资源禀赋结构优势的地区。因为这两种效应,二战后资本在各国之间频繁地流动,带动了许多经济体的增长,但许多经济体就是很难突破所谓的"中等收入陷阱",经济发展到一定水平就长期处于徘徊状态。在我们看来,这是典型的内生增长机制缺失的表现。

仅仅靠自然资源禀赋实现的经济发展就像增长理论中的新古典函数约束一样,到了一定的发展水平后作为资本的自然资源其边际生产率就会急剧下降,导致增长水平降低,最终达到一个较低的水平——这对应于索洛模型中的典型状况,在罗默 1990 年发表的经典论文中,解决这个问题的关键在于建立内生增长机制。对于那些依靠自身资源禀赋优势实现经济增长的国家而言,如果没有建立这样一种内生增长机制,那么自然资源方面的优势迟早会失去。那些缺乏一定经济文化底蕴的落后国家,由于其资源禀赋带来的财富很容易被导入消费领域,因而很容易忽略对后天的次生资源禀赋的培养,资源红利耗尽后极易陷入中等收入陷阱,而那些注重培养后天次生资源禀赋的国家则一般不会陷入中等收入陷阱。因而对于发展中国家而言,要实现经济发展,就应建立相应的稳态增长机制,这种机制必然涉及次生资源禀赋的培养和富集,即表现为产业机构的调整与优化。

对于那些依靠自然资源禀赋和低人力成本实现发展的经济体来说,要想实现经济的长期稳定发展,建立起稳态增长机制,必须重视次生资源禀赋优势的培育,而且这种次生资源禀赋优势要具有良好的收入分配效应。例如,服务业的收入分配效应较差,只有将服务业作为使整个制造业体系顺畅流动的一环,才能改善服务业的收入分配效应,也就是说,服务业的发展需与整个社会生产体系紧密联系。考虑到这一点,我们就可明白中国经济发展所面临的问题:在初中级制造业方面中国已有饱和的趋势,许多初级制造业,如服装、纺织和电子装配业等,已有向越南、巴基斯坦和孟加拉国等转移的趋势。由于中国重化工业投资在传统上以国有企业为主,民营企业在重化工业上投资不多,且许多行业对民营企业有投资资格准入的设置,在这种情况下,中国民营企业家的经营能力始终得不到提高,运营大企业和国际化经营的能力不足,容易滋生小富即安的心态,在中国经济已越过一定的发展门槛而进入重化工业发展阶段时,民营企业家的这种能力限制就显著地表现出来,成为制约中国次生资源禀赋优势培育和经济进一步发展的障碍。这一点与中国台湾和韩国所面临的问题并无二致,但中国有自己特殊的国情,这种国情也决定了中国下一步发展的路径与中国台湾、中国香港和韩国有很大的不同。中国次生资源禀赋优势的培育也因此具有自己的特色。

第一节 国外先进技术的消化吸收

发展中国家在向西方学习先进技术的历程中,积累了大量的经验和教训,如果考虑到现代科学技术是一个正在动态发展的体系,那么对于缺乏基础的发展中国家而言,这种对先进技术的消化、吸收和再创造更是一个充满艰辛的过程。现代科学技术起源于文艺复兴时的西欧,几百年来成功从西欧移植现代科学技术的国家不过俄罗斯和日本等少数几个国家(美国和加拿大等由西欧移民组成的国家系统地从西欧移植了整个文化体系,因此不在我们讨论之列),在更广的范围内成功地在技术上赶上发达国家水平并形成了自身独立技术能力的国家几乎没有。中国在20世纪初废除科举后开始追赶世界技术发展潮流,但由于一系列的变故与世界科学技术的发展,这种追赶显得步履蹒跚,至今中国尚没有在完全意义上形成自身独特的科学技术文化,并在科学和产业技术的发展上独立于西方。2012年中国的人均GDP已超过6 000美元,在这样一个发展阶段,中国经济能否在下一个十年持续协调发展,中国能否避免曾在拉美和东南亚国家出现的"中等收入陷阱"现象,很大程度上取决于中国能否充分挖掘自身潜力,消化并吸收发达国家的先进技术,形成自身独特的技术优势,摆脱对西方技术的依赖,彻底完成民族产业体系在技术上的独立和自主。

一、技术引进、消化与吸收

(一)技术引进的内涵与意义

技术引进是人类进入文明社会以来后进社会掌握先进生产技术的重要方式,在大多数场合下是最重要的方式。在人类社会发展的早期,西亚成为人类技术进步的重要源头,青铜器、铁器等改变人类发展历程的技术都可在西亚地区找到最初的痕迹。继西亚之后,中国充当了人类技术进步领头羊的角色,除了众所皆知的四大发明,还有许多重要技术源自于中国,在缺乏与外部世界交流的情况下,中国古代劳动人民凭借其出色的智慧,为人类贡献了大量技术文明成果,充分显示了中华民族的技术天赋。但令人遗憾的是,中国从古代开始就缺乏从外界引进技术的渠道,中国在古代世界的技术领先优势也使得中国人缺乏学习外界先进技术的意识和动力。在世界技术格局已经变化的工业革命时代,中国为这种技术交流上的不对称性付出了沉重的代价。而中国的东邻日本,自古以来就是世界技术和文化的最大输入国之一,在文化基因上日本民族就具有学习国外先进技术并将其改良的传统,在近代引入西方先进技术过程中比中国先行一步,由此在技术上形成了对中国的优势。近代中日两国国力与技术水平的消长充分说明了技术引进对后进社会发展的重要影响。

技术作为一种特殊的生产力资源,一般都表现出一定的发展性与波动性,任何技术在其产生、精进与成熟的阶段都具有不同的面貌,对生产生活也都产生或大或小的影响。现代技术一般都表现为一个复杂的技术集成组合,即设计者围绕一定的设计目的,采用社会现有的成熟技术而形成的一种综合的技术体系。从定义上来说,这是一种集成能力,这种集成能力水平的高低往往决定了一个社会整体技术水平的高低。现代生产技术通常具备高度综合性和复杂性的特征,综合了技术先进国数百年的技术发展成果,对技术引进者形成了很高的学习壁垒,技术引进者甚至不具备完全自主的使用能力。技术传播到一国后,如果该国不具备一定的技术基础,那么该技术在这个国家就会呈现一个退化的趋势,只能维持在一个最低限度运转的水平,究其原因,还是社会消化、吸收能力不足,难以从整体上吃透技术精髓。也就是说,如果在引进技术后不能充分地学习、掌握和吃透,形成自身的技术能力,引进的技术会逐步退化,最终失去效用而需重新引进和学习更高水平的技术,如果这个社会不增强其学习、消化和吸收能力,就会重复上一轮技术引进过程,陷入一个恶性循环。

（二）技术引进的经济效应

引进技术的消化和吸收具有很重要的经济效应。第一，技术的消化与吸收增强了社会的技术能力，丰富了改造自然的手段，促进了生产发展。一个社会的技术能力是建立在积累无数细微技术的基础之上的，这种积累不但为新技术的孕育提供了土壤，更能直接促进社会生产力的发展。一般说来，一个社会不可能通过创新来解决所有的技术问题，那样既不经济也无必要，引进技术是一个见效较快且代价不高的方法，因为技术的学习与反复操作总比在未知情况下的反复试验要快捷许多。在技术的学习和消化中，哪怕是技术再粗糙的人员和技术水平再低下的社会，都会形成一定程度的新技术能力，丰富改造自然的手段，从而使生产力在更高的水平上得到发展。第二，技术的消化和吸收可弥补社会技术短板，促进社会形成更均衡的技术能力。与古代社会不同，现代社会的技术引进行为是理性和主动的，其目的性更强、更明确——为了弥补社会技术上的不足，促进经济和社会的发展。对社会技术细加分解，一般都会找到若干技术短板，正是这些技术上的短板制约了该社会经济和生活的进一步发展。在此基础上引进技术，进行消化与吸收，必将在一定程度上弥补社会技术短板，促进社会技术能力在一个更高水平上发展。[①] 第三，引进技术的消化和吸收有利于促进社会资本投资，在短期内对经济产生正面的提升作用。引进技术在短期内肯定会发现大量不适应引进方技术体系之处，需要大量支出与消耗，如果技术的消化吸收工作不佳，这些支出与消耗都将落入技术输出方之手，不但会形成持续的服务贸易逆差，而且会挤占国内其他技术研发开支，从而影响整个社会的经济技术进步进程。但如果技术引进方愿意花费资金来对技术进行摸底、吃透，进而消化吸收，不但可显著提升自身技术能力，更能在短期内形成大量需求。以日本和韩国为例，日本和韩国各产业部门从国外购买专利技术的费用总额与消化吸收的研究费用总额之比，平均为1∶8～1∶7，是世界平均水平的2.5倍，由此可见引进技术的消化吸收对提升本国经济有正面影响。第四，引进技术的消化和吸收有利于形成稳态增长机制，全面提高经济的创新能力。技术引进、消化与吸收对于一个社会创新能力的形成和完善有着极其重要的作用。从人类历史来看，没有一个社会能长期在所有的技术上全面领先于其他国家，任何社会创新能力的形成都与吸收外来先进技术并有效地消化吸收有着莫大的关系。我们不否认一些技术天才的突出作用和原创性创新能力，但能有效地参透外来先进技术的精髓

[①] 值得注意的是，这些分解后的技术短板如果得不到有效弥补，引进技术所形成的整体技术水平提高就是缺乏保障和发展基础的，并不能促进技术能力的提升，这也是许多发展中国家技术消化和吸收的最大失误。

并进行再创造,不仅可以大大降低技术研发成本,更能较快地形成稳态增长机制,提高全社会的技术素养,真正将经济发展建立在创新的基础之上。纵观工业革命以来实现工业化的国家,无一不是善于对外来技术进行消化和吸收的国家,而战后拉美和东南亚国家之所以陷入中等收入陷阱,与其对外来先进技术的吸收不够有很大关系,所以,消化吸收引进技术,对于形成稳态增长机制,促进经济长期稳定增长,有着极为重要的意义。

二、技术扩散与后发国家技术进步

(一)吸收先进技术的能力与后发国家的经济增长前景

后发国家要想在经济上取得长期稳定的发展,必须在技术上全面向先进国家学习,全力消化和吸收外来技术,并且逐步形成自身的创新能力。一般来说,只要具备一定的社会条件,后发国家取得初步的经济发展并不困难,难的是将这种经济发展的成绩稳定地推进下去,即形成稳态增长机制。根据罗默等人的研究,稳态的增长机制通常都与一定的创新能力相联系,从技术落后的状态到形成稳态的增长机制之间,存在着不小的距离,如何弥补这段距离,所采取措施的效能,通常决定了一个经济体能否成功实现经济增长,跃居发达经济体行列。

后发国家最缺乏的是有效吸收、利用外来先进技术的能力,这在相当长的一段时期内构成了对后发国家经济增长的强大制约。无论是旧时代的中国,还是曾在中等收入陷阱中挣扎近30年的拉美国家,其经济突出的弱点就是对外来先进技术缺乏应有的敏感和反应能力。我们不否认在这些国家,民间自发的学习效应和对外交流会使这些国家的知识和技术水平有所提高,但相对于先进国家的发展速度,这点进步是远远不够的,在这个过程中,后发国家与先进国家的技术水平落差越拉越大,面对先进国家蓬勃的经济发展,后发国家经济发展的效能是极其有限的,甚至会出现经济衰退。由此可见,后发国家在吸收和利用外来先进技术方面的不足对本国经济发展的危害。

(二)技术扩散对后发国家的影响

技术扩散对后发国家的发展有着重要的意义,可改变世界技术发展和分布格局,甚至可改变后发国家的社会结构。经济发达国家中有一类小国,比如西欧的荷兰、比利时、瑞士和瑞典等,这些国家的技术水平相当高超,在某些分支甚至达到世界级的领先水平,原因即在于这些国家自文艺复兴以来就不断地吸收和消化外来先进技术(由于国家较小,这些国家一般没有能力长时间带动科技发展,基本都是向英、法、德等国家不断输入先进技术),逐步形成了自身独立的技术能力和创新能力,成功地克服了国家规模的劣势,在国际竞争中找到了自身的定位。而其他地区的经济后发国家特别是19世纪的俄罗斯和中国这样的大国,由于远离当时世界技术发展中心,加之其社会结构对吸收先进技术有着很大的排斥,因而两国虽然引进了一些先进技术,但其政治和技术精英看重的却是物质资源的引进而非技术能力的引进与学习;虽然培养了一大批人才,形成了国家的初始现代化技术能力,但也只为下一步的发展打下了初步基础。由于其时俄罗斯和中国社会结构的缺陷,这些先进技术的引入不仅改变了当时俄中两国的技术能力,更引发了俄中两国社会结构方面的大变革,为后来进一步学习、引进、吸收和消化先进技术打下了基础。

从资本存量的角度来看,一个社会较高的技术水平来源于较高的投资积淀,也就是说,社会较高的技术水平来源于该社会以往在科学技术上高强度的投资或长时间的积累。技术水平总是与一定量的物质资本和人力资本相联系,表现为物质实体就是生产或实验设备、掌握一定知识和技能的研发人员与技术工人、海量的生产和研究资料等,这些都是过去投资的积累,特别是一些生产或研究经验,更需要长时间的实验和试错。所以,对那些技术比较落后的国家来说,想要短期内在所有部门取得技术上的突破是不现实的,只有选择一些自身较有优势且容易取得成绩的方向作为突破口,才能在短期内取得一定的收益。值得注意的是,现代技术具有高投资、慢回报的特点,如果贪大求洋,不顾自身条件盲目追求高技术,不但难以及时回收在技术上的投资,更容易形成技术投资和国民经济发展上的冲突,导致技术发展成果不仅不能及时支持国民经济的发展,反而成为经济发展的包袱。很多发展中国家在技术上的投资都有这个特点,包括苏东国家,其在技术上的投资具有不均衡性,结果长期内没有形成技术发展和经济增长互相促进、互相支持的良性循环,虽然取得一定的先进技术成果,但不能长期保持,反而很快又会陷入落后。这些都告诉我们,后发国家要想取得技术上的持久进步,必须遵循市场经济原则,有所为有所不为,以点带面,全面推动技术发展和经济增长。

三、技术消化与吸收中的政府作用

(一) 技术消化吸收具有很强的公共服务性质

作为公共产品提供者的政府,在技术消化吸收过程中应该扮演一个更加积极的角色。从前面的分析可知,技术的消化吸收是一个耗资巨大、短时期内得不到高额回报的过程,而作为技术引进重点的现代生产设备制造技术牵涉到许多学科,其中很多技术都是后发国家的短板,由那些业有专攻的企业来单独地全面攻克这些技术短板并不现实,这时就需要政府发挥提供公共产品与服务的功能,组织社会力量来有效地从事先进技术的消化吸收工作。

后发国家政府在向社会提供技术公共服务方面与发达国家政府有微妙的不同。发达国家政府在提供科学技术公共服务方面主要是向基础学科研究提供支持、补贴或直接投资于前瞻性技术研究等;后发国家由于在技术方面的弱势,不得不承担起更大的责任,更大程度地干预具体的生产与研发过程和具体组织形式,从而丰富了所谓"产业政策"的具体内容。在某种程度上,这意味着短期内对市场更大程度的冲击,但从社会整体福利效应来说,政府采取的一些深入生产过程与研发过程的非常手段是值得的。但我们应该注意的是,这些措施从长远来说应该立足于政府的提供公共服务的角色,而非政府直接介入经济,成为经济发展的第一推手。事实上,传统进口替代战略的失败有两大原因,一是政府利用有形之手,直接创造需求甚至以企业的角色介入经济,二是重视物质资本的积累而轻视技术和人才的积累,所以政府在提供这些服务时需尊重市场规律,以服务提供者的身份来履行其促进技术消化吸收的功能。

(二)政府在技术消化吸收中的具体作用

政府在消化和吸收外来先进技术中最重要的作用是提供组织形式和支持。正如上文所分析的,现代技术具有高度的综合性与集成性,后发国家之所以在自行开发上存在困难,不仅是由于在技术集成能力上存在短板,更重要的原因在于在许多子系统技术上存在困难。事实上,对中国这样的发展中大国来说,在技术集成能力上早就具有相当的水平,但在许多子系统上技术实力依然薄弱。在这种情况下,有效的技术消化吸收不仅意味着要掌握技术集成能力,更重要的是要切实有效地消化吸收子系统和一些关键零部件技术,为国家整体技术力量的进步作出贡献。此时,如果技术消化吸收由单个企业进行,可能对一些关键的子系统技术消化不透,在这些技术上依旧会受制于人,此外单个企业在掌握一定的技术后,往往会采取技术保密措施,这样,花高价引进的技术不能在社会上迅速推广,对国家整体技术实力的提高作用将十分有限。这种情形的出现是一种特殊形式的市场失灵,能弥补这种市场失灵的实体只有政府。对一些关键性技术,政府应牵头组织一些企业组成临时性的产业联盟,促成这些企业签订合作协议,政府提供担保和外部支援,对这些企业进行分工,使之发挥各自优势,将引进的技术分解、消化、吸收,并且彼此之间保证优先采用对方设备。一些企业难以攻克的关键技术,则由国家出手,组成产学研联盟,联合大学、科研院所和企业协同攻关,共同分享技术收益。在这个过程中,各企业和科研实体间会产生种种摩擦,政府必须发挥协调和支持作用,使相关技术消化吸收目标逐步实现,只有如此,技术消化吸收才能达到最大效应,特别是取得的一些通用性成果能用于整个产业体系,切实提高国家整体技术实力。

在消化吸收先进技术的过程中,必须为消化的技术成果保留一定的市场,这也需要政府出面统筹协调。技术消化吸收需要消耗大量资金和资源,如果消化成果得不到市场支持,不仅前期投入收不回来,更会对国民经济的可持续发展造成伤害。许多小国难以消化先进技术,根本原因即在于缺乏一定的市场支持,而且即使消化成功了也难以收回投资。发达国家出于垄断市场、限制竞争对手发展的考虑,也会积极限制某些竞争对手的技术消化吸收行为,甚至采取价格攻势,以低价向技术吸收方的潜在市场倾销质优价廉的商品,摧毁潜在对手。面对这样一种严峻形势,如果技术吸收方政府不采取支持措施,技术吸收行为就达不到预期目标。为了确保技术吸收成果,必须由政府出面,确保部分本国市场向该国技术吸收成果开放,哪怕忍受暂时的价高质低的产品也是值得的,唯有如此,国产设备和资本品才能得到规模化大生产、摊薄生产成本和不断提高生产技术水平的机会。在这方面,大国相对于小国有着天然的优势,大国不仅比小国有更多的资源可用于技术的消化吸收,从而可以取得更多的成果,更比小国有更多的市场支持,在国际市场上站稳脚跟的机会也更大。发达国家不易通过市场倾销等手段扼杀后发大国技术消化成果,甚至发达国家出于占据市场的考虑主动向后发大国提供的一些辅助性技术也会成为后发大国相关技术进步的一个垫脚石。对中国这样一个大国而言,政府所能提供的市场支撑机会更多,即使政府的作用不是那么积极,但只要为相关技术消化成果预留一定的市场空间,这些技术和产业经过一段或长或短的时间就可以发展起来。政府在消化吸收先进技术中的作用不可忽视,政府所采取的各种鼓励措施也必将推动相关技术的吸收和产业的发展。

政府在知识产权保护上应该有更大的作为,并促进相关技术交易的常态化与正规化。技术消化的成果需要得到政府的保护,现代技术一旦在某些关键性环节取得突破,其扩散就极为迅速,特别是随着一些技术人员的流动,这些花费大量人力物力的技术消化成果将被一些未参与技术消化吸收过程的企业低成本地使用,从而消解参与企业的技术学习热情,不利于进一步消化吸收先进技术和持续提高国家的技术水平。在这种情况下,政府需要加强对知识产权的保护,保护那些参与先进技术消化吸收企业的利益,在强化相关法律法规的基础上,为那些想取得先进技术的企业提供正规渠道,促进相关技术转让市场的形成,确保参与技术消化企业的利益,并使得消化技术按照市场规律在国内扩散。只有做到了这一点,技术消化吸收才具有可持续性,国家的技术实力也才能在尊重市场规律的前提下持续地得到提高。

四、现阶段中国技术消化吸收所应采取的措施

对于中国来说,长期积累的突出问题就是技术消化吸收能力薄弱,投入的资源远远不足。毋庸讳言,中国企业在技术消化吸收上的投入远远不及营销等方面,企业的技术消化吸收意识普遍不强,一些关键的技术在引进后过于依赖外方,没有起到培养自身人才的作用,甚至有的企业在引进技术后解散了原有的技术开发团队,而这些团队原本可以在进口技术的消化和吸收中发挥重大作用。

中国目前在技术消化吸收上应当做到如下几点。

第一，重视进口技术的国产化，组建相关技术消化吸收的产学研联盟。由于历史的原因，目前中国的企业技术力量比较薄弱，虽然产生了一些具有国际地位的大型企业，但相对于老牌发达国家企业，中国企业的技术力量仍显薄弱，特别是一些技术综合度高、集成性强的技术，中国企业在这方面的力量尚处于比较初级的阶段，因而消化吸收国外先进技术对中国企业的发展而言尤为重要。但单个中国企业在这些技术综合度高、集成性强的技术上力量不足，需要许多企业联合攻关方能取得成就。中国企业在技术上的弱势和技术力量分布的不均衡，需要政府来推动相应产学研联盟。中国技术力量分布的现实是大学、科研院所和国有企业集中了国家大部分研发实力，一些民营企业技术力量也不俗，并且民营企业在一些国际前沿科技上冲劲十足，要想整合这些科研实体，较好地完成技术消化吸收的任务，必须借助政府的协调能力和公共服务能力。由于中国现在正处于一个中高级工业化阶段，必须消化吸收大量国外技术，必须借助政府的协调来建立相关的产学研联盟，以便顺利地完成这些任务，在这个过程中，不排除有一些产学研联盟最后演化为新的企业实体。

第二，努力提高民营企业研发实力，有步骤地使研发实力向企业流动，重新配置国家科研实力的分布格局。中国已具有不俗的科技实力，只是在一些尖端科技上存在空白，但中国的技术实力对于支持未来十年经济发展这一任务来讲是绝对足够的，但若要保证在一个较长时期内支持中国经济持续发展，我国的科技实力还是有所欠缺。中国科技实力上的缺陷，不仅在于国家投入尚未完全到位，还在于中国科技实力分布严重不均衡，企业研发实力比较薄弱，民企的研发实力更显不足。在发达国家，相当一部分研发实力集中在民企，一些民企甚至能独立编写某些技术领域最先进的教材，而大多数国内民营企业目前还没有这个层次的技术实力。国内企业特别是民营企业技术实力的薄弱对中国经济的可持续发展造成了很大的消极影响，最关键的一个就是使得民营经济长期局限于某些劳动密集型领域而缺乏自我升级的动力。国外相关经验表明，产业升级最终还是要依靠民营企业而非国有企业。由于技术实力的缺乏，中国民企的投资诉求相对集中在具有自然垄断性质的行业，对资源租金垂涎三尺，却缺乏在某一技术领域持续深耕获取长期回报的雄心壮志。这不仅是技术实力缺乏的表现，更是企业家精神有所欠缺的表现。不改变这一状况，中国不仅无法持续消化吸收国外先进技术，更难以在不远的将来获得进一步的经济发展。因此国家必须努力提高民企的研发实力，促使民企主动消化吸收国外先进技术，提高自身研发实力，进而完成产业升级的重要任务，促进国家科技实力在各个实体间合理、均衡的分布。

第三，鼓励国产设备的应用和推广，减少重复引进，并促进企业间的技术交流，促进消化技术在国内的扩散。对外来先进技术成果进行消化和吸收的目的是形成自身的技术能力,并最终提高本国的技术能力和创新能力。为实现这个目标,我们在引进技术后应该尽量促使其在国内生产和研发中得到应用,形成自身造血机制,并在不断的应用中及时发现、解决各种可能出现的问题,得到大量中间技术窍门(Know-how)和数据,从而缩小与技术输出国的差距,形成自身独特的技术能力。中国目前的问题就是企业和研究院所不重视消化引进的技术,重复引进现象严重,甚至"挟洋自重",将国家花费大量外汇进口的尖端设备垄断起来,不允许其他单位使用,在这种情况下,不仅先进技术无从扩散,中国技术人员在本土也缺乏接触先进技术的机会和渠道,更何谈消化与吸收先进技术。许多引进的技术消化吸收后在本土市场备遭歧视,许多企业和院所不愿采用国产设备,结果造成花大价钱消化吸收的技术不能及时收回投资,无形中削弱了进一步跟踪国际先进水平和自我创新的能力。要改变这种情况,政府必须承担起责任,鼓励国产化设备的推广和应用,对于在招标条件中盲目设置对国产化设备不利条款的单位进行一定的处罚,纠正这些不良作风,减少重复引进,促使已消化的技术在国内应用和推广。这里要特别指出的是,已消化的技术只有在国内生产中得到广泛应用才能真正转化为国内的技术实力,该国才能在此基础上结合自身实力,形成独特的技术能力和风格。中国需要进一步摆脱心理上对国外先进技术的盲目崇拜与依赖,积极推广已消化技术,促进这些技术在国内的应用和扩散,只有如此,这些技术才能真正为国内所掌握,从而为中国经济的持续发展提供动力。

五、本节结论

技术的消化吸收是一国追赶国际先进水平、形成自我创新能力的必由之路,能否顺利完成这个进程,关系到一国经济能否实现持续发展,能否走出一条自我创新之路,能否顺利完成工业化和现代化;特别对大国来说,消化吸收外来先进技术关系到经济是否能自立,政治是否能自主的问题。发达国家可以允许中小国家有一定程度的发展,可以向这些中小国家输出一些先进的技术,却对像中国这样的大国设置技术壁垒和技术障碍,因而,这些发展中的大国很难靠完全的技术输入和对西方的依赖来实现经济的现代化。在这种情况下,吃透西方出售给中国的一些不算先进的技术,建立属于自身的技术能力与储备,是中国经济发展和产业升级的必由之路。中国目前的技术力量分布不均,导致所消化吸收的技术成果难以迅速推广到整个社会,更使得一些需要及时跟踪国际先进水平和市场快速响应能力的高利润行业发展缓慢。所以,要想进一步消化吸收外来先进技术,切实提高本国技术水平和创新能力,必须下大工夫吃透外来先进技术,掌握其发展规律,理解和把握先进技术的精髓,即使所消化技术在国外已不是那么先进,也能使中国在取得技术消化成果的基础上进一步把握技术发展的趋势和潮流,甚至形成自己的风格。国外的经验表明,技术先进国家都是这样一步步走过来的。中国丰裕的劳动力资源已经不如既往,但由于高等教育的发展,中国形成了一个庞大的理工科知识分子群体,这是中国消化吸收外来先进技术、赶超国际先进水平的最重要的资本,中国下一步的任务,就是促进科技型民营企业的发展,鼓励青年知识分子和技术骨干创业,为经济的进一步发展和稳态经济增长机制的最终形成作出贡献。

第二节 国内和国外产业转移与重组

承接发达国家产业转移构成了后发国家经济发展的一大动力,战后日本、韩国、中国台湾、中国香港和新加坡等国家和地区正是抓住了当时欧美发达国家向外转移劳动密集型产业的机遇,才较为成功地实现经济发展。相形之下,拉美国家的发展过于依赖资源出口和外来投资,产业发展也以进口替代型的重化工业为主,未能抓住当时的产业转移机遇,结果导致数十年的经济停滞,虽然近年来中国的发展提高了拉美国家资源的国际市场价格,在中国需求的推动下,拉美国家如巴西等开始走出所谓中等收入陷阱,但依靠资源出口依然构成经济成长的主要源泉。由此可见,及时抓住产业转移的机遇对于经济发展具有重要意义。

产业转移本质上是劳动力在空间上与资本结合形态的重新分布。我们知道,相对于资本而言,劳动力自由流动的难度最大,国家、地区甚至部门都可以成为劳动力自由流动的障碍,发达国家的工会组织更是在相当程度上垄断了劳动力市场,工资日益成为垄断的劳动力价格而非自由竞争的产物。在这里,我们看到一个奇特的现象,尽管凯恩斯的宏观经济学缺乏合理的微观基础,但凯恩斯当时提出的工资刚性等重要假设却惟妙惟肖地反映了当今资本主义发达国家经济的现实。由此产生了资本的流动,资本家通过向境外输出以规避本土日益僵化和刚性的劳动力市场,这种流动造成了资本输出国的大量劳力失业,也促使该国劳动力市场垄断因素的削弱和竞争因素的增强。在这种情况下,资本输出国劳动力市场状况的改善必然会影响到承接产业转移的国家,由于这些后发国家除了劳动力市场高度竞争外,在其他各个方面相对于资本输出国均无优势,因而在和资本输出国竞争资本时就会处于劣势。战后经济发展的事实也证明,仅仅靠产业转移是无法成为发达国家的,承接国际产业转移只是经济发展的第一步,其作用是启动经济发展的进程,如果不注意在承接产业转移的过程中发展自身次生比较优势,那么在一定的情况下,资本又可以向境外转移,从而导致产业承接国经济停滞。

显然,除了稳态经济增长机制所体现的科学技术创新优势之外,很少有其他比较优势是可以长期保持的。对于那些尚未形成稳态经济增长机制的国家,如何通过承接国外劳动密集型产业实现经济初步起飞,如何逐步形成稳态经济增长机制,如何在承接产业转移的过程中完善相关产业比较优势,化劳动力成本优势为技能优势,并促成国家劳动力和资本拥有状况的重新合理化配置,就成为一道难题。战后以来真正完成这一历史任务的,仅仅只有日本,韩国在一定程度上也解决了这一难题,但在产业链完善和产业部门齐备方面要远逊于日本,而且在本国产业结构高级化还有待完善的情况下,韩国也开始了高端产业的对外转移。这些事实都告诉我们,产业转移和产业结构重组有着极为复杂的经济效应,对一国经济的发展和稳态增长机制的形成有着极为复杂的影响,要想实现我国经济的进一步发展,必须对这些问题做一些初步而必要的探讨。

一、中国现阶段所面临的产业转移趋势

(一)中国承接海外产业转移的原因

入世以来,中国凭借数十年打下的坚实产业基础和劳动力成本优势,迅速成为世界工厂,成为世界劳动密集型产业洼地。向中国大陆转移的,不仅有最初级的纺织、服装和电子消费品装配等产业,还有大量的零部件制造、整机装配和部分技术含量相对不高的重化工业,其结果就是在中国大陆形成了空前密集和完善的初中级产业链,加上大陆较高的人力资本禀赋和相当的技术水平,使之形成了一种整体性的产业链优势,这是数十年前韩国、中国台湾和中国香港所不具备的,只有当年的日本可堪比拟,但如果考虑到日本因其政治地位可自由地以较低价格从欧美引进技术,那么中国的这种整体产业链优势就几乎是独一无二的。可以说,现代工业文明在中国已经深深地扎下了根。

中国所取得的这种产业优势从根本上说是因为多方面的原因:第一,中国迅速普及了初级教育,可以向工业体系提供海量的人才和劳力。现代工业文明要求劳动者必须具备一定的文化水平和科学素养,能看懂操作规范、设计图纸和生产流程图,并能灵活解决一定范围内出现的故障等。中国九年基本义务教育普及造就了大量合格的劳动者,中国家庭对教育的重视也弥补了过去因财政收入不足而造成的教育投资缺口,这些优势都是印度和拉美国家所不具备的,能与之相提并论的也只有日本、韩国、中国台湾和中国香港等儒家文化圈的经济体。第二,中国原本具有相当的重化工业和技术基础,进一步巩固了其在劳动密集型产业方面的优势。日韩等东亚儒家经济体曾因其优质劳动力而经历了较长时期的经济增长,当这一现象在中国大陆重现时,其所形成的初中级工业化的广度和深度,不是以上那些中小儒家文化经济体所能比拟的。中国大陆在一段时间内汇集了世界上很大一部分的劳动密集型产业,这些劳动密集型产业产生了大量零部件和上游产业的需求,使得中国的重化工业得到发展,无形当中转变了中国重化工业发展的模式,此外,中

国在发展劳动密集型产业时对国外的技术依赖不及那些东亚儒家经济体(日本除外),这就使得中国劳动密集型产业发展的成果能有相当一部分留在国内。第三,中国具有制度上的优势。改革开放以来,发展经济成为中国社会的共识,特别是1992年中共十四大以来,发展社会主义市场经济成为中国经济发展始终坚定不渝的目标。相对于其他国家,中国政府的层次较多,在经济发展上能起作用的层级也多。中央政府在1994年分税制改革后具备了强大的财力和资源调配能力,可以在宏观层面上统筹规划,集中资源用于急需的方向;地方政府也有着经济发展的迫切需求,在招商引资和吸引人才方面纷纷推出优惠政策,形成了事实上的竞争局面。这些措施虽然会造成一定程度的浪费,但打开了民众的眼界,促进了资源的合理配置与利用,激发了民间的经济活力和民众的经济热情,使得中国能比印度和巴西等国早一步抓住经济全球化的机遇。第四,中国具有市场优势。和其他在经济发展上先行一步的国家不同,中国具有庞大的国内市场,哪怕在经济发展最落后时其购买力也不容小觑。这就使得中国在相当长的一段时间内产业发展的目的主要是为了满足国内市场的需求,由于中国民众收入普遍不高,对外国商品的需求能力薄弱,中国本土产业在国内的需求支撑下取得了良好的发展。在承接国际劳动密集型产业转移的过程中,由于庞大的本土市场的需求,中国能比别的国家取得更大的规模效应,同时国内需求也能摊薄一部分出口成本,而其他国家则没有这种优势。也就是说,由于中国经济前期的发展成果,中国的民众有能力消费掉一部分产品,从而形成相对于其他国家的规模优势和成本优势,这也是印度等同等规模大国所不具备的。第五,中国具有成本优势。由于中国海量的具备一定文化知识的劳动力和重化工业的支撑,中国的劳动密集型产品在整个价值链上几乎都具有成本优势,这是一种整体性的成本优势,除了一些必须从国外进口的关键环节,中国许多劳动密集型产业在整个价值链上都能以较低成本生产和运营。中国较为发达的基础设施(与一般发展中国家相比)又大大降低了生产成本,便利了物流,在整个生产体系中发挥着不易觉察却不容忽视的作用。按照巴罗的观点,当产出提高时,如果公共产品的供给不变,势必会产生拥挤现象,造成人均公共产品数量的下降,从而使经济体产出下降。中国多年来在公共设施上的大量投入无形中解决了公共产品供给的拥挤问题,支持了中国制造的低成本优势,这是其他国家所不具备的。

由此可知,中国在吸引国外产业转移方面具有其他国家很少具备的综合优势,所以在短时期内,很少有其他国家能全面取代中国在世界产业体系中的地位,但这并不意味着在中国的产业不会转移到其他国家。随着中国经济的发展,中国民众的收入水平已大为提高,一些附加值很低的劳动密集型产业已有流出中国的趋势,如一部分纺织和服装行业已转移到孟加拉国、越南和巴基斯坦等国,但这并不意味着中国的产业都会流向国外。事实上,即使一些产业向国外转移,其中一些最有价值的部分还是可以留在国内,比如对纺织和服装产业至关重要的印染行业,需要有大量试验和实际生产经验的积累,孟加拉国、印度等国尚未完全掌握这项技术,中国在这方面依然具有优势。

(二) 中国本土产业转移、重组的趋势

2012年,中国大陆年人均 GDP 约为 6 200 美元,中国民众的收入呈现一个加速上涨的趋势。但我们注意到,中国民众的收入在不同地区间有着很大的差异,地区间发展水平也参差不齐。如果我们把中国大陆沿海地区作为现代世界产业体系的一极,那么这一极对周围地区有着毋庸置疑的扩散作用。西方一些媒体认为,由于中国人工成本的上升,中国沿海地区极有可能失去世界工厂的地位,其产业会向其他人工成本较低的国家转移。但这个命题忽略了非常关键的一点:中国国内有着旺盛的消费需求,与其他中小国家不同,中国本身的消费能力足以将相当一部分产业留在国内。尤为重要的是,中国有着广大的经济腹地,中西部地区经济发展水平与东部地区相比依然不高,这些地区有着和中国东部地区相同的制度、文化和社会条件,能在相当程度上内部化产业转移的成本,使得产业转移在国家内部而不是外部发生。另一个有利条件就是,中国东部地区多年来积聚的资本、企业运营经验等在国家内部就可找到用武之地,而不需像台商那样大规模地对外投资,寻找新的发展之地,而找到一个新的合适的投资地区并融入当地文化,适应当地经济制度,对这些企业家来说并不是一件容易的事,对于那些已适应中国大陆投资条件的外商来说同样如此。基于以上论述,我们判断中国产业转移在相当程度上将发生在中国国家范围之内。

尽管如此,向内地转移的一些劳动密集型产业,其主要市场应该是中国沿海等经济较为发达的地区,这些中西部出产的劳动密集型产品除了供应中亚等一些有地缘优势的地区之外,在国际市场上并无太大价格优势,这就决定了一些技术含量很低、对环境破坏较大和需要较多劳动力的行业必然会流向国外。在短期内,中国会遭受一些就业上的损失,但国内市场上的强劲需求会使相关的服务业得到发展,并且本土市场尤其是中西部市场的需求会将相当一部分产业留在国内而不致转移出境。但对于较早参加国际分工的东部沿海地区,其对劳动密集型产品的需求将主要来自于海外人工成本较低的地区,这也是东部地区外向型经济进一步发展的需要。所以,无论从中国本身的视角还是从世界产业链重新分布的视角来看,中国东部沿海地区都将出现一定程度的产业转移。

二、沿海产业的国内转移

(一) 承接产业"内化"概念的提出

经过30余年的发展,中国东部地区已开始出现土地、劳动力等资源的全面紧

张,环境等方面的压力日益增大,东部地区依靠劳动密集型产业实现进一步的发展已经十分困难,在发展新兴产业、实现产业升级的同时,不得不将一部分已失去比较优势、又占用较多劳动力和土地资源的产业转移出去。按照过去的经验,这种转移往往造成产业转移发生地经济发展上的萧条与停止,就是所谓的"中等收入陷阱",但对中国来说,情况有明显不同。

中国在改革开放前就积累了相当的技术实力,尽管中国当时在技术上与世界先进水平有不小的差距,但这笔财富构成了中国重化工业和整个国民经济发展的重要基础。经过改革开放30余年的不断冲击、刷新和积累,中国的科学技术水平有了本质性的提高,中国的技术力量足以支持中国消化吸收国外先进技术,实现技术扩散基础上的产业升级,从而在世界价值链上再上升一个档次。一般说来,那些规模较小的国家,承接国外产业转移很容易达到饱和点,从而造成国内资源价格的上涨,导致国外资本加速撤出该国,而此时其技术力量等次生优势尚未被培育出来。中国由于有着庞大的经济腹地,在产业转移的过程中能将一些产业转移到国内其他地区,同时中国较大的人口基数和较高的民众素质,以及较为丰沛的资金和广大的消费市场,使得这些产业在中国本土能滞留很长时间,从而使中国本土资本能有一个较长时间的学习过程。在此过程中,中国本土企业家逐步学会了如何运营现代企业,中国本土也逐步建立起了适合自身的市场经济运行体制,中国企业家在这种背景下对外来资本就有一个挤出的趋势,就是说,中国在劳动密集型产品上出口的主力是本土中小企业而非外来企业,劳动密集型产业在中国的发展经历了一个"内化"的过程。

(二) 从台湾案例看承接产业的"内化"

对于那些成功实现经济增长并建立稳态经济增长机制的经济体比如日本、韩国来说,这种"内化"过程同样是必不可少的,唯有如此,后发经济体才能培育出一个成功的企业家阶层,才能成功地将这个企业家阶层与该经济体的技术力量发展结合起来,才能以此为基础建立稳态经济增长机制。这些成功地实现了劳动密集型产业"内化"过程的经济体一般具有较大的市场容量,这些市场容量能给这种"内化"过程争取到较长的时间,不致使国际资本在该经济体劳动力资源饱和与其他资源价格上涨后迅速撤离该经济体。在这其中中国台湾的例子尤其值得玩味,台湾具有相当数量的高素质的人力资本和水平较高的财经官僚,在早期的经济增长中表现颇为突出,在较长的一段时间内,中国台湾的经济发展水平都在韩国之上。但台湾人口较少,由此造成的市场容量不足成为其经济发展的强大瓶颈,台湾产业也早早地向大陆转移。由于大陆与台湾文化、政治传统基本一致,一些最低端的劳动密集型产业向大陆转移减轻了台湾本岛劳力和自然资源不足的压力,增加了台湾的收入,变相地拓展了台湾本岛的市场容量,台湾有足够的余地来推进本岛的劳动密集型产业"内化"过程,大量台湾企业如富士康、统一和康师傅等,利用大陆的劳力和自然资源发展成为巨型企业,特别是为台湾培养了大量企业家人才。由于在大陆经济活动的成功,台湾本土有更为充裕的资源来培养和促进新兴产业的发展,在此过程中,台湾的电子产业迅猛地发展起来,出现了如台积电、联华电子等一批高新技术企业,由此我们可以看到这种"内化"过程对于经济发展的影响。

但台湾经济的这种"内化"过程是有严重缺陷的。具体表现为台湾企业家热衷于在大陆获得技术、资源等方面的租金和高额利润,在国际分工方面热衷于代工,对创造自有品牌并不热心。一般说来,自有品牌是技术能力持续前进的保证,唯有创建自身的品牌,一个经济体才有动力不断在技术上做大量投资,并形成技术发展与经济发展的良性循环。20世纪80年代后期,台湾经济逐渐出现了两个极端:一是出于利用大陆廉价的劳力起见,台湾商人不断向大陆转移劳动密集型产业,并在此过程中发展出了如富士康一样的世界性劳动密集的代工企业;二是留在本岛的科技型企业依旧将代工奉为圭臬,虽然台积电等科技企业在技术和设备上已达到一流水平,却仅满足于为其他国家尤其是欧美企业代工,导致了科技型企业的畸形发展,由于自有科技品牌的缺乏,其科技型产业一直难以在国际市场上进一步打开局面,在自有品牌的建设上甚至被晚开放30余年的大陆赶超。在大陆的富士康等代工巨人过于依赖大陆的廉价劳动力和特殊政经环境,不重视建设自有品牌,导致台湾企业在国际政治经济条件发生巨变的情形下开始失去竞争力,造成了台湾经济发展的困境。

台湾的例子对大陆经济发展具有深刻的启示意义。由于市场容量和人口等方面的限制,台湾的工业化进程比韩国更早遇到瓶颈,虽然台湾的企业家利用大陆的资源暂时解决了这一问题,但市场容量的限制使台湾企业家具有一种候鸟心态,缺乏对所开拓的市场的归属感,这对台湾企业家建设属于自身的品牌起到了极其恶劣的作用。时至今日,台湾自有品牌纷纷败出世界市场,甚至让出了本土市场,如不解决这一问题,台湾经济发展的前景不容乐观。我们应该好好总结台湾经济发展进程中产业转移的经验教训,为大陆地区产业转移和内部产业合理分配提供借鉴。

台湾的例子还告诉我们,内化过程的成功与否,关键在于是否拥有自身的品牌。拥有自身品牌的目的是将所转移的产业从国外资本手中剥离出来,嵌入自身的产业链,也只有将这些产业嵌入自身的产业体系,本土资本才能在相当程度上把握产业转移的节奏与进程,才能真正培育出属于自身的产业能力。无论是从理论分析还是从实际运行情况来看,我们都不得不承认,当经济发展到一定程度后,产业转移是经济体运行的常态。发展出自身的品牌,是将转移产业的高端部分永久性地留在境内,并按照自身利益安排相关产业转移的必要途径,唯有如此,一国方能将经济发展的成果永久化。

（三）中国本土产业转移将以内部重塑为主

中国大陆地区由于具有庞大的市场容量，从一开始就能利用这一优势来发展自身。改革开放初期，大陆民众对于耐用消费品的需求催生了大陆地区第一批市场化的自有品牌。彼时的大陆民众收入较低，能消费得起境外品牌的只有少部分高收入者和政府部门，国内民众只能依靠自有品牌来解决耐用产品消费问题，这就催生了改革开放初期乡镇企业的大发展和国营企业的繁荣。在这个时候香港等地的劳动密集型产业也开始转移至大陆，广东等地"三来一补"企业如火如荼，台湾商人也开始向大陆转移过剩产能，特别值得注意的是，作为当时中国经济的主力军，国营企业也开始加入产业转移这个大潮中，表现形式就是与国外企业合作组建中外合资、合作企业。中外合资、合作企业在产业转移中的历史作用与意义一直没有得到充分重视，对于外资来说，彼时的中国民众收入较低，难以承受国外普通商品的价格（纵使这些商品的价格在当时的国际市场上是一般水平），利用中国较为便宜的人工来生产品质较原产品为差、价格能为中国民众所接受的耐用消费品，不失为一个两全齐美的办法：这样既能以较低成本获得市场，又能战略性地对大陆市场进行控制和开发。但这种产业转移的意义是双向的。对中国来说，中外合资、合作企业的发展，最大的意义是引进了国外先进的生产管理理念和市场化经验方法，这使得中国在工业发展方面彻底摆脱了原苏联计划经济模式的影响，开始走向市场模式，在此过程中培养出的一批人才也逐渐向其他企业或部门扩散，由此带来的效益是不可估量的。

正因为如此，现阶段中国大陆的产业转移趋势在一段时间内将以在国内转移为主，理由有三。

第一，中国的经济发展对环境和制度有较强依赖性，这一特定的制度优势是他国在短时期内所不能取代的。中国大陆相对丰富的劳动力、执行力强的行政体系、较雄厚的人才储备和社会主义政治制度构成了中国经济发展的大环境，中国经济发展的奇迹正是在这些因素共同作用下发生的，也正因为如此中国才聚集了全球相当大一部分劳动密集型产业，并因其具有的雄厚重化工业基础而产生了产业深化和整体产业链生长的现象。这种优势很难为别的国家所代替，特别是这些产业深化和整体产业链生长需要一个执行力、保障力和社会动员能力极强的政治体系作为保证，别的国家要想取得与中国相似的发展成绩是很困难的。这一综合性的环境和制度优势目前还有很大的潜力可挖，随着中国进一步改革措施的推进，内陆地区逐步具备了沿海地区的优势，加之其雄厚的科教、军工产业基础，我们可以断定中国内陆将成为沿海产业转移的主要目的地，并且由于吸收了沿海开放地区的经验教训以及中国政府拥有了远较改革开放初期更为雄厚的财力，内陆地区承接产业转移的能力会令人意想不到,内地经济的发展也会少走许多弯路。

第二,中国内陆地区具有丰富的资源、雄厚的科教和重化工业实力,沿海地区产业转移至此能获得资源上、市场上和科技上的支撑。计划经济时代西部地区由于丰富的资源而成为当时建设的重点,特别是三线建设将中国工业的许多精华聚集于西部,如成都611所和132工厂、西安飞机设计公司和绵阳核工业基地等,同时西部地区还有许多著名高校;而中部地区由于与沿海地区交流较多,在思想上得风气之先,人的素质和适应市场经济的能力与沿海地区相近,这些都是改革开放初期广东、浙江等地所不具备的优越条件。内地在制度、文化上与东部地区基本一致(这种一致性条件在其他国家是很难遇到的,需要企业家特别是中小企业家付出更多的代价来学习和适应,甚至改变自身商业运作模式,即使在与中国最相似的越南,企业家都需要额外付出大量成本来适应当地社会,而在中国中西部基本不存在此类问题),这就决定了沿海地区产业转移将会以中国内陆地区为主要目标,以充分利用当地各种优越条件。中国内陆地区的技术力量和重化工业实力也会减少沿海地区转移产业的运营成本,有助于利用在沿海地区积累的各种资源。

第三,中国产业界长期的转移产业"内化"过程将有助于沿海产业转移至中西部地区。正如前文所述,中国大陆产业界从境外产业转移中学习到了大量生产经验和管理、营销技巧,并在相当程度上完成了这些转移产业的"内化"。时至今日,中国出口型劳动密集型产业大多是由本国企业经营,而对于三资企业,中国庞大的市场和全面密集的供应链也使得它们难以离开中国大陆。正因为这种"内化"作用,中国产业的自主性远非"亚洲四小龙"所能比拟,因而中国政府和企业家们也更能自主地进行产业发展和产业布局与转移。中国大陆正在快速地成长为世界性的市场,其所能支撑的本土产业和配套设施的规模更是空前,在研发、物流等方面,企业家们在中西部地区会享受到境外所无法享受到的便利。与此同时,中国的工业化有其自身的逻辑,像中国这样一个幅员辽阔、人口众多的大国,在产业分工和产业深化方面,有着别国难以企及的优势。中西部可为沿海地区提供各种原材料和初级产品,而有着相当积累的沿海地区则会将精力集中于产业结构的高级化与合理化,企业家在国内进行产业布局的成本会远远低于跨国进行产业链整合。而中国在劳动密集型产业方面所进行的30余年的"内化"过程使得劳动密集型产业转移的主力军是中国的企业家而非境外资本,在可预见的将来,中国企业家在国内经营的成本与风险都远小于在境外。所以,中国劳动密集型产业转移将主要发生在国内,转移方向是中西部地区。

(四) 东部产业转移目的地:中西部地区

中国中西部地区的发展,首先必须建立在承接东部产业转移的基础之上,但相对于30年前的东部地区又会有很大的不同。20世纪80年代东部地区开始承接国外产业转移时,中国本土的消费能力还很薄弱,承接产业的消费市场主要在国外,加上当时内地劳动力向沿海地区的转移没有障碍,因而沿海地区承接的产业幅度非常宽广。现阶段中国整体薪资水平的上涨,以及中国经济的发展,使得中西部对东部产业的承接可以有一定的选择性,一些对人工成本比较敏感的产业可以转移到境外,可相应减轻中国本土经济发展的环境负担;中国东部地区的经济发展又为中西部承接相关产业提供了广大的市场,所以,中国中西部地区在承接东部地区产业转移时,就占据了一个远比当年东部地区更为有利的地位。

中西部地区目前已有比较好的产业基础,表5-1反映了2007年中国各区域GDP、工业和出口情况。

表5-1 2007年各区域GDP、工业、出口情况

	各区GDP占全国比重	各区工业增加值占全国比重	本区工业增加值中国企比重	本区工业增加值中外企比重	本区货物进出口占全国比重	本区货物进出口中外企业比重
东北	8.5	8.9	55.7	18.9	4.4	39.3
东部	55.2	58.6	23.2	38.5	88.0	61.7
中部	18.9	17.7	41.9	10.7	3.7	27.1
西部	17.4	14.8	55.4	8.7	3.9	17.9

资料来源:高梁.中国装备制造业的自主创新和产业升级.知识产权出版社,2011:41。

"问渠那得清如许,为有源头活水来",中国整体的工业化和东部地区强大的需求为中西部地区产业发展提供了不竭的动力。由于中国的工业和经济实力与30年前已不可同日而语,中西部地区承接东部产业转移就可能与国家整体发展的进程相结合,西部地区在此过程中应当注意如下几点。

(1)东部地区已成为世界市场一个重要的组成部分,东部市场和资本为中西部地区的发展提供了良好的外部条件,在承接东部产业转移的过程中,要妥善利用东部地区资本,给予其和外资同样的待遇。由于金融危机的影响,世界经济全球化的进程有所放慢,但东部市场的兴起恰恰弥补了这一不足,东部市场在世界市场体系中的地位已日趋重要,并且这种重要性正在不断增强中。由于东部地区在劳动密集型产业"内化"的过程中已积累了大量资本和商务经验,这种劳动密集型产业的转移将会以大陆本土的商帮为主,所以在东部劳动密集型产业向中西部转移的过程中,东部资本不但注重服务于国际市场,也同样注重东部自身市场。此外,中西部地区广大的市场也会对这些商帮形成强大的吸引力,这种梯度市场格局,即境外市场—东部市场—中西部市场的格局,为东部地区资本的进一步壮大提供了优越的条件。在这种情况下,中西部地区应当努力吸引东部地区资本,向它们提供与

外资同样的待遇,即在可能的情况下,将给予外资的"超国民待遇"国民化。事实上,在劳动密集型产业资本的数量和质量上,全世界已罕有国家能与中国东部相比,中西部地区承接东部产业转移势必要从劳动密集型产业开始,因而吸引东部产业资本是承接东部产业转移的第一步。

(2) 鼓励当地民营企业的发展,支持有在东部工作经验的人回家乡创业。任何经济体要想真正实现经济的发展,将经济发展的成果留在当地,必须实行产业和经济发展的"内化",即经济发展以自身资本的推动为主。改革开放以来我国一些地区过于注重"招商引资",不注重培养当地产业资本力量,给当地经济发展造成了不良的后果。中西部地区在做好承接东部地区产业转移的过程中,要积极支持曾在东部长期工作、积累了一定数量资本和商务经验的人才回家乡创业,并应注重培植本地民营企业的发展。中西部地区是计划经济力量根深蒂固的地区,在与境外地区竞争东部地区劳动密集型产业的过程中,市场化程度不高构成了中西部地区最大的软肋。鼓励民营企业发展和支持人才回家乡创业,不仅能将经济发展的成果留在本地,更能对当地市场化建设有所裨益,从而为东部产业进一步向中西部转移创造条件。

(3) 做好服务工作,完善政府的服务职能。虽然中西部地区有着承接东部产业转移、实现经济发展的良好条件,但中西部地区的不足也是显而易见的,最大的不足就是政府服务意识和能力薄弱,市场经济体制建设尚不完善。和越南、印尼等有条件承接中国东部劳动密集型产业的国家相比,我国中西部地区在法制和市场经济体制建设方面并不占优势,地方政府服务能力也不一定比这些国家强。市场经济从本质上来说就是法制经济,需要市场和政府各司其职,各安其位,市场不能替代政府履行服务功能和提供公共产品的功能,政府也不能替代市场实施资源配置功能。由于我国东部地区经营环境过于优越,东部政府为发展地方经济将政府的服务职能发挥得淋漓尽致,使得东部的产业资本对经营环境和政府的服务功能要求较高,一般的国家很难提供如中国东部政府那样优厚的条件和服务,再考虑到文化背景差异而导致的转型成本问题,因而,西部地区只要转变好政府职能,增强政府的服务能力和意识,严格按市场经济的规律办事,那么,在承接东部劳动密集型产业转移上,就会有明显的优势。中西部地区承接东部产业转移不仅能促进当地经济的发展,更有助于当地社会发展水平的进步。

(4) 做好原有产业特别是国防和高科技产业与东部地区的对接工作,鼓励东部甚至国外相关产业向中西部转移,实现跨越性发展。在计划经济时代,中西部地区建立了相当强大的重化工业和国防工业,并且在高等教育方面有着相当强的基础,这是30年前东部许多地区(如浙江、广东和福建)所不具备的,而东部地区在改革开放30余年间也积累了强大的工业实力,其重化工业更是在市场经济条件下成长发展起来，并且开始在世界上占据越来越重要的地位，这就为东部地区和中西部地区在重化工业方面实现对接创造了可能。东部地区的重化工业以中下游为主，钢铁、化工、汽车和造船等产业较为发达，中西部地区强于机械制造、成套设备和原料等，两者的重化工业具有很强的互补性，为相关产业链的完善提供了巨大的生长空间。此外，东部地区许多重化工业，如汽车、钢铁等产业已经开始饱和，这部分产业需要大量的资本、技术人员和经验丰富的技工与管理人员，这是现阶段其他发展中国家几乎不可能提供的，而中西部地区却因历史和现实的原因，基本具备这些条件，因而在吸引东部地区的重化工业方面，中西部地区具有得天独厚的条件。中西部地区应该抓住这一机遇，促进中西部地区与东部地区在重化工业上的对接，做好东部饱和重化工业的产业承接工作。如果做好这一工作，不仅能完善中国本土重化工业产业链，甚至能吸引国外重化工业向中国中西部地区转移，这不仅对中西部，对整个中国的经济发展都有重要意义。

三、东部地区的产业内外转移趋势

（一）东部地区产业发展背景

经过 30 余年的发展，中国东部沿海地区已成为世界上主要的工业区之一。东部地区从"三来一补"起家，通过承接发达国家与"亚洲四小龙"的劳动密集型产业，启动了波澜壮阔的工业化历程。由于中国东部在历史上是传统的经济文化发达地区，特别在江南地区，具有浓厚的工商文化和契约文化基础，新中国成立以来东部地区又储备了相当的技术实力，因而从 20 世纪 80 年代开始，东部地区的工业化进程飞速加快。东部地区的工业化力量主要有两种：一是利用国外市场，承接外部劳动密集型产业；二是利用国内市场，发展面向国内需求的产业。在 80 年代，国内对于绝大部分消费品和部分资本品有着旺盛的需求，东部地区草根企业利用这些需求完成了原始积累，在承接劳动密集型产业上占据了先机。到 90 年代，国内外经济条件的变化使得劳动密集型产业开始大规模地向中国东部地区转移，东部在上一个十年依靠国内需求积累的经济技术力量此时开始释放出强大的能量，推动东部地区工业化的两股力量也逐渐合二为一，表现为国内市场开始与世界市场融合，至少在消费品方面开始与世界形成一个统一的市场体系。

中国东部地区也面临着一个产业向外转移和向内迁入的形势。经过 30 余年的发展，中国东部的各种资源也开始饱和，特别是土地资源日趋紧张，而劳动密集型产业的一个特征就是大量占用土地资源；中国整体的工资水平也开始上涨，东部地区的工资和生活开支同步提高，中西部的工资较原来的水平也有一定程度的增长，许多中西部地区的劳力逐渐倾向于在家乡附近就业，对东部地区的劳动力供应也开始减少。这些因素都削弱了东部地区劳动密集型产业的竞争力，这些产业开始出现了向外转移的趋势。由于中国在整体产业链上的优势,这种转移趋势目前还不明显,主要是通过产品加价的方式来消化一部分成本压力,但中国中西部地区,以及越南与印尼等国在劳动密集型产业上的竞争力已不容忽视。但值得注意的是,由于中国现代化进程的不断深化和市场容量的不断扩大,国外许多高新技术产业开始将生产环节迁入中国,以利用中国熟练的劳动力和拓展广大的中国市场,这就为东部地区的发展注入了新的活力。

(二) 东部地区产业转移的内外机遇

与"亚洲四小龙"不同的是,中国来自国有重化工业部门的资源为东部地区的工业化提供了种种便利,这就使得东部地区的工业化能依靠自身的力量来跨越重化工业的门槛,这种便利是当年的"亚洲四小龙"所不具备的。从20世纪70年代后半叶开始,"亚洲四小龙"几乎都面临着产业升级和产业转移的问题,他们都是在劳动密集型产业具有相当水平时才开始进行重化工业的建设的,除了韩国承接了日本的重工业和台湾承接了美国的部分电子产业外,"四小龙"的重化工业发展并不算成功,中国东部地区的情况与它们有显著的不同。

首先,东部地区的重化工业是内生发展型的,虽然技术不够先进,但却形成了自主的产业发展体系。中国东部地区在计划经济时代虽然不是国家重化工业投资重点,但该地区在历史上是中国文化技术最为发达的地区,大专院校、科研院所云集,东部地区的人民也素有读书学习、钻研技术的传统,所以在计划经济时代,这一地区就积累了大量重化工业方面的技术,为今后的发展打下了基础。改革开放以来,东部地区的经济活力被激发,不少乡镇企业家和技术人员开始通过租赁承包国营企业或自我创业的方式来发展重化工业,比较知名的有江苏沙钢集团和浙江的吉利汽车等。东部地区的重化工业不但靠东部人民自身内生发展起来了,而且是在市场经济条件下发展和成长的。此外,国有工业体系数十年积累的技术和人才,也为东部地区市场化的重化工业提供了重要支持。在拓展对外市场,引进和吸收先进技术方面,东部市场化的重化工业体系也发挥了重要作用。由于这些产业的发展,零部件等产业配套体系也逐步成长起来,还带动了国家重大项目在东部地区的落户,目前东部地区的重化工业已具备相当规模,并且产业链比较完整,人才供给充沛,已形成自主的产业发展体系,能在一定程度上摆脱西方发达国家的控制和干预,这些都是东部地区经济进一步发展的重要支撑,更是当年"亚洲四小龙"所不具备的。

其次,中国东部企业发展具有层次性,大中小企业的发展较为均衡。中国东部地区与"亚洲四小龙"、日本迥然不同的一点就在于,中国东部地区不仅存在着大量的国有企业,民营经济同样发达,其中国有企业以大型企业为主,民营经济中不仅有像沙钢和吉利这样的大型集团企业,还有许多竞争力强、具备独特优势的中小企业。许多外资看上了中国东部地区特有的技术、人才、市场和区位上的优势,纷纷在东部地区设立独资或合资企业,从而在中国东部地区形成了多种类、多层次的企业体系。这种多种类、多层次的企业发展格局,是东亚其他经济体所不具备的,甚至在日本这样的发达国家,中小企业在很大程度上也是作为大型企业的附属物而存在。大型企业在日韩等国具有举足轻重的地位,整个国家经济垄断力量很强,在相当程度上束缚了中小企业的创新能力,从而限制了整个国家经济的发展。在中国台湾,因为经济体规模上的原因,大企业数量不足,且以公营企业和代工巨头为主,经济发展主要依靠大量中小企业,但仅凭这些企业不足以形成经济的稳态发展机制,也难以创造出自身的品牌,因而台湾经济的对外依赖性和脆弱性要远远大于日本与韩国。中国东部形成的多种类、多层次企业发展格局,不但有效地填补了市场覆盖上的空隙,更能有效发挥中小企业在创新和创造就业上的活力,同时发挥大企业在技术研发和规模效应上的优势,对于有效配置经济资源和形成稳态增长机制,具有极为重要的意义。中国东部地区的这一优势,是一般中小规模国家很难具备的。

再次,由于具有庞大的国内市场,东部的重化工业有着规模性的优势,这吸引了国外配套产业向东部地区转移。就像前文一再重复的那样,在20世纪80年代,是中国内部的需求推动了中国商品经济的早期发展,东部地区市场化重化工业的发展即肇于此时。推动东部地区重化工业进程的不仅有民营企业,也有许多军工企业,比如南京的14所在80年代即开发出许多民用电子产品推向市场,这就使得东部的国有经济部门也较早地向商品经济和市场经济转轨,东部在改革开放前积累的生产和技术资源也较中西部地区更早地释放出各种正面的外溢效应。因此,对于东部地区的重化工业来说,庞大的国内市场才是其生存与发展的最大依靠,而中国的市场规模和收入水平又使本土企业成为国内市场上的主力军,除了一些必须依赖进口的高技术产品,国外重化工业产品很难在国内市场上与本土产品竞争。在国内市场的滋养下,东部重化工业初步具备了世界级的规模,并在一些比较边缘的世界市场与发达国家竞争,华为通讯、振华港机等著名企业,都是这样成长起来的。由于中国本土市场需求的旺盛,境外企业主要通过在中国本土(主要是东部)设立三资企业,充分利用中国较为便宜的生产资源以降低成本的方式来占据中国市场,结果不仅给中国带来了急需的管理经验和技能,还带来了许多配套产业;同时中国本土企业的需求也使得这些配套产业的规模不断扩大,发达国家的一些高技术产业也出现了向中国东部地区转移的趋势,尽管势头不像劳动密集型产业那么明显。

由此可见,虽然东部地区因经济资源的紧缺和人力成本的上涨而出现了劳动密集型产业向外转移的趋势,但东部地区的整体产业优势不仅没有动摇,反而在快速成长,特别是在重化工业方面,东部地区依然处于快速发展的阶段,并正在向产业链的上游加速攀登。此外,劳动密集型产业的一些关键环节,如纺织行业的印染环节,东部地区相对于境外低人力成本地区依然具有优势。这里要特别指出的是,计划经济时代中国政府不惜代价建立的国家科学技术力量已成为东部地区经济发展的巨大助力,相对于其他曾处于类似发展阶段的国家,除了日本以外,基本上都不具备这一条件,而日本是近 100 年来唯一一个成功跨越中等收入陷阱、真正形成稳态增长机制的国家。

(三) 产业转移下的东部发展任务

东部地区应在未来十年中抓住新的机遇。发达国家出于占据中国市场的考虑,势必会加大在华的重化工业投资,由于东部具有完善的基础设施、发达的经济条件和较大的市场容量,东部地区势必成为外资这一波投资的重点。对于东部地区来说,这些投资对经济增长固然有一定的拉动作用,但更为重要的是,这一波外商投资会将许多关键零部件和中间体产业带到中国本土,带动中国相关产业的发展与技术进步。由于中国本土的重化工业已具相当规模,这些关键零部件产业在中国本土特别是东部地区会有很大发展空间,规模效应会很明显,所以到了一定的程度,这些中间品产业都会向中国本土特别是东部地区转移,中国即将迎接的下一波产业转移热潮将以这些产业为主。

东部地区应当借助中国深度工业化和经济进一步增长的时机发展成为世界级的重化工业基地。作为中国经济最发达的地区,东部可以利用全国积累的人才和技术,这就使得其在重化工业上的发展超过了当地区域限制而得到举国之力的支持,如果考虑到中国的工业品对第三世界国家发展所起到的支持作用,那么,中国的重化工业所能得到的市场支持将延拓至 2/3 个世界。西方国家的重化工业具有垄断性,是作为获得垄断利润、压榨第三世界国家的工具而出现的,中国的重化工业则因其内在的规模性和竞争性,大大压低了世界工业品特别是重工业品的价格,使得一些落后国家的现代化建设,特别是与社会发展密切相关的基础设施建设成为可能。同时,中国重化工业发展也引起了世界初级产品价格的上涨,许多长期亏本出口原材料的国家也开始有了足够资金来推动国家现代化进程,包括巴西这样的大国,也正是借助"中国需求"而走出了中等收入陷阱,经济在经过 20 多年的停滞后重新起飞,这体现了中国工业发展特别是重化工业发展的力量。由于重化工业的发展需要海量的人才、资金和技术,并要求一定的区位优势以方便物流和对外经济技术联系,这些条件中国都具备。此外,中国还拥有支撑重化工业规模性发展所需的市场,也就是说,中国拥有全球发展重化工业最有利条件,而中国东部地区则拥有中国大陆最有利的条件。正因为这些有利条件和优异的人才资源,中国东部地区才有发展成为世界级重化工业基地的趋势。

东部地区应当借此机会形成稳态经济增长机制。在经过长期快速增长后,东部地区的 GDP 水平已经较高,部分省市人均 GDP 已经逼近一万美元大关。按照国际经验,当经济发展步入这一水平时,经济增长率势必会有下降趋势,但考虑到东部地区本身的经济总量和广大中西部腹地的支撑,东部地区仍有机会以一个相当快的速率成长。经济发展到了这一阶段,东部地区的研发实力已较为可观,虽然与发达国家相比还有所欠缺,但在整体上已能与"亚洲四小龙"等中等发达经济体一较高下。从历史上看,东部地区富于契约传统和技术革新传统,中国历史上的重大技术革新多与东部地区有关,东部地区人才和文化积累也十分丰富,文化传统之深厚与人才资源之丰富还要胜过日本,具有了一切形成稳态经济增长机制的良好条件。东部地区应当充分利用好这一优势,抓住机遇,形成稳态增长机制,将技术革新作为经济发展的主动力,鼓励高新技术企业的发展,鼓励民营企业成为技术创新的主体,鼓励国有企业掌握重大战略性技术,充分发挥中央和地方两级政府的规划和服务作用,为中国从整体上形成稳态增长机制作出贡献。

第三节 重视和优化教育体系

一、教育对经济增长的重要性

经济增长与教育程度有着密切的关系,经济学家们很难想象一个基本教育匮乏的经济体能得到持续快速的经济增长。一个经济体如果缺乏一定的教育水平,即使该地区拥有丰富的资源,这些资源也只会带来短期的繁荣和财富,这种发展是畸形的,当经济达到一定水平后就会停滞不前。西方经济学认为学习和教育都是投资,从个人角度来说是一种带来负效用的过程,如果财富唾手可得,那么理性人就不会从事教育和学习这种行为,这也是为什么资源丰富的地区一般都会出现"资源诅咒现象"的原因。因而现代经济学无论哪个流派,都对教育在经济发展中的作用给予了足够的重视。

教育对经济发展的重要性在于教育也是一个技能形成和传承的过程。任何技能的形成都需要学习,教育则是有系统地传授所需技能和知识,从而用最小的成本(包括社会成本和私人成本)获得最大收益的过程。在现代社会,教育已成为获得一定技能最经济的方式,由于现代科学技术的发展,哪怕是很有天赋的人也需通过教育来形成自己独特的技能。事实证明,教育水平较低的国家,其国民的技能水平也较低,这种由教育带来的较低技能水平是很难通过国民的聪颖灵巧而改变的,因此,一个经济体要将其成员技能水平稳定在一个较高的水平上,必须大力发展教育事业。

但不同层次的教育对经济发展的作用也是不同的,发展高等教育和初中等教育对经济的影响就有差别。根据一些西方经济学家的研究,发展初中等教育对经济的推动作用要比发展高等教育来的大,中国经济先于印度崛起,关键就在于中国将教育发展的重点放在了初中等教育而印度则将重点放在了高等教育上。现代大工业生产需要劳动者有起码的识字、看懂图纸和操作规程的能力,也要有基本的科学文化知识,这样才能具备成为一个熟练产业工人的潜质。中国在发展九年制义务教育的过程中,培养了大批合格的劳动力,这些劳动力进入企业后,逐步成长为适应工业生产的人才,这也是中国经济发展的最大成果之一,并且这些人才中有相当一部分已开始创业,成长为企业家,这正是教育事业发展尤其是初中等教育事业发展带来的外溢效应。但这并不意味着高等教育不重要,实际上,高等教育在提高国家实力,增强国家技术水平和国际竞争力方面有着重要而无可替代的作用,在稳态经济增长机制形成和发挥作用的过程中,高等教育的作用尤为重要。因而,我国在发展教育事业的时候,要做到初中等教育和高等教育并重。

二、我国教育体系存在的问题

我国的教育事业在新中国成立以来有了很大的进步,无论是初中等教育还是高等教育,都取得了极大的成就。这一切都是在旧中国极为薄弱的文化教育事业基础上取得的,特别是高等教育方面,虽然还有许多空白领域,但与20年前甚至10年前已不可同日而语,中国教育事业尤其是高等教育事业有着极为光辉的发展前途。但教育事业归根结底是为经济建设和社会发展服务的,教育是一个完整的体系,它可以粗略地分为初中等教育、高等教育和职业教育,每个部分在经济和社会发展中都起着不可忽略的作用。如果过于重视其中某个部分而忽略其他部分的发展,势必会造成教育事业上的"营养不调",从而影响经济社会发展进程,因而教育事业均衡有序发展对于经济社会持续健康发展和稳态增长机制的形成具有极为重要的作用。

1996—2010年我国财政性教育经费分布状况如表5-2所示。

表5-2 1996—2010年我国教育经费分布状况　　　　　(单位:万元)

年份	国家财政性教育经费	民办学校办学经费	社会捐赠经费	事业收入	合计
1996	16 717 046	261 999	1 884 190		22 623 394
1997	18 625 416	301 746	1 706 588		25 317 326
1998	20 324 526	480 314	1 418 537	6 091 515	29 490 592
1999	22 871 756	628 957	1 258 694	7 497 174	33 490 416

续表

年份	国家财政性教育经费	民办学校办学经费	社会捐赠经费	事业收入	合计
2000	25 626 056	858 537	1 139 557	9 382 717	38 490 806
2001	30 570 100	1 280 895	1 128 852	11 575 137	46 376 626
2002	34 914 048	1 725 549	1 272 791	14 609 169	54 800 278
2003	38 506 237	2 590 148	1 045 927	17 218 399	62 082 653
2004	44 658 575	3 478 529	934 204	20 114 268	72 425 989
2005	51 610 759	4 522 185	931 613	23 399 991	84 188 391
2006	63 483 648	5 490 583	899 078	24 073 042	98 153 087
2007	82 802 142	809 337	930 584	31 772 357	121 480 663
2008	104 496 296	698 479	1 026 663	33 670 711	145 007 374
2009	122 310 935	749 829	1 254 991	35 275 939	165 027 065
2010	146 700 670	1 054 254	1 078 839	41 060 664	195 618 471

资料来源:《中国统计年鉴(2012)》。

中国近代以来的教育事业脱胎于旧社会,由于中国传统教育以儒家经典为主,未能在工业革命时代及时地将教育重心转移到现代科学技术上来,结果导致了中国20世纪初中叶经济社会发展的双重不振。在这个阶段,中国的教育事业有了很大的发展,但因传统力量的束缚和外敌的入侵,中国事实上并没有形成一个良好的教育体系。新中国成立以来中国教育事业获得了很大发展,但当时种种客观的约束也使得这种发展有许多不足。中国教育体系培养了大批合格的工程师和文教人员,为促进中国在技术、经济和社会等各方面的发展作出了重大贡献,但要实现中国经济进一步发展,形成稳态增长机制,中国教育还有一些不足,具体如下。

第一,不重视动手能力的培养,职业教育落后,难以满足制造业升级的需要。现代制造业需要大量动手能力强的人才,以从事制造业各个环节的生产,这些生产环节通常需要劳动者长时间磨砺技术,方能满足实际生产的需要。因而,我们的教育体系要重视从小培养学生的动手能力,要重视职业教育,使之具有相当的水平以满足产业体系的需求,这一点恰恰是目前中国较为缺乏的。由于受传统科举型教育理念的影响,中国家长和教师都不太重视学生动手能力的培养,只重视学习成绩,一切教育举措都向考分看齐,无形中助长了学生读死书、不重视动手能力和实践的风气;社会又普遍存在轻视体力劳动者包括技术工人的腐朽风气,技术工人不像在发达国家那样得到社会的普遍尊重,年轻工人无心钻研技术往往三心二意,等到了想钻研技术的时候又失去了最佳时机。这些社会因素又影响到了我国的职业教育。我国职业教育得不到应有的重视，教育资源投入严重不足，课程设置与实际需要脱节，学生也被视为现有教育体制下的失败者，这就造成了我国现阶段职业教育的困境。同时高等教育体系的盲目扩招又分流了许多职业教育体系的优秀生源，人为地造成了教育和就业不相匹配的局面，一方面许多文员类职业就业存在严重的供过于求的现象，另一方面许多技术工人岗位又严重缺员，由此加大了我国就业形势的紧张状况，也给我国经济的进一步发展和产业升级造成了障碍。

第二，高等教育发展过快，课程设置落后，学生接受现代化教育的要求得不到充分满足。我国现代高等教育事业是从北洋政府时代才开始发展的，到南京政府时代中国已形成了初步的高等教育体系，并开设了许多当时在国际上具有先进水平的课程，培养出一大批具有国际水平的人才，如陈省身、华罗庚、杨振宁和李政道等。新中国成立初期帝国主义对我国实行封锁政策，我国与西方世界的学术及高等教育方面的交流被迫中断，而此时西方世界却兴起了新一轮的科学技术革命，许多传统学科的面貌被深刻改变，无形中加大了我们追赶的难度。十年动乱更使得这一差距拉大，改革开放初期我国高教系统所能开设的课程远远落后于当时的国际先进水平，我们的优秀科技人才得不到较好的学习和深造机会，待接触到一些先进学科后又错过了学习的黄金年华，不得不在国外同龄科技人员出成果的时候投入大量精力学习，而当学习有了初步成效的时候，西方学者又将这一学科推进到了一个新阶段。由于国家高教水平的落后，中国大陆学生存在严重的知识结构性的空白，与西方恢复交流的30余年，从大陆赴美欧的学者中，几乎再也没有出现过像陈、华、杨、李这样的大师。我国高校在一些现代化课程方面的空白不仅严重影响到中国的重大原始创新能力甚至是跟踪世界先进水平的能力，对中国一些战略性技术的发展也造成了极其不利的影响，这些都在相当程度上影响了中国经济发展的质量和进程。

第三，整个社会的教育文化不能适应工业时代和信息时代的需要。工业时代和信息时代所需要的教育文化，是结合科学素养教育、人文教育、技能教育和思想品德教育的整体，这几个环节哪一个也不能忽略，否则就会造成个人在人格上或发展能力上的缺陷。作为工业时代和信息时代的社会成员，必须在这几个方面受到完整的熏陶和教育，才能适应工业时代和信息时代的发展，才能不被时代所提出的新要求所淘汰和限制。中国虽然有比较古老的教育传统，但这种传统建立在封建科举制度基础之上，由于我国开展工业化时间较晚，并未经长期工业进程充分的熏陶和选择，在准备不足的条件下进入了工业时代和信息时代，中国教育传统和教育文化仍具有相当的封建残余和一定的落后性，突出地表现在片面强调技能教育而忽视思想教育、片面强调科学教育而忽视人文教育、片面强调知识教育而忽视探索知识的教育。中国的教育相对还不是很发达,在培养具有创新意识的人才方面缺陷尤为明显。如果说中国的教育体系尚能满足中国启动工业化和市场化建设的需要,那么在中国经济资源已具有明显价格上涨趋势、经济不得不逐渐依靠稳态增长机制驱动的今天,中国教育体系所表现的缺陷已不能进一步支持中国经济的增长。中国社会尚未完全认识到,工业时代和信息时代所要求的人才标准与农业时代和科举时代是完全不同的,在现代社会依旧抱着一些科举时代的陈腐观念,不重视长期学习和钻研,仅仅将教育和学历作为敲门砖,无论对个人,对社会,还是对国家经济发展,都是有百害而无一利,中国要想在教育上有所突破,并充分发挥教育对经济的支持作用,就必须破除这种陈腐的教育文化观念。

中国的教育体系虽然存在着不少问题,但与十余年前相比进步已非常明显,鉴于中国工业化进程的艰难性和传统科举文化的顽固性,我们不应对中国教育事业有太多的苛求。事实上,进入新时代以来中国在教育事业上已经取得了很大成就,大学教育基本普及,国家也开始将重点放在职业教育上,市场作为分配资源之手也开始在教育领域发挥作用。尤其值得指出的是,中国自新时代以来已有数十万人出国留学,其中相当一部分在国外大学与科研机构任职,积累了丰富的经验和人力资本,如果将这部分力量动员起来,将极大地加快中国教育体系尤其是高教体系现代化的进程,同时也必将对中国整个教育理念和文化产生深刻影响。

三、增长理论视角下的中国教育事业发展举措

教育兴,经济兴。这是为世界绝大多数国家经济发展历程所验证的真理。尽管教育的发展未必和经济的发展完全同步,政府和社会在教育上的投入也不一定能立即见到成效,但从长期来看,良好的教育水平与行之有效的教育体系对经济增长的作用始终是正面的,中国在封建时代的良好教育文化底蕴,对中国经济的长期发展起到了明显的正面作用(尽管在短期内曾束缚了中国当时教育体系的转型)。对于现阶段的中国来说,经济增长方式的转型和产业升级是最大的任务,这就需要教育体系进行转型,以支持中国经济的长期发展和稳态增长机制的形成。教育发展明显地先于经济的增长,没有教育体系的提前发展,经济增长要想持续得到教育方面的支持实属不易。有鉴于此,我们提出以下设想,以促进中国教育体系的发展和改革,从而使之能更好地支持中国的长期经济增长。

第一,增加政府教育投入,加强教育的公共产品性质。从本质上来说,教育属于公共产品,应主要由政府或在政府指导下来提供。教育的公共产品性质源于知识、技术和文化的社会性,这些物品显然是公共品,一个家庭无论其成员如何博学,如何精于技术,其所掌握的知识和能力都是有限的,是难以满足知识再生产、造就身心健康人才的需求的,要想将这些公共物品成功地再生产出来,必须通过政府或

由政府来指导,这样也符合规模效应原理。我国目前的情况就是政府教育投入不足,2012年政府教育投入才占到GDP的4%,比原定计划晚12年达到目标,在这种情况下,教育投入不得不在相当程度上依靠家庭和社会,教育在一定程度上被当作产业来发展。但由于教育所传授知识的公共产品性质,并不是所有的知识都能当作商品来运营,如果教育整体上被产业化和商品化,势必会造成短期行为泛滥,社会教育文化快餐化,无人愿意从事中长期的学习和教育投资,在一定程度上会削弱社会的长期技术能力和增长潜力。中国以往经济技术落后,国家底子较为薄弱,不得不在一定程度上依靠家庭和社会投入来弥补政府投入的不足,但这种弥补有着不可忽视的副作用,并在一定程度上败坏了社会教育风气,助长了短平快思想和短期行为的泛滥。在中国经济已有很大发展,对高新技术和高级人才的需求大大增加的情况下,中国应该增加政府投入,从根本上增强国家的发展能力和创新能力从而保证中国经济具有长远的发展能力。

第二,有序地调度社会资源参与办学,积极发挥其正面效应,将负面效应降至最低。在国外,大量社会资本积累到一定的规模后都开始投资教育,许多高校与职校背后都有民间资本的影子,这些资本投资于教育许多并不是出于营利目的,而是其创办人的社会责任感使然。人的需要有多种层次,自我的满足感和实现感是其中比较高级的一种,许多企业家在创业成功后愿意捐赠公益事业,包括教育事业,以此作为回馈社会的一种方式,这是现代市场经济社会客观存在的现实,与其视而不见或任其自流,不如由教育管理部门制定相关的政策,积极加以规范,这样不仅可以发挥这部分企业家和社会资本的积极性,更可以防止一些消极的现象出现,以收未雨绸缪之效。中国的企业家们已积累了可观的资产,在可预见的未来这个数字势必还要增加,因而引导这些资源向一些教育资源配置不足的地区、部门和行业流动,弥补国家投入的不足,应该提到相关部门的议事日程。我们还注意到,在发达国家,社会资本在整个高教体系扮演了重要角色,社会资本不但创立高校,还在高校内部创办研究所,设立各种奖学金和支持某些特定领域研究的专项资金,全面深入地渗透到了整个高等教育体系,不但弥补了国家投入的盲区,更为整个国家社会技术水平的提高作出了重要贡献,这种投入还加强了产学研的合作关系,为整个社会产业技术水平提高发挥了重要作用。相关部门(不仅仅是教育部门)应当把握住这种趋势,积极研究,制定相应方案,主动地对社会资源进行引导,以更好地服务于教育事业。

第三,废除高中文理分科,打破学科藩篱培养人才。因为历史的原因,"文革"后我国恢复高考时实行文理分科招录新生,在当时这是不得已的办法,但到了现在,这种做法已经对我国人才尤其是高层次人才的培养造成相当大的损害。技术进步一般都具有多层次多学科的特征,要求从事的人才具有多方面的学科背景,在一些前沿技术领域甚至很难分清文理科的界限。古代中国在技术上一直具有领先优势，但这种优势技术一般都掌握在工匠手中，发展到一定程度就因得不到人文性的总结和提高而陷于停滞。相形之下，西方文艺复兴时代诸技术大师一般都具有相当的文理综合背景，如达芬奇、牛顿和莱布尼茨等，正是他们综合的知识背景保证了其旺盛的创造力，西方才在技术和科学上走出了一条全新的道路。中国近代化之路步履艰难，工业化和技术的发展是在一个很低的知识水平上起步，在相当长的一段时期内，中国并没有科学研究和技术研发的经验，更未能将传统文化与现代科技有机结合起来，表现在教育上就是机械地将文理科对立，将社会科学人才、自然科学人才和技术科学人才分开培养，学科界限森严，这对我国人才培养尤其是高层次人才的培养产生了重大的消极影响。国外一般都鼓励学生利用高中和大学阶段学习多层次知识，直到研究生阶段才开始强调专业发展，为的是丰富学生的知识结构，培养学生创新能力。学生也只有在知识结构完备，掌握工具多样化的条件下，才更有可能实现自身的创新构想，实现真正的技术创新，这种人才培养机制保证了西方经济体始终具有充沛的创新能力。中国现阶段的人才培养从高中就开始文理分流，学生只重视自己本学科知识的学习，对其他学科知识缺乏了解的兴趣和激情，结果导致学生知识面狭窄，在生产科研中遇到其他学科方法时束手无策，而实际科研中的问题是很难以某一单纯学科的面貌呈现的，中国科技人员在创新能力上的不足，与文理过早分科、学科界限过细过严有极大的关系。所以，为提高我国经济科技实力，必须尽早废除高中文理分科，在大学中提倡通才教育，打破学科藩篱，这样才能确保中国科技创新能力的不断提高。

第四，大力发展职业教育，为制造业的持续发展打下根基。制造业是一国经济发展之本，现代社会不同于传统农业社会，其财富的主要来源在于制造业而非农业，服务业也只有以制造业为依托方能取得快速健康发展，因而制造业在整个国家的财富创造和积累中占据了基础性的位置。对于中国这样的大国来说，如果没有制造业的发展与强大，整个国家的现代化与民生的改善，都将无从谈起。因此我们要重视与制造业相关的人才培养，特别要重视职业教育。职业教育在培养技术工人和实用性人才方面具有无可替代的作用，发达国家尤其是以制造业见长的发达国家，都很重视职业教育的发展，特别是德国和日本，都把职业教育当作事关国家经济和社会发展前途的事业来抓，德日两国制造业的强大，与其职业教育的发达有着莫大的关系。中国步入全面工业化的时间比较晚，一直未能形成比较坚实的职业教育传统，民间依旧有着"万般皆下品，唯有读书高"的陈腐思想，轻视职业教育和职教学生，对政府相关政策的制定也有着一定的影响，因而职业教育在中国的发展是不充分的。职业教育培养出来的学生对于运转制造业体系和社会服务体系、促进经济发展具有不可替代的作用。如果一个社会缺乏足够的职业教育服务，那么其基本的运转和再生产都会出现问题,中国目前社会服务的滞后、质量的低下与数量的不足,与中国社会长期轻视职业教育密切相关。因此,中国政府和社会都应摆脱那种科举教育和农业社会下形成的陈腐观念,大力发展职业教育,重视实用性人才在生产生活中的作用,真正树立起尊重劳动和劳动者的观念,树立起劳动者尤其是具有熟练技能的劳动者也是人才的观念,这样不仅有利于中国经济的进一步发展,更有利于中国人民所享受的服务水平的提高。

第五,加大高校师资建设的力度,适时推进大学国际化。中国科学技术的落后,很大程度上是人才培养的落后,许多学科空白长期得不到弥补,归根到底是师资建设的落后。新中国成立后我国学术界曾长期得不到与国际学术界交流的机会,对国外一些先进科技的发展所知不多,或者知其然而不知其所以然,结果造成我国大学在许多先进学科课程设置方面的落后和师资力量的薄弱,同时国外优厚的待遇和优越的科研条件,吸引了大量宝贵人才的外流,其中相当一部分是我国花了大量资源培养出来的填补薄弱学科空白的人员,这进一步恶化了我国的高校课程设置落后和人才资源禀赋不足的形势,令我国的一些薄弱学科长期得不到发展。在科学技术日新月异的今天,一些薄弱学科的长期存在,势必会影响国家经济和技术方面的竞争力,拖国家经济发展的后腿,我国经济发展的实践也证明了这一点。要弥补这一缺憾,不仅需要由管理当局会同一些高等院校,采取联合发力的方式取长补短,来培育一些关键学科的师资力量,更需要适时推进大学国际化,引进外籍人才来发展我们的一些薄弱学科。事实证明,我国一些薄弱学科得不到发展的原因在于师资力量特别是有一定水平的师资严重不足,引进外籍师资,哪怕是短期性的,都会有很大的作用,能在短期内迅速地改变一些弱势学科的发展现状。二战后兴起的大学国际化潮流也正是美国短期内赶上欧洲老牌科技发达国家的重要原因,美国通过大学国际化吸引了大量人才来发展自己的弱势学科,在20世纪40年代后期,美国的科技实力已跃居世界第一,实践也证明凡是大学国际化做得较好的国家和地区,科技水平和教育力量也都比较发达。中国的经济实力正在快速增强,可运用到高等教育和基础研究上的资金也迅猛增加,中国应当适时推进大学的国际化,这样就可以用较短的时间在整体科技发展水平上赶上西方,实现数代人"科教兴国"的梦想。

第六章 中国经济转型与增长前景

第一节 后发国家经济转型特点研究

从前文的论述中我们可以看到,前工业国家在转变为工业国家时,存在着一个漫长的转型阶段。这个转型阶段的根本目的是改造旧农业国的经济生产和社会形态架构,以达到工业国的要求和水平。从这个角度来看,很多发展中国家在经济增长的问题上遇到的或大或小的困难,就有了一个合理的解释。

根据建立稳态增长机制的要求,我们归纳出转型阶段前工业国家所需解决的问题。

(1)转型国家需建立正常人力资本培养机制。前工业国的人力资本培养机制是不完全的,前工业国培养人力资本主要是依靠学徒制,培养效率低下,人才质量参差不齐,难以适应工业发展的需要。在高级人才方面,前工业国有时甚至依靠个人的自悟,而缺乏如西方大学那样的正式机构来系统化、有传承地培养人才。在一个科学发展一日千里的时代,这个缺陷尤为致命。

中国在古代就有了大规模的生产工场,其技术和规模都执当时世界之牛耳,但在人力资本形成方面,过于依赖学徒制,导致人才的供给相对不足,人才成长缓慢。在科学领域,中国缺乏制度化的平台来系统总结和研究以往的成果,进而得到新的知识。中国古代的科学发展具有尖锐分化和不连续的特征,中国古代总是在某一个较短的时期取得较多的成果,然而这些成果都是靠一些天才人物所取得的,缺乏传承机制。一旦这些人物故去,他们的成果就很难为后人所理解,甚至造成大部分成果失传!有幸保留下来的残片断简只有等下一个或一群天才人物来重新认识并进行知识的再创造,然后再进行下一个循环。英国和日本在此方面则与古代中国有着明显的差异。英国较早地实现了工厂制培养学徒,并且英国的工匠与古代中国不同,其文化素养较高,能独立地对产品和生产过程进行改进和设计,而同时代的中国同行论巧思甚至要胜过英国同行,但文化素养较低则是一个致命的缺陷。英国早在伊丽莎白时期就实行了补贴科学研究的制度,实行大学制度则更早,如果没有大学制度和相应的科学资助制度,英国很难产生像牛顿一样的科学天才。日本在工匠制上未必胜于中国,但日本早在安土-桃山时代就对各个行业的拔尖人才实施褒奖,采用授予俸禄和专利的方式来鼓励钻研技术,较早地建立了人才培养机制。德川幕府时代又出现了大规模的"和算"群体,接受政府的资助,独立地发现了行列式和一些微积分算法,将日本数学推进到一个高峰。在其他行业也是如此。日本幕府禁止知识分子以独立身份参政,反而造就了一个独立的分工细致的知识分子阶层,为近代日本的转型提供了重要推力。反观中国,知识分子长期以修平治齐为己任,内部缺乏足够的分工;很多新学科新观点长期得不到总结,知识创造被大大忽略,只能等待一些官场不得志的天才来发展,这些天才在投入知识创造时往往已过了黄金年龄!这些天才在进行知识创造活动时不但缺乏必要的资助,更要面临其他儒生和官员的责难,甚至不得不离群独居。

人才的成长需要很长的投入期与培养期,成本浩大,一些不确定领域人才的成长尤其如此。如果这些成本都由个人承担,就会把一大批富有才华而经济窘迫的人排除在知识创造的行列之外,社会知识的创造进程也将大大延迟。古代中国正是缺乏这样一种资助机制,导致知识创造活动不时被打断,缺乏必要的传承,重复性创造活动过多。在传统农业时代,西欧与日本均缺乏此类机制,知识创造过程严重依赖于经济产出和人口基数,中国在知识创造活动上不仅不具有劣势,反而具有他国不具备的优势,但大航海时代后,西欧和日本纷纷建立资助知识创造活动的制度,中国的这一劣势就显现出来了。在西方列强用坚船利炮打开中国和日本的大门后,具备良好知识分子分工基础和传统的日本迅速赶上了这一波知识创造和工业生产的浪潮,而缺乏这一传统的中国则不得不花费相当长的时间来对本国人才培养机制和知识阶层的知识结构进行调整,结果付出了巨大的社会代价。

(2)缺乏将科学与生产过程、技术相融合的机制。近代大工业的一个重要特征就是科学与技术相融合,知识分子与生产过程全面结合,产生了两个重要的阶层:技术专家阶层和专业管理人员阶层。在古代,这两个阶层几乎不存在,不像科学家阶层,在每一个文明社会都或多或少存在。这两个阶层都脱胎于知识分子阶层,是新时期工业文明的产物,更是知识分子阶层全面参与生产,甚至在整个生产过程中占据主导地位的产物。按照马克思主义的观点,知识分子的产生,本身就是知识阶层脱离生产活动,专门从事知识创造和社会管理的结果。而到了大工业时代,光凭工匠的技术积累已经很难满足生产的需要,生产的发展向社会提出大量数学、力学、电学、光学、声学和化学问题,这些问题传统工匠几乎不可能解决,需要知识阶层进一步分工,并与生产过程全面结合才能做到。此外,基础科研成果离实际应用还有一段距离,这就需要知识分子内部再分离出一个专门从事解决生产实践活动中出现的问题的阶层,也就是工程师阶层。生产规模的扩大催生了巨型企业,如德国的克虏伯钢铁公司、美国的杜邦化学等,这些巨型企业对内部管理的要求也在不断提高。资本家日益从繁重的日常管理工作中脱离出来,将大量日常性事务交给了专业的管理人员。这些管理人员和以往的工头不同,必须具备相当的素质才可担任:第一,这些人员必须具备相当的生产知识,对整个生产过程、成本控制和产品市场了然于胸。第二,管理人员必须具备相当的文字能力和行政能力。现代企业生产环节比较复杂,需要沟通多个部门进行协作,这些工作所需的能力与政府部门工作人员的能力类似,同时企业内部层级的增多也需要内部产生管控系统,于是管理人员便在企业内部担任类似政府文官的角色。第三,管理人员须具备高超的市场营销能力。现代社会销售网络日益发达,销售工作日益专门化,特别是市场需求日益多元化,销售工作比以往难展开,考察市场、与消费者和经销商打交道已经高度专业化。由于市场竞争的激烈,管理人员必须时刻注意市场信息,并将其及时反馈到企业内部,这些都要求管理人员具备高超的市场营销和沟通能力。第四,管理人员需具备市场融资能力。随着生产的日益社会化,融资也变得社会化,这一点在19世纪80年代前就很明显。管理人员需要向市场推介自己的企业,需要及时与投资者沟通,需要懂得相关的财务和投资信息,这样才能满足企业和社会的双重需要。

这些以现代化大生产为依托的新知识阶层的出现,是确保一国经济发展的重要条件,此外,现代社会还需要大量独立的金融师、会计师、审计师和律师等。这些专业人才的大量出现,是因为那些已进入或正在进入工业化的社会克服了中世纪生产和生活方式所限定的生产模式,而有效地将生产过程、科学和技术结合起来。前现代国家一般不具备这个条件,并且其社会环境也不适合这种机制的生长。从西欧的经济发展史来看,这种机制并不是在某个国家一夜之间就形成的,而是工业化—科学—技术相互激荡,互相影响的结果。简要地说,这种机制包括这样几个方面:一是商业文化和制度,二是专业化的科学研究机制,三是技术人员通过高等教育来培养,四是企业家不受地主的压迫和控制。这里需对第四点作出解释和说明。在早期的西欧,生产资料所有者和资本家两种身份是合一的,资本家直接占有包括土地在内的生产资料,但在那些后发国家特别是东亚、南美国家,旧的土地所有制根深蒂固,阻碍了新生的企业家阶层成长。在许多后发国家,特别是南美国家,我们可以看到大土地所有者在经济生活中起着主导作用,并以自身为中心安排工业生产,从而形成以种植业为核心的工业体系。这种情况可见于大多数发展中国家,甚至包括像日本这样的国家,二战前日本经济的困境与农村土地为地主所把持有极大的关系,因而战后盟军选择在农村进行土地改革以消除日本军国主义赖以存在的社会土壤,日本经济也得以从封建的土地所有制下解放出来,成为真正的现代意义上的经济。耐人寻味的是,韩国和中国台湾这些战后工业化较成功的经济体,无一不是在土地改革的基础上获得成功的。在旧中国,农村存在的封建土地所有制束缚了工业经济的发展,农民缺乏必要的购买力来支持本国工业,这也造成了中国在转型期的困难重重。中国新民主主义革命的成功,恰恰是中国经济持续发展、中国工业化顺利推进的重要保障,只是这种力量需要一段时间才能显现在我们的面前。

(3) 转型国家在吸收外来技术方面往往缺乏合适的载体,技术吸收工作步履维艰,难以跟上工业社会不断发展的科技潮流。人类历史上曾有过多次大规模的技术扩散过程,在前工业时代,一个国家很难在技术水平上长期保持相对于其他国家的优势,一项新技术的出现总能在较短时期内为其他国家所掌握。在这种情况下,国与国之间的技术差异其实很小,有的也多是消费品领域的差异,不足以构成一国相对于其他国家的技术实力和优势。在工业时代,这一切都发生了改变。具有讽刺意味的是,改变这个形势的原因正是中国的四大发明传播到文艺复兴时期的西方社会。四大发明由中亚商队和蒙古骑士传播到世界的各个角落,其他国家深受其恩惠,但并没有对这些发明做出本质上的改进。唯有西方,由于具有深厚的科学传统,且新航路的发现又使改进军事技术成为一项有暴利可图的事业,从而促使西方对这些发明进行本质上的改进,由此获得大量商业盈余,最终在英国产生了产业革命。这些由西方国家发展出来的新工业技术表面上看是由工厂所掌握,但这些技术要想顺利运作,必须有一个由工厂、实验室、大学和资本市场相结合的体系来支撑。对于那些意图学习西方先进工业技术的国家来说,它们缺乏合适的载体来吸收、借鉴、掌握这些技术,更别说在这些技术上有所创新了。

第一次产业革命以来,后发国家一直热衷于学习西方先进技术,从东欧到远东,无数仁人志士试图引进西方的先进技术改造国家,但效果却不是那么明显。时至今日,在地缘上离西方世界最近的东欧国家,在技术实力上距离西方仍有相当一段距离。在中国、印度这样的东方大国,20世纪90年代以前在技术学习上投入了大量的时间、金钱和精力,却所得甚微,在一段时间内和西方的差距反而越拉越大,不断陷入"引进—落后—再引进—再落后"的怪圈。日本可能是例外,但如果考虑到日本战后处于美国强有力的控制之下,其产业结构和产业组织都受到美国极大的影响,其作为反例就不那么具有说服力了,特别是考虑到二战末期日本在技术上和美国的差距不断拉大的情况下。对于这种现象,目前已有不少学者进行了研究,但都是从某一国家或地区入手,缺乏对后发国家在技术吸收方面滞后共性原因的深入考察。笔者认为,后发国家(日本是一个部分意义上的例外)吸收西方先进技术缺乏合适的载体和主体,是后发国家在先进技术学习、吸收和扩散方面绩效不彰的最重要原因之一。后发国家商品经济发展水平往往较低,社会成员市场意识淡薄,先进技术难以迅速在这些国家扩散开来并得到应用。这些技术都是近现代市场经济社会的产物,学习并掌握它们需要耗费大量的时间、精力和金钱,并且在较长的一段时期内没有成效。当后发国家的一些技术精英经过长期努力开始粗步掌握这些技术，并能仿制出"山寨"产品时，无论在成本上还是质量上都无法与西方国家原装的技术相比，尤其应注意的是，这些技术天才的成果很多都是个人行为，比如中国清代同治年间的徐寿和华蘅芳，他们曾经仿制出中国第一艘蒸汽船"黄鹄"号，却未能就此拉开中国近现代造船业的序幕。这种情况并不只存在于中国一国，在所有后发国家都不同程度地存在。

令我们深思的是，这些后发国家大多数不明白技术和科学的进步需要一个良好的社会载体来实现，在传统思想的影响下，这些国家的精英一般有两种倾向：一是盲目夸大个人或某个方面的作用，譬如各国历史上都出现过的"科学报国""实业救国"思潮。二是迷信政治力量的作用，认为政治力量可以包办一切，包括在技术上赶超发达国家。这种思想会使得后发国家精英过于迷信政治的力量，在取得政权后动员全社会的力量来实行对发达国家在技术上和经济上的赶超，却因违背经济和社会发展规律而遭受挫折，因而对国家的发展有害，不仅没有缩小差距，反而人为地扩大了这种差距。事实证明，后发国家两百多年来在消化吸收西方先进技术中所遇到的各种问题，与这些国家缺乏合适的载体来吸收、学习和消化这些成果有关。现代西方科学技术是一个有机的体系，需要一个由企业、政府、研究机构、高校、社会基金和软性文化网络体系构成的一个综合性的载体来推动其发展。后发国家多不明了这种状况，仍以农业社会的思维行事，以为单靠政权的力量就可以解决一切，甚至盲目动员社会力量从事科技研究和工业生产，造成极大浪费。后发国家必须建设合适的载体来发展自身的科学技术和科研传统，这样才能给经济增添真正可靠的动力源，建立稳态增长机制。

（4）后发国家社会结构难以满足建立稳态增长机制的需要，社会矛盾突出，盲目推进工业化反而在一定程度上激化了这种矛盾。后发国家的社会结构与典型的西方国家有着很大差异，即使是俄罗斯和东欧这样与西方具有地缘上的密切联系、文化上也相近的国家，其社会结构上的差异也十分巨大。日本是一个异类，日本由于地理因素的关系，长期未形成和大陆一样的中央集权型政权形态，反而形成了类似于西欧的封建君主割据的社会形态。由于商人对封建统治者的人身依附较少，这种形态有利于商品经济的发展和商人阶层作为一个独立政治经济群体的产生，同时封建统治者因为掌握的资源有限，也较难对这些商人进行超经济压迫和为自己创造寻租空间，因而这样的社会结构有利于商品经济的发展以及在一定条件下向市场机制转化。反观东欧和俄罗斯，封建统治者的地位和力量明显强于西欧，对农民的压迫也较西欧为强，不但压制了商人阶层和工业企业家阶层的崛起和发展，而且造成本国购买力低下。除了俄罗斯，这些国家几乎都不具备对外进行殖民开拓的能力，因而也不能获得广大的海外市场来培育本国的资本主义经济因素的发展,而同时期的西欧国家一方面有着较适合近现代产业经济发展的社会土壤,另一方面又通过海外殖民开拓形成了一个复杂的利益集团来参与国内政治经济博弈,进而倒逼本国改变不合理的社会机制,推动了经济发展和社会进步。最典型的是英国,其在伊丽莎白时期经济发展不如尼德兰,但通过海外掠夺积累了大量财富,并形成了一个对外贸易和殖民集团以及它们的代理人——英国海军。这个政治-经济-军事复合体发挥了强有力的影响,为英国经济的发展和产业革命的开端创造了有利的社会条件,它提供了大量剩余财富用于技术的研究和突破,并为英国后来的社会阶层的全面变化提供了倒逼机制。这一点值得我们深思。

德国是一个封建传统远较英国浓厚的国家,这样的倒逼机制并不存在,但德国硬是克服了种种不利条件实现了经济的崛起,在第二次产业革命中独领风骚,这一点更值得我们研究和玩味。德国人的技术和科学天赋是举世公认的,但在莱布尼茨和高斯之间的一百多年,德国除了洪堡等个别人之外,并没有出过科学和技术上太值得称道的人物,同时期的法国却科学技术发达,天才人物昌盛,其风头不仅超过了德国,更超过了英国。德国这一潭死水在拿破仑战争后终于掀起了波澜,但其改变的源头无疑要追溯到普鲁士王国的建立。普鲁士王国脱胎于勃兰登堡选侯国,建立于德意志帝国的东部边陲。选帝侯与骑士们长期和旧普鲁士人、波兰人杂处,征服了他们并建立了容克地产制和农奴制。尽管普鲁士经济基础落后,其统治者却能吸收当时西欧特别是法国的先进技术和文明成果,推动自身商品经济的发展。在这个基础上,拿破仑战争给予德国迈向现代化的关键动力。拿破仑战争虽然对德国是一种赤裸裸的压迫,但拿破仑和法军使得德国的封建势力受到重创,并使其封建社会关系有所松弛,在民族战争失败的刺激下,普鲁士开展了一系列具有近代资本主义色彩的改革,终于扫除了对近代产业经济发展的障碍。虽然没有足够的殖民地可供剥削,但凭借其比较彻底的社会变革,以及在人口和市场上的优势,普鲁士迅速成为欧洲强国,并在拿破仑战争后的50余年内实现了德国的统一,这就是社会变革为近代产业经济发展所提供的巨大推动力。德国在统一后还留下了一个小尾巴,即容克地产制,这个社会问题一直阻碍着德国成为一个真正的市场经济国家,直至两次世界大战的巨大代价后,德国才最终消除了容克地产制,成为一个现代意义上的市场经济国家。拥有地缘优势和文化优势的德国,其社会转型都如此艰难,遑论其他与西方有着巨大地缘差异和文化差异的国家!

拉美国家的境遇提供了经典的案例。拉美国家于19世纪初叶纷纷获得独立,但各国都不同程度地形成了大地产阶级,垄断了国内相当一部分土地资源,固化了各国利益阶层。种植园经济使得这些国家经济高度依赖于咖啡、香蕉和橡胶等农产品,整个产业围绕着这些农产品的出口而展开,缺乏一个固有的技术和经营阶层来从事近代工业的生产和积累。尽管在这种典型的殖民地经济模式的形成上英国等负有重要的责任,但拉美国家在社会结构上的特点却是经济发展缓慢的罪魁祸手。这一特点使得对工业投资成为一件比较困难的事,也没能形成一个技术和企业家阶层主动对外来技术进行吸收和借鉴,因而拉美国家在现代化的道路上步履蹒跚。实际上,"中等收入陷阱"这个概念就是参照拉美国家,再结合东南亚一些国家的情况提出来的,最早表现出"中等收入陷阱"情形的正是拉美国家。后发国家的这种社会结构对稳态增长机制的排斥性和不适应性,造成了后发国家在经济和社会发展上困难重重。

(5)后发国家在经济发展上过于依赖初级资源产品出口,对外资依赖严重,这就造成了经济增长动力的外生性,呈现典型的原始索洛模型式的增长特征。正如本书第二章所指出的,在原始索洛模型框架下,经济增长很难克服边际生产力递减这一铁律,在这一模型中,外生性的刺激固然能起到作用,但其增长效应却是随着时间的推移而衰减的,具体表现为经济总量虽然不断加大,但增长速度随着刺激时间的推移而不断减缓。这一现象在发达国家中也曾出现过,但不具有长期性,而仅仅表现为克服经济危机时采用的凯恩斯式的调控手段效应具有暂时性,一旦经济走出萧条,稳态增长机制立即重新发挥出强大的不容忽视的效应。但后发国家的情况就完全两样了。后发国家的经济增长呈现强烈的外生化特征,对发达国家的依附强烈,缺乏自身的内在推动力。大航海时代后,国际贸易已经常态化,并且贸易货物也以消费品和生产资源为主,而不是像农业经济时代以奢侈品贸易为主,这对后发国家尤为不利。在国际市场上,发达国家总是想方设法地压低资源性产品的价格,以降低自身工业运转的成本,而在这个时代,奢侈品也开始讲究品牌化和产业化运作,发达国家在奢侈品市场上也占据了优势,后发国家的奢侈品往往需要经过发达国家相关厂商的运作才能真正在国际市场上表现出其真正的价值,这就形成了对后发国家的多重盘剥。这类盘剥使得后发国家经济一直处于入超状态,国家财富不断流失,国民生活贫困,仅仅靠国内民众的购买力难以支撑国家产业的发展,结果导致国家经济增长的动力越来越外生化。这种外生化对后发国家的经济造成了严重的影响:一方面,这些国家赖以支撑国民经济的商品价格总是随着国际经济形势的起伏而变化,有时甚至是大起大落,缺乏一个平稳的价格来帮助后发国家实行社会财富的积累;另一方面,后发国家缺乏足够的建设资金,不得不在金融方面依赖于发达国家。一般而言,仅靠出口原材料和农产品是很难积累发展资金的,在南美国家中能够依靠出口农产品实现国家经济的正常运作的仅有巴西和阿根廷等少数几个在农业上有规模效应和比较优势的国家。即使如此,在筹集工业化所需资金时,巴西依然无法靠自身的积累,而不得不在国际金融市场上借贷,为今后的债务危机埋下伏笔。战后发达国家出现产业转移的现象，大量产业开始向后发国家转移，拉美和东南亚国家分别出现了较长期的经济增长现象。人们纷纷以为这些后发国家经济具有无限的增长潜力，甚至能在相当程度上取代一些小型发达国家，但无论是拉美还是东南亚国家都出现了经济停滞。为了解释这种现象，世界银行专门提出了"中等收入陷阱"这一概念。但从学理上讲，"中等收入陷阱"概念仅仅是对一种特殊经济现象的概括和提炼，本身并不是完整的学理系统，因而难以解释这一现象发生的原因和其适用的范围，在具体运用时有扩大化和庸俗化的倾向。比如一些学者和评论家将"中等收入陷阱"作为金科玉律，盲目地对所有发展中国家套用，却忽略了对典型"中等收入陷阱"案例的分析，没能总结出一般规律，并结合各国的具体情况进行具体分析。

在笔者看来，"中等收入陷阱"的产生，关键因素就在于发展动力的缺乏和发展战略的失误：在发展动力方面，出现典型"中等收入陷阱"的国家经济起飞和出口创汇的可靠力量仅仅是原材料和农产品的出口，而没有工业制成品的出口。在发展战略方面，这些国家一味推行重化工业品的进口替代战略，盲目推进重化工业的发展，为排除境外物美价廉的同类产品的竞争又推进高关税保护政策，结果换来其他国家的报复，堵塞了自身工业品的出口道路，造成本国重化工业体系在低水平竞争中自我循环，难以靠自身力量进行技术革新和自我完善。这些国家将经济的长期增长寄托于重化工业的不断发展上，但既有资金难以支持重化工业系统不断提高的投资要求，并且这种投资往往很难通过市场机制实现盈利。从国际进出口平衡的角度来看，这些国家的重化工业很难满足自身设备更新的需要，大量的设备还是要通过对外贸易获取，这就面临一个如何获取外汇的问题。在这些国家，初级产品行业面临着两个任务：一是为本国重化工业发展提供源源不断的资金，并为居民提供收入，承担全民造血机的任务；二是出口创汇，为国家进出口贸易平衡提供支持的任务。这两个任务在一定程度上是相互矛盾的。按照这种分析，这些国家的初级产品部门的产出分为两部分，一部分是供国内民众消费，另一部分是专门用于重化工业部门积累，其中用于积累的部分会越来越大。在这种情况下，缺乏竞争能力和效率的重化工业部门会成为一只吞金巨兽，自我投资和自我扩张的需求会越来越大，最终会产生资金缺口的问题，而国内民众也已经被这种发展战略搞得积蓄极低，解决的办法就是向国外举债。在国际金融市场上举债一般都要支付较高的利息，通过这种手段一般可以获得相当数量的资金，支持国内重化工业部门的发展要求，但也塑造出一种经济高速发展的假象。事实上，民众为这种发展付出了昂贵的代价，既要为国内重化工业部门提供积累，购买质次价高的产品，又得为巨额外债还本付息。这种经济发展模式是不可持续的，主要控制因素在于政府能否在国际金融市场上还本付息，以取得在国际金融市场继续融资的资格。当债务大到超过政府的还本付息能力的时候,政府将不能再在国际金融市场上融资,重化工业部门的"增长"也就难以为继,经济泡沫一下子就炸裂了。这种经济模式多见于一些拉美的发展中国家,"中等收入陷阱"的概念也是基于这些情况提出来的。这种模式是典型的经济增长外生性模式,这些发展中国家没有意识到提升民众收入和素质才是经济增长长期可持续的根本保证,而是选择了剥夺民众作为经济发展的动力。在这种情形下,民众缺乏购买能力,其人力资本的提升也仅仅依靠政府的投资和重化工业部门的溢出和培训效应。特别残酷的是,由于这些政府采取涸泽而渔的发展措施,大量财富以进口款项、本金和利息的形式流出国外,对本国其他富有竞争力的行业产生了强大的挤压效应,结果导致本国造血行业迅速衰落。当这些国家再也不能还本付息时,经济衰退就以支付危机和信用危机为先导一下子爆发出来。这种爆发对于经济是破坏性的,长期积累的技术和人才将在短期内迅速流失,初级人才技能迅速荒废,整个国家的知识和技能状况将倒退十余年甚至数十年,从巴西和前苏联的状况我们就可以看出这一点。但更糟糕的是国家数十年的积累毁于一旦,庞大的重化工业资产迅速缩水,农产品部门和其他初级产品部门将难以支撑如此巨大的债务而陷入困境和萧条,个别极端的例子甚至造成国家的破产,韩国在亚洲金融危机中就陷入这种窘境,不得不含泪接受 IMF 组织的苛刻要求而改组国家经济,以取得其提供的宝贵资金。实践证明,后发国家不顾自身实际,疏于社会改造和民众素质提升而盲目发展重化工业,是犯了战略和战术的双重错误。要想正确分析后发国家的经济增长和社会进步,必须放在一个更为广泛而冷静的分析框架下来进行。

(6) 后发国家在产业结构上具有自身难以克服的缺陷。后发国家在产业结构上具有仅靠自身循环所难以克服的缺陷,这一点为两个多世纪以来世界经济发展特别是后发国家经济发展的现实所证明。近现代产业以发达的第二产业为基础和特征,并随着技术和社会需求的日益发展而催生了发达的第三产业。这是一个具有自我发展能力的动态演化系统,并且一些技术和需求上的重大事件可对整个系统的发展与演化产生不可预测却有决定性的影响。比如牛顿三大定律的发现对机械学的设计起到了极大的指导作用,而牛顿第一定律和第三定律在其他的文明体系内实际上早有阐述,但始终缺乏定量和系统化的表述以指导实践,牛顿力学的形成在相当程度上必须归功于牛顿个人的才能,但如果考虑到人类社会进入文明时代数千年后才在文艺复兴后的西方出现牛顿力学,而这既是整个希腊-罗马文明体系数千年自然演化的结果,又受到文艺复兴和航海大发现等一系列重要事件的刺激,我们就会发现整个进程充满不确定性。正是因为这种产业体系甚至文明体系的不确定性,当后发国家面对发达国家先进的产业和军事力量的时候,不得不进行痛苦的调整,却发现这一调整怎么也达不到目的。从文明演化的角度来看,西方形成的近现代产业体系实际上是西方文明千百年来演化的产物,主要有五大源头:一是古希腊的逻辑和数学知识体系,二是罗马的法律体系,三是中北欧的封建政治传统,四是基督教神学体系,五是近代以培根为代表的实验传统。西方近现代产业体系正是这五大传统综合性的产物。但仅有这五大综合体系还不够,正如我们仅将氢气和氧气混合无法直接生成水一样。这些传统要形成近现代产业体系,还需要相应的社会条件,那种仅重视技术成熟度的观点是站不住脚的。考古学也已证明,早在古希腊时代人们就掌握了蒸汽机的工作原理,并设计出了最原始的蒸汽机,但成本过于高昂,在地中海普遍使用奴隶劳动的情况下显得太不合算,因而这项先进技术很快被遗忘,直到两千年后才被英国重新开发出来。这说明现代西方产业文明是整个西方世界在数千年技术和科学成果积累的基础上,再结合世界资本主义经济发展和航海大发现所带来的全球化经济胎动的结果,背后伴随的是长期却难以为人所觉察的社会结构和生产关系变革。许多发展中国家希望仅仅引进和学习一些先进技术即可赶上发达国家未免过于天真。正因为如此,这些国家弄不清产业组织形态在现代产业体系中的作用,犯了许多严重的错误。这些国家在农牧业社会经济占主导地位的阶段曾长期引领过世界经济发展的潮流,拥有辉煌的过去,比如中国、印度、伊朗、土耳其和巴西等国,一定程度上也包括俄罗斯。这些国家形成了与西方国家迥异的技术传统和文化传统,更倾向于利用强大的政权力量而非交易机制来实现对资源的分配,因而在产业组织形态上强调国家控制,比如中国的景德镇瓷器制造业和俄罗斯的国家工厂等就是这种典型的产业组织形态。在这些国家,由于传统政权力量的强大,民众的企业家精神都或多或少地受到压制,创业环境不容乐观。封建统治者对民众的创造活动不是鼓励,而是想方设法地予以压制,在俄罗斯等国,在工场劳动的工匠甚至是农奴身份,其劳动积极性和创新欲望可想而知!

  近现代产业体系不仅包括技术和设备,更包括管理和生产过程中人与人之间的关系,这些因素结合在一块就形成了一个个具体的产业形态。在西方发达国家,劳动者尽管承受着种种剥削,但人身是自由的,并且具有创业和迁徙的自由。在那些具有杰出才能的劳动者当中,就有可能产生新的企业家。同时在这些发达国家,科技力量与资本力量和企业家才能高度结合起来,形成了各种适合不同行业产业发展的组织形态,特别是产生了适合社会化大生产的企业形态——托拉斯及其变种。托拉斯及其变种形态的产生,在人类社会生产组织形态上具有非凡的意义。托拉斯将社会生产扩大到了这样一个边界:在这个边界内部,生产按照成本控制原则和市场原则,以高度计划化的方式来安排生产;不同的企业在托拉斯内部形成科学有效的协作关系,这种关系不是以市场而是以计划方式来完成的;在托拉斯外部是市场环境,市场为托拉斯内部提供了资金、原料和信息，指导着托拉斯的生产和内部的协作；当生产力又发生进步时，托拉斯会将协作企业纳入自身体系，从而进一步扩大托拉斯的范围和规模。值得注意的是，托拉斯的产生、扩大与缩小，都是在生产力这一指挥棒下进行和完成的，具有客观性。

西方资本主义体系在数百年间创造出惊人的生产力，与其在产业组织形态上的成功有莫大的关系，可惜我国至今尚未充分重视这一点。许多后发国家的精英不明白这个道理，仅仅把西方国家制造业先进和技术发达作为西方强大的原因，认为只要学习这些技术和制造业就可以像西方一样强大甚至超过西方，却忽略了相应产业组织形态的引进和改造。当西方技术传到这些国家时，后发国家的民众尚无力量立即在吸收技术和发展产业的过程中发挥力量，因而起主导作用的无疑是政府。毫无疑问，后发国家政府所拥有的力量和资源调配能力，普遍要高于发达国家，这也造成了这些国家政府比较迷信自身的力量，选择以政权的力量来推进现代化的进程，而不注重发展市场机制，充分运用国民的力量来推进国家和社会的近现代化，更何况这些后发国家多数并不具备西方国家那种适合近现代产业经济发展的产业组织形态。当后发国家的政府发展自己的经济的时候，出于对自身力量的自信和民间力量的忽视，总是选择大型国有企业或者有关联的商人组织大型财团，给国民经济的发展带来了严重隐患。在这种产业组织形态发展路径的影响之下，大型财团掌握了国民经济的方方面面，堵塞了中小企业发展之路，更为关键的是，中小企业不发达不仅造成国民创新能力无处发挥，而且导致了配套产业和重要零部件无法发展。这些大型财团不得不在自身内部解决这些配套和零部件问题，往往导致扩张越出合理的边界，超出了自身的管理能力，进而导致大企业病的产生和蔓延。更为重要的是，由于缺乏中小企业作为粘合剂和润滑剂，国民经济呈现出一个个大财团互相连接和互相对峙的局面，经济结构极为脆弱，一旦某个大企业经营出现问题，便会蔓延到其他的大企业，同时牵涉到给这些大企业贷款的银行，导致整个国民经济出现危机。韩国经济在1997年亚洲金融危机中的表现给我们提供了一幅生动的画卷，事实上韩国经济随后的复苏，也正是因为重视了中小企业发展的结果。在这些大企业内部，存在着极为严重的管理和资源配置方面的问题。这些财团和大企业与发达国家的不同，本身是政府政策催生的产物而不是随着生产力和管理能力自然发展和演化的结果，其管理人员甚至缺乏管理和组织普通中小企业生产的经验，遑论管理大型企业和财团型企业！由于这些大企业中有经验的管理人员和技术人员极其匮乏，导致其内部贪污浪费横行，裙带关系猖獗，高层管理者倾向于使用具有浓厚封建人身依附色彩的方法来管理企业，因而这些企业内部很难形成近现代产业发展所需的内控结构和管理结构。在整个产业组织形态的发展上，尽管这些企业引进了近现代西方产业的技术设备和一些生产技术，但由于社会发展、人的意识、管理水平与技术水平上的差距,导致产业组织形态呈现与西方社会完全不同的发展面貌。正如中国那句古话:"橘生淮南则为橘,生于淮北则为枳。叶徒相似,其实味不同。所以然者何?水土异也。"西方社会的产业组织形态到了后发国家也产生了严重的水土不服,即使是在这方面做得较好的日本,也存在着很多的问题。日本明治维新的过程中出现了三井、三菱、安田、住友四大财阀,操控了日本的国民经济,扼杀了中小企业的发展空间。日本资本主义的发展从而越过了自由竞争阶段而直接进入垄断资本主义的阶段。日本财团型产业组织结构,对重化工业发展不遗余力,但却忽略了相关配套部门和民用产业的发展。日本战前经济呈高度封建化特征,经济和产业发展的代价就是农村被剥夺、中小企业被压制,在世界性的经济大萧条面前其经济发展成果显得不堪一击,最终走上军国主义道路。作为后发国家优等生的日本尚且如此,其他国家更加可想而知。由是观之,后发国家在产业结构特别是产业组织形态上的缺陷,导致了后发国家经济增长绩效长期不彰。

综上所述,后发国家在进入近现代产业经济时代的时候,在各个方面均未做好充分的准备。正如前文所述,现代西方产业体系是建立在整个社会基础上的具有综合性特征的集生产、研发、销售、管理和社会分工于一身的体系。这种体系是西方社会长期演化的结果,如果考虑到西方工业社会形成的技术手段大多是借鉴的其他社会的文明成果,比如古希腊的理性思维方式和数理化思维方式,古罗马的法治传统,希伯来文明体系的宗教传统和中国的四大发明等,我们就能对西方文明的独特性有新的看法。西方工业社会一定有其自身独特的精神,作为凝聚其物质文明,并在此基础上创造出高度生产力的机制。根据我们的研究,西方发达国家基本都具有本书所说的几个对经济增长至关重要的特征,这几个特征集合起来,就形成了本书所提出的稳态增长机制。后发国家经济增长方面大起大落,正可以看作是稳态增长机制缺失的表现。后发国家的经济增长,一般都具有浓厚的外生输入性特点,是发达国家优化生产力布局和对原料需求的结果,而不是这些国家本身具有内在的增长动力的缘故。当然我们承认,后发国家借用国家力量来强制推进工业化和经济社会发展各方面的现代化,会产生强有力的外溢效应,能在人力资本培养、科学技术发展、产业组织结构、技术的吸收与学习等各个方面产生广泛而深远的影响,但如果考虑到西方国家在稳态增长机制作用下取得的经济增长和技术进步几乎是常态化的,后发国家违背市场机制和稳态增长机制所取得的成就就显得不足道了。后发国家数百年来追赶发达国家收效甚微的事实证明,只有经过广泛而深刻的社会变革,建立起有利于稳态增长机制的社会条件,后发国家才能踏上追赶发达国家的正确道路。

第二节　中国传统经济社会模式与近代经济转型

中国是四大文明古国之一,虽然近年来一些考古发现证明欧洲文明特别是希腊文明的历史也很悠久,甚至在考古学的证据上要早于中国古文明,但中国文明作为远东地区人类文明代表性角色的地位应该是毋庸置疑的。明清以前的古代中国作为当时人类的核心文明地区之一,有着令当时的外国人钦羡的物质文明和精神文明发展水平。但中国与西方、日本相比,早在纪元前就建立了庞大的大一统帝国,其经济社会发展模式与西方、日本有着极大的差异。这对近代中国向工业化社会转型产生了极大影响。

1. 帝制前中国社会技术和经济发展初探——以青铜冶炼技术为例

从中国经济和物质文明发展历程来看,在春秋和春秋以前,虽然中国有着令世界瞩目的青铜冶炼业,但与当时其他文明世界相比,中国的青铜冶炼业合金制造水平并不先进。根据现代金相分析,商周时代青铜器含锡量普遍在10%以上,这样的青铜合金不适合锻造,仅适合铸造,反映在当时的青铜器中,就是礼器铸造过于发达而青铜兵器制造业落后。商周青铜兵器中鲜有精品,甚至盔甲都采用铸造法而非锻造法。与当时世界先进水平相比,商周金属制造业不仅技术水平比较落后,而且在对铁元素的应用和开发也较落后。在中亚地区已开始普及铁器的时代,中国青铜器才步入一个较为辉煌的年代,甚至到秦始皇统一六国时,秦军的兵器仍以青铜器为主。这说明当时中国的金属制造与冶炼技术在世界上来说是比较落后的。

仍以金属冶炼业为例。中国的铁器制造业在春秋战国后突然跨越了一个大台阶,不仅迅速普及了铁器,还将其有效地运用于战争,形成了规模化效应。与同时期的中亚、西欧国家相比,中国铁器制造业和铁制品除了材料较差以外,多个指标都超过了同时期的中亚-西欧文明体,并成功地将这一优势保持到了文艺复兴前。这一切令考古学家和人类学家异常惊讶,令他们百思不得其解,但经济学家和金属冶炼学家们从中国青铜时代的礼器制造业中找到了答案。与同时期中亚-西欧文明体相比,中国青铜制造业的特色在于礼器制造,现存的商周青铜礼器尤其是商代礼器,在规模和重量上都创造了文明世界之最。如著名的司母戊鼎,重达八百余公斤,即使是现代,要铸造这么一件青铜器也不是易事,何况在那么遥远的古代!为了满足当时的政治和宗教需要,中国古青铜制造业不得不在铸造规模上下大工夫,终于摸索出一套鼓风-连铸法,能同时满足大量青铜融化和冶炼的要求,中国商周时代大型青铜礼器的出现正是建立在这一套冶炼技术之上。当中国古人开始认识到铁器的价值,并逐渐摸索着从铁矿石而不是陨铁中得到铁元素后,中国的金属制造业出现了一个翻天覆地的变化。青铜礼器时代积累的鼓风-连铸技术被应用于铁器制造,成功地使中国铁器制造在规模上超过了其他文明体。中亚-西欧文明体长期使用块炼法,在规模上远远不及中国,因而铁器在成本上远较中国为高,大大限制了铁器在生产中的应用,导致农业生产力落后于中国。中国铁器制造业的缺陷在于制品含硫和含磷量较高,这已经超出了农牧业社会的技术能力范畴,直到贝塞尔炼钢法发明后铁矿石脱磷和脱硫的问题才成功地解决。但除此之外,中国钢铁制造业在质量、加工技术和规模上都走在了世界的前列。

这个案例具有深刻的经济学、社会学、政治学涵义,对我们研究中国经济转型与增长历程具有重要的启示意义。中国的初始冶炼技术并不先进,这种状况不仅受当时中国人的冶炼知识和思维水平的影响和制约,还受当时实际政治需要的影响和制约。中国进入文明社会相比其他古文明体,如古埃及、两河流域较晚,在大型公共工程方面的成就和经验较这些经济体也有所欠缺。但值得注意的是,中国上古时代的政治是与宗教密切结合在一起的。在其他古文明体,宗教与政治在一定程度上是分离的,专门有一个祭司阶层负责宗教事务,并为政治力量提供支持,西方的"上帝的归上帝,凯撒的归凯撒"这一传统,从这一时期就可见端倪。在上古中国,政治是和宗教紧密结合在一起的,甚至高度合二为一。从商代考古资料我们发现,商代的神祗多为祖先神,商代的宗教从本质上来说是一种祖先崇拜。在这种宗教结构的制约下,在世的商王就有一种"现世神"的味道,政治和宗教就以此为契机高度合二为一。所谓"国之大事,在祀与戎",其含义也正在于此。在这种政治-宗教结构下,青铜制造业的根本任务不在于制造兵器对外征伐,而在于铸造大型礼器进行宗教活动,在宗教活动中凝聚民众对政权的认同感,使其服从现实政治安排。因而中国青铜器较中亚-西欧文明体无论在数量和质量上(除了兵器)都远远胜出就是可以理解的了,没有哪一个国家的青铜时代像中国这样鲜明和具有长时段性。

虽然与中亚-西欧文明体相比,中国的青铜兵器在质量上有所欠缺,但用于文明体内部争斗来说杀伤力是足够的。在这种情况下,各个政治实体的军事实力就在于青铜冶炼业的规模。拥有较大规模青铜冶炼业的政治实体自然能制造出较多的青铜兵器,并且在部族的争斗中占据优势。我们甚至可以推想,对铜矿的争夺和青铜制造业的占有是当时战争的一个重要目标,战胜的一方会摧毁对手的青铜制造业,抢走对方的铸造技师,毁坏对手的冶炼设备。当一个强大王朝出现时,也就是各地青铜制造业集中于这个王朝都城之时。殷墟有着庞大的青铜冶炼、制造业,而当时其他地区的考古资料却没有发现类似规模的青铜制造业,这从一定程度上证实了我们的这个猜想。正是因为冶炼技术和人才高度集中,商代青铜业才可能在内部高度分化,产生大量专门的人才,并能在相当程度上完成大型青铜器的冶炼铸造。

中国在其青铜时代完成了具有自身独特风格技术的形成、演化和积累,这与其他国家的情况明显不同。其他国家都是以青铜锻造业为主,注重的是锻造技术方面的分工与演化,其技艺异常精湛,从希腊和罗马遗留的工艺品和武器我们就可以看出这一点。但这种技艺不易在大范围内扩张和传播,其教育和流传到下一代也受到许多因素的影响,可复制性和可重复性较差。但在中国古代,虽然铸造技术相对于锻造技术要求不高,技术的精湛程度也较差,可铸造技术更易标准化而被更多的人所掌握,也更易形成具有规模效应的产业。正是在这一点上,上古中国完成了不同于当时主流文明世界中亚-西欧的青铜技术积累,形成了自身独特的风格,并在铁器时代到来的时候,以自身积累的技术为依托,完成了对中亚-西欧文明体在冶金技术上的超越。可以设想,如果当时中国古人没有坚持形成自己独特的技术风格,要完成这一技术超越几无可能,特别是在当时技术扩散极为滞后,技术学习极其困难的条件下。

由此我们可以看到规模性对于中国经济发展的影响,而这种影响不是现在才有的。它早存在于历史发展的进程当中,只不过未能充分引起我们的注意与重视。自战国以来,中国在经济上的规模性优势愈加明显,在技术积累和人才培养上逐步形成了自身独特的优势。与中亚-西欧文明体相比,中国较易形成大一统的帝国,而发达的官僚体系又保证了这一帝国能有较为长期的和平状况,这就确保了封建中国无论在空间上还是时间上都能对中亚-西欧文明体系形成发展上的优势。反观西欧,古罗马帝国的辉煌一直是西方的骄傲,但与中国相比,古罗马进入帝国时代以后,一直未能形成较为稳定的帝王世袭机制,皇位通过禁卫军的政变实现更迭,政局极不稳定,更缺乏一个富有经验的官僚阶层对政局和经济实行调控。在中国,这样复杂的任务在汉宣帝前是通过法吏阶层,汉宣帝后是通过儒生官僚阶层来完成的。这个阶层掌握了熟练的行政管理能力和强大的资源调配能力,如果能谨慎地运用这种权力,是可以为经济发展和技术进步提供强有力的保证的。

2. 帝制中国政经模式的形成——西汉社会的政治经济学

汉代经济和社会发展历程有力地证明了这一点。以西汉为例,西汉的经济和社会发展是后来中国封建社会经济发展的一个缩影,后世的经济与社会发展历程与西汉极其相似,可以说是相同的剧本在不同形势下的排演。西汉的管理阶层发展分为两个阶段,在汉宣帝之前,掌握国家经济管理大权的是法吏阶层。西汉开国将相,相当一部分出身于秦朝的旧官吏,在楚汉战争中,以萧何为首的一批旧秦官吏全面复活了秦国的管理体制,并依靠这种体制取得了统一战争的胜利。虽然萧何等人未必是法家学说的信奉者,但秦国"以吏为师"的传统对他们有着很大影响。

随后的曹参继承了萧何的政治路线,继续对国家进行严格管理和有力调控。曹参的重大历史贡献在于将黄老学说作为指导治国的指南。事实证明,单靠纯粹的法家学说很难压服东方六国民众的文化排斥心理,只有因势利导,将旧秦体制和东方学说结合起来,才能在东部地区彻底实现秦国的军事化准军事化官僚管理方式。值得注意的是,东方六国具有强大的贵族政治传统,国家的调控能力和资源汲取能力并不强大,官僚阶层往往作为贵族阶层的附庸而存在。产生于楚地的黄老学说与旧秦军事化准军事化官僚体系结合起来,就顺利地将旧秦的体制推广到东方六国,保证了国家具有强大的资源调配和汲取能力。

但黄老学说仅仅是作为法家政治思想和管理手段的缘饰,法家政治和管理经济的手段和黄老思想有着极大的鸿沟,黄老思想在短期内只能作为法吏官僚操控经济的政治幌子,随着经济的复苏,法吏阶层对经济迟早会实行剥夺。在这个过程中,新一代的法吏官僚将抛弃黄老学说的幌子而赤裸裸地推行法家政策,比如汉武帝的宠臣桑弘羊。黄老学说尽管有着种种的不足,但它在不影响法吏官僚阶层利益的情况下提出了与民休息的经济政策,这在中国历史上是第一次,这一政策为后世多次效仿,并取得很大成效。法吏阶层之所以容忍黄老学说对社会的让步,关键就在于当时残破的社会经济已很难支撑法家社会政策的实施,这种让步具有暂时性。西汉的经济就在这种情况下蓬勃地发展起来。

在西汉前期,丞相具有很大的权力。相府依靠法吏阶层,掌握了控制经济和推进经济发展的大部分权力。在与民休息政策的影响下,西汉经济蓬勃地成长起来,出现了所谓的"文景之治",社会经济得到了极大的发展。在黄老学说的幌子之下,法吏系统从未放松过对社会经济的操控,当时出现了许多酷吏,如张汤等,权力已不限于决狱,而试图向政治领域扩展。到汉武帝时代,终于出现了桑弘羊这样正式信奉法家思想的经济酷吏。

桑弘羊的出现不是偶然的,而是法家思想对社会全面统制思想在商品经济社会条件下的必然结果。一般认为,汉武帝是一个推崇儒家思想的君主,但他推行的一系列经济政策不但丝毫看不出儒家思想重民厚生的痕迹,反而处处充满法家气息,其对社会的统制与对民力的榨取,较秦始皇有过之而无不及。毋庸置疑,早在战国时代中国的商品经济就发展到了一个相当高的水平,无论是东方六国还是秦国,商品经济都得到了相当的发展。在东部,宋国都城定陶成为当时的商业中心,围绕着定陶展开了一系列的政治军事斗争,甚至导致了东方大国齐国的短暂灭亡。在秦国,一大批大商人开始活跃于政治经济舞台,最典型的就是吕不韦。在此条件下,法家思想必然会与商品经济的发展产生冲突。法家思想植根于农业社会,重视耕耘和战斗,以农业军国主义思想来重组社会。法家思想对商人和商业深恶痛绝,只是因为秦朝统一时间过于短暂而无法在全社会范围内与商人阶层和商品经济发生冲突。在西汉,随着经济全面恢复,商品经济也随之发展起来,许多大商人开始拥有雄厚的资力,集中了大量的社会财富,这一切对封建国家调配资源的能力产生了严重威胁,法家传统的调配资源能力也开始部分失灵。在这种情况下,法家人物开始试图将权力范围扩展到整个社会,以国家来统制社会,压制商品经济的发展。

这种尝试再加上汉武帝这个历史人物的出现,对社会经济产生了毁灭性的破坏后果。学界一般认为,汉武帝服膺儒家思想,独尊儒术,废除了黄老思想的主流意识形态地位,近十余年来对汉武帝独尊儒术的评价越来越高,已到了脱离历史现实的程度。如果我们考察汉武帝时期的社会经济政策及其破坏性后果,就会发现情况远非如此简单。汉武帝无疑是一个具有独裁倾向的君主,对权力的追求远超一般帝王,在其平常行事和对政敌的打击中,我们就可以看出其所作所为更符合法家思想。其所重用的一批重臣和酷吏,法家意味甚浓。更值得注意的是,汉武帝多次发动对匈奴的战争,利用全国处于不间歇战争的机会,逐步将整个国家纳入了战争体系,从而加强自身集权。与此同时,汉武帝不断提升内廷系统的权力,内廷在权力分配上的权重远远超过了外朝,这与后世清雍正帝借战争之机设立军机处以架空内阁有异曲同工之妙。就这样一个克里斯玛型君主,推行了一项对社会经济具有破坏性的政令:告缗令。

告缗令是算缗令的延续。算缗令规定,天下商户需如实向政府申报财产确切数目,并抽取财产税。具体抽取办法是:凡二缗(二千钱)抽取一算(一百二十钱,一说二百钱);小工商业户每四缗抽取二算;除官吏、三老和北边骑士之外,凡有马车者,一乘抽取一算;贩运货物的马车一乘抽取二算;船五丈以上抽取一算。算缗令的推行遭到了商人阶层的抵制,商户纷纷瞒报资产,但换来的是告缗令的推行。告缗令规定:凡在算缗令中隐瞒财产的,没收全部财产,罚戍边一年,如果有人主动告发,赏给被告人财产的一半,因而被称为告缗令。告缗令的推行对社会经济产生了破坏性的后果,战国以来发达的商业几乎一扫而空,大批商人破产,同时相当一部分死于戍边过程中。告缗令无论对社会企业家精神还是生产力都造成了极大的破坏。

汉武帝是一个多欲的君王。为了满足个人欲望,他不仅推行告缗令,还推行了盐铁专卖政策。这三项政策(算缗令、告缗令和盐铁专卖)相当彻底地摧毁了战国以来繁荣的工商业,同时将手工业生产纳入政府管理的轨道之下。史载汉武帝晚年"海内虚耗,户口减半",学界一般将这个社会后果归结为对匈奴战争的结果,其实更深层次的原因在于这三项反工商业的政策几乎将当时的中国拖入原始的物物贸易阶段。更令人震惊的是,为了筹集对匈奴战争的军费和满足个人嗜好所需的巨额资金,汉武帝强行推行货币贬值手段,发行鹿皮币,规定一张鹿皮值四十万钱,并以"腹诽"的罪名处死了对鹿皮币发行表示怀疑的大司农颜异。在这种"杀鸡取卵"式经济政策的作用下,西汉的经济发生了大倒退,虽然战争未发生在汉朝内地,但汉朝内地所受摧残和社会经济所受破坏,实在不亚于一次大的战争。

汉武帝的经济政策引发了极其严重的社会后果,到了汉武帝晚年,政局已危机四伏。与秦始皇相比,汉武帝对社会经济的摧残更为严重,社会之所以没有发生大的暴乱,是因为汉武帝在晚年及时调整政策,重拾与民休息政策,使得社会经济开始缓慢复苏。但被汉武帝破坏的商品经济却不是一朝一夕就可以恢复的,并且围绕着盐铁专营已经形成了一个庞大的利益集团,为首的便是汉武帝的首席经济幕僚大臣桑弘羊。汉武帝在临终时确定霍光、金日䃅、上官桀、桑弘羊和田千秋辅政,辅佐年幼的汉昭帝,这五人对国家大政方针尤其是财政政策的看法并不同。以霍光、金日䃅和田千秋为首的一派主张与民休息,放松对民间的经济统制;而桑弘羊等人则坚持盐铁专营和酒类专卖政策,继续坚持武帝的财经政策,无视武帝的一系列政策对社会经济所造成的毁灭性影响。桑弘羊后来逐渐得到上官桀的支持,给霍光等人调整经济政策造成了极大的困难。为了消除桑弘羊、上官桀一派的阻碍,霍光召开了专门会议,召集各地贤良、文学到长安,就盐铁专卖政策展开辩论,号称"盐铁会议"。会上诸贤良、文学就汉武帝所推行的祸国殃民财经政策提出了极大的抗议,就告缗令和盐铁专卖政策所造成的民间疾苦作了充分控诉,呼吁早日废除这一对国计民生造成极大危害的政策。面对贤良、文学的进攻,桑弘羊作了坚决的反驳,指出正是盐铁专卖政策带来的充沛财源保证了对匈奴战争的顺利进行,"有益于国,无害于人"。具有讽刺意味的是,正是法家桑弘羊而非儒家的贤良、文学在这次会议上提出了视商业为末业的观点。桑弘羊强调,尽管工商业对人民生活有重大的好处,但如由富商大贾经营,则会造成垄断,不利于民也不便于国,只有将这些产业交由政府专营,才能充分发挥它们的益处而抑制它们的害处,从而"使民务本,不营于末"。桑弘羊的这一观点充分反映了法家对工商业的看法。法家一向敌视工商业的发展,无论是商鞅还是韩非,都不主张发展工商业,而是主张国家对社会的全面控制,包括工商业。在法家看来,工商业的发展会使得民众脱离国家的控制,从而削弱君主的权势,因而要确保人君的地位,必须全面抑制工商业的发展。汉武帝和桑弘羊无疑是这一观点的信奉者,因而在他们执掌国家财经大权的数十年间,推行了一条抑制工商业、破坏社会经济发展的路线。近来论者多以为传统儒家思想重本轻末,蓄意抑制工商业的发展,导致中国迟迟未能进入资本主义社会,从盐铁会议桑弘羊的言论来看,实在是找错了对象,把法家的账记到了儒家的头上。尽管儒家也有类似的想法,但都是从百姓民生角度出发,而绝非像法家那样视工商业为人君权势的重大障碍。汉武帝和桑弘羊等将这条错误的财经路线推到了极致,也因此在盐铁会议上遭到了代表民间社会的贤良、文学的极大责难。

桑弘羊还对汉武帝的财经路线作了全力辩护。桑弘羊认为,富商大贾的经济实力发展过于庞大,不但危害到政府的权力,还对民众的生活产生了严重的影响。富商大贾囤积居奇,盘剥百姓,破坏市场秩序,对国计民生造成了很大冲击。为了防止这种情况的出现,桑弘羊认为应该严厉抑制商人势力,控制民间工商业的发展,实行关系国计民生产业如盐铁业的官府专营政策。桑弘羊的这番言论可以看作是世界上最早的国家资本主义的表述。桑弘羊的这番言论绝不是偶然的,而是法家思想在商品经济条件下的产物,表明了法家对商品经济的看法。法家的理想就是要打造一个农业军国主义社会,为此不惜牺牲商业的发展,在汉代中期商品经济已经较以往有很大发展的条件下,法家思想遇到了新的难题:如何将工商业体系纳入法家政治经济路线?汉武帝、张汤(告缗令即出自此人之手)、桑弘羊等人给出的答案是:重要产业政府专营,抑制民间工商业的发展。这种思想观点和商鞅、韩非子的观点是一脉相承的。

  桑弘羊在盐铁会议上利用贤良、文学们政治上的不成熟取得了辩论的上风,但汉武帝和他的财经政策所造成的经济困境却不是几句锋利的言辞就可以解决的。作为首席辅政大臣的霍光早已准备调整政策,召集盐铁会议只不过是为调整政策造势而已。盐铁会议后不久,霍光开始调整武帝的内外政策,桑弘羊感觉到危机四伏,遂与上官桀等人结成政治联盟,图谋反对霍光,坚持武帝内外政策,但被霍光及时反击,后被弃市。传统史家目桑弘羊为奸臣,各家史书均未为其立传,今日我们所见桑弘羊之资料,多载于桓宽所著《盐铁论》。桑弘羊等人虽死,但其推行的破坏性财经政策的影响却不是一朝一夕就可以清除的。霍光等人虽进行了政策调整,但西汉的经济再也不能恢复到汉武帝登基时的那种巅峰状态,而进入了一个漫长的经济萧条期,被汉武帝、张汤和桑弘羊等人破坏的西汉商品经济再也未能恢复元气。大工商业主鉴于经营工商业的风险,纷纷转向农村,成为土地经营业者。在西汉中后期,一股土地兼并的恶浪开始席卷整个社会,大地主纷纷出现,这是中国整个封建时代第一次出现这种现象。大地主的出现,不是社会生产力发展和发达的结果,而是整个社会生产力走进死胡同的一个畸形产物。大土地所有制既是政府实力增强的后果,又是商品经济遭遇挫折的产物。从西汉政治经济发展的现实来看,大地产并不是王朝体系一开始就有的产物,而是在王朝立国、巩固一百余年后才出现的新生事物。在西汉王朝诞生、巩固的一百余年间,特别是在"文景之治"和武帝统治的阶段,大地产并未充分发展起来。相反,当时工商业经济比较发达,商人作为一个阶层在社会生活和政治上异常活跃,西汉政府也颁布了一些有利于商人阶层参与政治活动的法令,比如对出任官职的财产限制等。大地产经济尚未充分得到发展。

  但汉武帝打破了这种商品经济发展的惯性。商品经济的发展,不仅使法吏阶层感到社会管制能力的危机,更使得人君看到剥夺工商业财富满足个人私欲的可能性。武帝时政府对工商业的摧残，正是二者携手努力的结果。正是在汉武帝一朝，西汉朝廷正式发布推恩令，肢解了各主要诸侯国，这些诸侯国即使携起手来也再难对抗西汉中央政府，这就带来了深远的政治经济后果。一个亘古未有、具有高超管理技术和征税能力的政府开始建立起来，这个政府具有在大范围内进行物资调配的能力，在相当程度上以政府内贸易和物资调配取代了商人阶层的自发贸易活动，这对商人势力是沉重的打击。在西汉那种几乎原始的商品经济条件下，商人能发挥作用的经济领域是极其有限的，盈利性事业的范围远远不能与今日相比。于是，商人被迫将相当部分盈利和积余转向农村，开始经营农业，同时官僚和地方豪强也因投资渠道的匮乏而将目光转向农村，大土地所有制雏形开始出现。当大土地所有制开始出现，土地兼并活动也愈演愈烈，小自耕农纷纷破产，或投奔大地主以获得政治经济方面的庇护，这就导致民间购买力大大缩减，进一步打击了工商业。由此我们得知，汉武帝一朝的经济政策，相当彻底地摧毁了战国以来的民营工商业，建立起一个以地产经济为主体的国家，大地产经济是对商品经济的反动。

这个转变的涵义极其深刻，其重要性至今尚未被我们深刻了解和领会。如果再考察汉武帝以后的历史，我们或许会得到一些有益的启示。为了解决西汉后期因土地兼并引发的全面社会危机，王莽篡位后颁发了一系列法令，宣布冻结土地买卖，并直接抑制土地兼并，这个办法引发了大土地所有者们的坚决反抗。王莽的政策是以托古改制为特征的，试图通过复古的办法来解决当时政治、经济和社会的全面危机，但王莽的政策却大大加剧了当时的危机，结果大土地所有者乘势而起，通过军事斗争夺取了政权，建立了东汉王朝。在东汉一朝，大土地所有制开始遍布全国，占地数万亩的庄园随处可见。这些庄园具有完善的内部循环化生产系统，粮食、布匹、油料均可自给自足，唯一需要贸易的只是食盐。中国的经济被相当彻底地推向自然经济状态，国内贸易和商品经济发展水平较之"文景之治"的时代已大大倒退。整个东汉的经济是以凋敝著称的，只有在桓帝和灵帝的时代，商品经济才逐渐恢复到文景初期的水平。但随后即发生了黄巾起义，起义被镇压后，整个中国尤其是北方地区陷入全面战乱，人口由灵帝末年的5 900余万下降到赤壁之战前夕的500万，商品经济几乎崩溃，社会经济全面倒退到物物交换年代。究其原因，是因为大地产本身就具有天然的分裂性，东汉初年豪强大族的崛起导致这些大地产阶层具有很强的经济和准军事实力，一定条件下就成了分裂的重要诱因。而整个东汉时期经济恢复异常艰难，西汉经济巅峰时期人口为6 000余万，而东汉花费170余年时间人口才恢复到5 900余万。虽然人口数量不能完全与经济总量划等号，但在两汉尤其是东汉那种以农业为主导经济的条件下，人口是可以在相当程度上反映经济总量和经济活跃程度的。

由此可见，中国封建社会主流经济模式在西汉中后期开始形成，即"中央政府主导经济,地方大地产主作为政权支柱"模式。战国期间逐渐繁荣的商品经济逐步沉寂,虽然民营工商业仍然存在,但发展势头与战国末期相比则不可同日而语。值得注意的是,中国历史上曾经多次出现商品经济繁荣的景象,除了两宋时期,几乎都出现在王朝中后期,而商品经济的繁盛则为王朝的崩溃提供了良好的温床,新兴的王朝继残酷的改朝换代战争之后几乎都对商业经济进行严厉的压制。从这里我们可以看到,中国大一统政治局面的出现,不仅没有使工商业更加繁荣,从而为产业革新甚至革命打下基础,反而在相当程度上压制了工商业的发展。要分析和寻找这方面的原因,我们就不得不从中国大一统帝国"中央政府主导经济,地方大地产主作为政权支柱"模式入手来进行探寻。

3. 大地产制——帝制中国的主流经济形态

中国封建经济是以小农经济而著称于世的,而中国小农经济的土地所有制并不是以小农分散拥有土地为特征,而是以大地产为骨干,辅之以小农分散拥有土地,具体以小农分散劳动、自成一微观经营主体为特征。在这种情况下,形成大地产是必然的情形,因为各微观主体在土地条件、资金和经营能力上都有很大的差异,光靠市场竞争的话,形成土地集中和兼并是很自然的。但问题是,中国封建社会形成这种大地产的动力机制不是市场竞争而是政治权力。

这种大地产构成了中国社会与西方社会在经济形态,乃至社会形态和政治结构方面的根本不同,也决定了中国和西欧在大航海时代之后势必会发生"大分流"。在西方,甚至在春秋战国时期的中国,土地属于领主所有,领主的封臣可以得到一块封地或者采邑,来维持自身和家庭的生活,并向领主履行一定的义务以作为交换。虽然在大多数情况下,这种封地或者采邑一经封出就已固定,不用担心被收回,但这种封地或采邑是领主和封臣主从关系的象征,从理论上来说产权属于领主,臣属仅仅获得使用权和收益权,不仅不能自由买卖,反而成为一种人身束缚而存在,正如《诗经》中所说,"普天之下,莫非王土;率土之滨,莫非王臣",领主拥有其全部领地包括臣属封地的全部产权,而臣属则因享有领主所封之地而成为领主的附庸,在财产上和人身上都依附于领主。值得注意的是,这种封臣林立的状况,原本应该增加贸易的成本,带来贸易的不便,但无论在中国的春秋战国,还是在西欧的中世纪后期,都带来了贸易的繁荣和商品生产的发达,而大一统的帝制中国,其国内贸易水平却陷入一个低谷,根据交易费用理论,大一统的政治局面消除了许多税收壁垒,理应增加而不是降低国内贸易的水平。为了弄清其中的原因,我们认为应该好好研究这种封建帝制下的大地产对整个中国社会和经济发展路径的影响。

帝制中国的大地产在经济形态上与春秋时期和西欧中世纪的封臣采邑制有很大的不同:首先,大地产主对自身的田产有着充分的产权。和春秋战国时不同,大地产主对自身拥有的田产享有充分的产权,可以买卖、转让和租赁,只需在名义上承认自己是皇帝的臣民,自身所拥有的土地在最终归属上属于皇帝。实际上,除了对一些犯有"谋反罪"的重臣,皇帝很少直接对自身的臣民实施财产褫夺权。因而我们可以认为,在帝制中国,臣民的财产权特别是大地产主的财产权,是得到充分保障的。其次,大地产主一般在政治上不享有制度化的权力。在西欧,封建领主和他们的封臣在政治上都享有制度化的权力,在一个整体化的封建架构中,这些大大小小的领主和封臣都有明确的权利和义务,彼此之间通过封邑关系建立起政治上、军事上和人身上的依附关系,因而在这种架构中,政治权力为各级所分割,呈碎片化的局面。而在帝制中国,大地产主虽然在经济和政治上都享有很大的特权,但其本身在政治上的权利,却需要通过一些特殊的渠道,比如科举、恩荫和捐献的方式来取得,而不像西欧和日本那样是通过制度化的方式世袭取得的。最后,大地产主与下级的关系主要以经济为纽带,并通过经济关系而形成人身依附等方面的超经济关系,而西欧封臣式关系则主要是先形成政治和从属关系,再形成经济关系。这就造成了帝制中国和西欧乃至日本在社会结构上的不同:帝制中国通过大地产制将农村和占基层民众绝大多数的农民牢固地纳入自身的社会控制系统之下,而西欧和日本的封臣式结构则与下层民众有相当程度的脱节。在帝制中国,尽管从东汉一直到南北朝时代,存在着对民众具有政治和经济双重强制力的大地产,但从隋唐开始,大地产对民众政治上的控制力越来越弱,主要表现为包揽地方词讼欺压百姓,但在政治上除了协助政府完粮纳税之外,正式的政治权力实在不大,主要是依靠宗族势力进行非正式的政治控制,但也由此受到宗族势力和宗法制度的强有力制约。西方则不然,封臣制对各级封臣都具有很大的约束作用,将大大小小的封臣通过封建关系组成一个有机的整体,但与下层民众则存在脱节现象。相形之下,中国的大地产制则将基层民众有力地编织到自身的经济网络中,并以经济网络为基础形成了对基层民众政治上的强制力。帝制中国的社会结构也因而对民众具有更强的统治力,社会结构也更加具有内在的刚性。

考察中西社会结构的刚性,我们就可以得到很多中国、西欧乃至日本在转型时期不同表现的新认识。对于西欧和日本来说,封臣制主要存在于统治阶级内部,采邑封赏关系纽带仅仅存在于统治阶级内部,这种社会结构具有上层结构的刚性和中下层结构的脆弱性。西方封建社会和日本一样,农民和普通民众被排斥于政治体系之外,缺乏上升渠道,并且身份是固定化和世袭的。这种社会结构无疑使整个社会缺乏流动性,社会压力无从释放,但却带来了一个意想不到的后果:自治城市的诞生。一般都认为,中世纪西方自治城市的诞生和发展令整个森严的封臣体制出现了结构上的漏洞,自治城市成为逃亡农奴和隶农投奔的重要去处,整个以农业和自然经济形态为特征的经济体系被打开了一个商品经济的缺口,从而有利于这些国家的人力资本、科学技术水平的提高和对外来知识、技术的吸收。封建领主们之所以容忍自治城市的存在，乃是因为这些城市为其提供了购买奢侈品和进行高消费的场所，国王出于压制封建领主的考虑，也积极支持这些自治城市的存在。在这些因素的作用下，自治城市开始迅速地发展起来，并成为沟通一个个独立采邑单位的经济渠道。这些城市中开始迅速产生专门的手工制造业，并且工匠具有自由身份，能占有自身的劳动果实而不用担心因人身不自由而遭受来自领主的经济和超经济的剥削，其劳动积极性大大提高。商品生产分工也在这些城市中快速发展起来，表现为：工匠们之间的分工日益明确，技能分工也逐步明细化和专门化，人力资本分化日益明显，水平也越来越高。在这种情况下，自治城市对生产管理技术和财务管理技术的要求也相应越来越高，于是产生了复式记账法，成为现代会计制度的开端。自治城市经济的发展，撼动了整个封臣体系的结构，使得封臣体系与社会经济发展的联系日益薄弱，封臣们在市场上开始处于不利的地位，不得不为各种奢侈品而出卖自身的田产和其他权益，甚至包括贵族姓氏。除了极少数财大势雄的高级领主之外，整个封臣阶层都陷入了经济窘困，而大领主们为扩张个人实力，对于中小领主们出卖田产的行为不仅不加制止，反而趁火打劫地购买这些中小领主和封臣的田产和采邑。就这样，西方中世纪的封臣体系走向破产，在这个废墟上建立了现代的财产产权制度。同时，由于封臣体系内部极其严密的结构是靠契约来维系的，西欧社会逐步形成了重视契约、在契约的基础上开展商品经济活动的传统。反观帝制中国，大地产主在经济上往往可以自给自足，许多大地产主往往具有雄厚的经济实力，他们的经济生活建立在对佃农的压榨基础之上。这种直接的经济关系，使得佃农购买力较为低下，难以从市场上大量购买商品，而大地产主因为收入多以粮食等食物为主，中国又是一个缺乏贵重金属的国度，大地产主的收入要充分变现为货币也不是一件十分容易的事。因而相对于中世纪的西欧，中国当时的商品生产和流通是不充分的。值得指出的是，帝制中国大地产主对政府特别是管理系统存在一种依附的关系，如果没有政府抑或管理系统的支持，大地产主的政治经济权益是得不到充分保障的，尽管大地产主阶层或者包括中小地产主阶层在内的整个乡村土地精英阶层往往是管理系统的基础。正是因为存在着这种依附的关系，大地产主阶层与整个管理阶层的联系，要远比西方中世纪整个封臣阶层严密得多，尽管这种依附关系远没有封臣关系来得正式。从长远来看，这种官僚阶层-地产精英的政治经济模式产生了严重的后果：它使得商品经济艰难地存在于大地产制的狭缝中，缺乏合适的土壤来生长和壮大。在这种模式下，政府垄断了重要产品的生产技术，而私人大地产因生产方式的单一性和自我循环性，缺乏向技术领域投资的兴趣，反而以极大的热情用剩余产品购买新的田产，进行自我膨胀。这种自我膨胀和扩张并不意味着生产技术的改进和生产效率的提高，相反却造成大量农民失去土地，这些土地到了大地产主手中却又因管理不善而效率减退。这种情况在帝制中国屡见不鲜,大地产主倚仗自身与封建官府的联系,肆意侵夺民地,却又无力向原业主那样对所占土地进行良好的经营,因此不得不将其租赁给其他人经营,自己坐收地租。这种情况带来了极其严重的恶果。一方面,这使得产权在帝制中国没有得到完善的保护。大地产主肆意侵夺民地,侵犯普通农人利益,结果导致普通农人的产权得不到保护,这反过来也会影响到他们自己的产权。在一个产权不受保护的社会,没有任何人的产权是安全的。产权上的不安全势必使社会上拥有资产的人不愿进行生产方面的投资,而满足于一种自给自足的自然经济状态。同时我们需要特别指出的是,中国历史上对生产技术做出重大革新的,多半是具有官方身份,或者像毕昇那样的普通工匠,而像工业革命时期瓦特和阿克莱特那样具有直接生产经验且富有经营能力的复合型人才非常少见。探求其原因,正是产权上的不安全导致了"无恒产者无恒心"。另一方面,大地产主的扩张对整个社会的资金流向产生了微妙的影响。要产生像近代英国那样的产业革命,精英阶层必须在生产上投资大量资金,不但扩大再生产,而且要为技术改革和创新做准备。在帝制中国,资金主要掌握在大地产主手里,有些商人虽然也会掌握大量的资金,但中国传统的商人在发家后依然会在农村大肆购买田地,从而转化为大地产主。所以在帝制中国,大量的资金沉淀在土地上,缺乏进入非农业生产性领域的渠道。买卖田地所得资金,大多用于挥霍,对整个社会的扩大再生产和技术革新毫无益处。因而相对于西方和日本的采邑制,中国的大地产制具有独特的运动轨迹,我们如果想详细分析相关问题,必须充分考虑到这一点。

中西社会结构的刚性还带来了商品经济不同程度上的发展,最终导致了产业革命年代中国、西方和日本在转型上的差异。在西方和日本,由于采邑制将地产分割成一个个小的单位,导致在这些单位内部,生产产品相对单一,难以满足自身需要,因而不得不在市场上购买其他需要的产品,并且为满足自身经济循环和再生产的需要,这些生产单位不得不致力于自身产品的生产,不断改进技术并不断将技术一代代传承。而在帝制中国,重要产品的生产,如瓷器、丝绸、茶叶等,无不为官府所垄断,最好的产品皆出于官府作坊,这就使得工匠的生产积极性和技术改造的动力不如为自身经营的那些西欧同行。而一般作坊因资金匮乏,无力进行技术革新,在市场上与官府作坊竞争时自然处于劣势。官府作坊垄断供应的情况,并非西汉一朝专有。商品经济在帝制中国的发展,要远比西方和日本更为艰难。商品经济的发展是出现产业革命的必要条件,这是为学界所公认的。中国早在汉代,地方就被纳入中央大一统的集权之中,帝制中国经过上百年的摸索,到西汉末年,已建立了一套行之有效、覆盖全国的物资调配体系,加上政府完善的征税能力,终于建立了一个可自我循环的、在相当程度上可替代市场的经济系统。这个经济系统以大地产制为基础,以完善的官僚体制为中枢,以自给自足的自然农业经济为骨干,商品经济在相当程度上萎缩到政府所能容忍和控制的范围之内。商品经济的存在，仅仅是为了给政府在全国范围内配置资源提供方便，以及满足贵族和官僚们享乐和剥削的需要。虽然西方国家同时期的商品经济也是服务于贵族享乐这个因素，但分散化的西方贵族显然无力在全国范围内控制商品经济的发展，而帝制中国的官僚体系却有很多办法做到。我们在研究帝制中国商品经济发展的历程中困惑地发现，商品经济对于帝制中国的统制机器有一种破坏性的力量。商品经济的发展，不仅带来了经济增长和技术进步，更导致了整个统制机器的千疮百孔和国势的倾颓，几个商品经济比较发达的时代，如西晋初年、中晚唐、南北宋和晚明，均是如此。在西方和日本，虽然商品经济的发展也导致了统治阶层出现了相当大的问题，但并没有造成像中国这样破坏性的后果，这值得我们深思。

我们在此不厌其烦地分析西汉的经济发展与政治格局的关系，是因为我们认定，中国经济增长和发展模式与西方有着根本的不同。西汉是中国历史上第一个大一统的帝国，如果没有西汉的重新统一，以及西汉统治阶层审时度势重新推行与民休息的经济政策，这一大帝国很可能会在短期内解体，就像秦王朝一样。在这个政策的作用下，西汉经济得到了长足的发展，史称"京师之钱累巨万，贯朽而不可校。太仓之粟陈陈相因，充溢露积于外，至腐败不可食"。大一统的政治局面带来了空前的经济效益，出现了像卓王孙那样的大富豪，史载司马相如岳父卓王孙以冶铁为生，累积家财至巨亿。在整个西汉，商品经济开始充分地发展起来。但正如前文所分析的那样，这种发展，是战国以来商品经济发展的"浪漫时代"的一次回光返照。中央集权型政府刚刚建立，尚未具备后世政权那样丰富的社会管制经验，也尚未建立起自身的经济基础——大地产制，因而商品经济按照自身的历史惯性继续向前发展。从这个角度来看，汉武帝实为一代之才帝，中国在帝制时代典型的经济和政治模式，几乎都是在他当政时奠定了雏形。这就造成了中国与世界大异其趣的独特个性：中国早在公元前就建立了中央集权型政府和复杂精密的官僚体系，并在一个与当时的技术水平不相称、大得可怕的国土范围内推行西方直至工业革命时代才得以实行的单一国家体制。日本曾在大化革新之后囫囵吞枣地引进了中国的这套中央集权型体制，但最终演化成武家政治和幕府体制，依然回到了原有的封建割据的老路上。因而中国的这一特性值得我们重视和研究，而不光从政治经济学的角度。只有充分地理解了中国的这一独特性，我们才有可能对中国的历史轨迹和未来的经济社会发展作充分的把握。

4. 大地产制对传统中国经济增长诸要素的影响

帝制中国的大一统国家形态对中国的经济发展、政治体系乃至整个国家命运都造成了深刻的影响。中国的历史相对于西方和其他国家来说，具有鲜明的个性与独特的路径，这使西方历史学家深感困惑，也使得我们自己对中国近现代经济社会和政治制度方面的转型产生了许多扭曲的认识。本书认为,一国经济增长的最终动力,乃是该国所拥有人力资本禀赋、科学技术水平、对外来技术的消化吸收能力、产业组织和分布形态以及教育体系等。下面我们就这几个方面,对中西差异作一分析,以便了解帝制中国独特的政权组织形态对中国经济发展以及转型路径所产生的独特影响。

(1) 人力资本方面

相对于中世纪的西方,中国在人力资本上无疑有着一定的优势,在特定时期这种优势甚至是巨大的。当然我们将整个西方与中国一国相比较,似乎有点不公平,但考虑到中国作为国家的体量,以及中华文明在远东文明所占的几乎独占性的代表地位,这种比较是合适的。这一切都源于中国作为一个大一统国家所具有的独特优势与发展路径,从帝制中国人力资本的发展和演化上,我们尤其可以看到这一点。

帝制中国历朝历代都出现了大量的人才,为当时中国经济的发展提供了充足的动力。众所周知,中国在帝制时代出现了大量的政治家、军事家,为中国政治、军事和经济的发展作出了杰出的贡献。在一般人的印象当中,似乎中国古人从来就不擅长于在科学和技术方面取得成果,因而引发了种种荒谬的说法。但如果我们仔细研究史实,就会得到全新的结论。

中国古人很早就在生产高端产品方面驰誉世界。早在古希腊罗马时代,中国的丝绸产品就远销欧洲,成为当时罗马城奢侈生活所不可缺少的部分。中国古人所生产的丝绸产品令西欧和拜占庭地区惊叹。由于当时中西贸易路线掌握在波斯和中亚部落之手,为了获得稳定的丝绸供应,西欧和拜占庭一直试图得到丝绸的生产技术。在不断的努力和使用了各种光明不光明的手段后,丝绸生产技术终于在中国南北朝时代传播到了拜占庭帝国,随后传到西欧。中世纪中期,意大利成为欧洲丝绸生产第一大国,佛罗伦萨成为当时欧洲丝绸生产的中心。虽然中国已不再是生产丝绸的唯一国家,但中国依然是生产丝绸的最重要的国家,在整个中世纪,中国的这一地位从未被其他国家所撼动。瓷器和茶叶等当时的高端产品的生产亦是如此。中国在这些产品方面的优势使得中国在中西贸易中长期居于顺差地位,西方和日本所能向中国提供的产品只有贵重金属。可以设想,如果没有发现美洲,使西方贵重金属的来源和储备大增,西方将难以长期支持中西贸易,而日本在德川幕府时代的闭关锁国,与遏制国内贵重金属外流显然有着内在的关联,这可以看作幕府采用缩小对外贸易的手段来遏制国内贵重金属流向中国。这些经济现象的产生与当时中国在人力资本方面的优势有着极大的关联。

中国工匠自古便以巧工善思著称于世。以司母戊鼎的铸造为例,司母戊鼎的铸造采用传统的整体浇铸法,工匠利用泥土制作陶范,陶范分为腹范、顶范、底范和浇口范等部分。陶范制作成功之后,工匠将内范和外范组合成型,中间就是用于浇注铜液的空隙部分。鼎足部分也通过陶范与整个鼎身陶范连在一起,有的鼎足作为浇注口,有的鼎足作为排气口,排气口可防内部形成空气堵塞,导致铜液无法通过而造成铸造失败。更令人拍案叫绝的是,经现代 X 光检测发现,大鼎不是实心的,而是空心的,很好地解决了因浇铸时厚薄不均所造成的问题。在那种近乎原始的技术条件下,古代中国工匠们取得了令后人震惊的辉煌成就。在同时期的其他文明体,很少有工匠能在这种国家级的大工程上取得如此辉煌的成绩。

考察殷商时代中国文明的发展情况,我们就可以看到,中国当时的文明还处于比较蒙昧的状态,相较于其他文明体并不成熟,特别是商品经济的发展与近东文明区(埃及文明和两河流域文明)相差甚远。但正是在这个时期,中国工匠的技术和设计、构思的水平,甚至超过了那些近东文明的同行。也就是说,殷商时代的中国工匠,在人力资本方面的水平不仅不次于,在特定领域甚至优于其他重要文明体。如果考虑到近东国家,特别是两河流域的早期文明国家都有着很长时间的贸易和商品生产的传统,我们对中国工匠的人力资本水平就会更加惊叹。

中国工匠的人力资本禀赋在殷商时代突飞猛进的原因显然在于国家政权力量的推动。在殷商社会,最大的政治问题是与神学和对外征伐联系在一起的。由于殷商相对于周围城邑的力量优势,在对外征伐战争中取胜在周人崛起之前并不是太大的问题,宗教在凝聚自身力量,维持内部认同方面的作用,就显得尤其重要。在殷商社会,祭祀无疑是头等大事,祭祀对礼器的需求几乎是无限的,很多礼器甚至是一次性使用,譬如著名的司母戊鼎。由于国家政权需要不断地通过祭祀活动来维系,政权的合法性也通过祭祀活动来获得承认,礼器的生产与铸造就成了一项非常重要的生产活动。殷商青铜器的生产规模异常庞大,在数量和单件重量方面都远胜西周青铜器,可以认为,在武王伐纣之后的相当长一段时期内,中国青铜器生产水平是有所退步的。考虑到当时商品生产的不发达,以及其他城邑在经济上的窘迫以及与殷商在文明上的相异性,殷商的青铜器在这些地区几乎没有市场,特别是殷商的青铜器几乎不可能为平民所使用,因而这些青铜器生产的非商品性就显而易见了。

由此我们可以看到古代中国在人力资本发展方面的特点:政府需求推动。在中国古代大部分时间,商品生产都不发达,物质产品最大的需求方乃是政府。与希腊罗马时代和西欧中世纪不同,中国古代贸易活动主要以国内贸易为主,晚唐以后对外贸易才开始大规模兴起。在中国古代贸易活动中,政府需求包括皇室需求通常构成物质产品生产的最大推动力。由于中国幅员上的辽阔和政府力量的强大,中国古代物质产品生产部门在规模上相对于其他国家,有着很大的优势。在无数次生产活动中,中国的工匠比其他国家的同行具有更多的实践和学习机会,来自政府充足的订单也保证了这些工匠的生活,使得这些工匠有更多的机会从事创新活动。而来自皇室的需求常常会随着皇帝个人欣赏口味变化而变得高度不稳定,皇帝等权贵出于自身独特的嗜好,经常会向工匠下达各种在技术上显得极为困难的指示,这无疑极大地锻炼了中国工匠的水平。

这种政府驱动力量在高端人力资本的形成方面也产生了重要的作用。高端人力资本的形成往往与科学研究活动密切相关,而科学研究活动是需要大量资源来支撑和供养的,这恰恰是中国古代国家力量所擅长的方面。中国很早就建立起了强有力的国家政权,政府汲取资源的力量要远远大于同时期近东和西方的政府,这种差异必然会反映在大型公共工程的建设以及相关科技的发展上。早在秦代,中国政府便有能力组织完成长城、灵渠等重大工程,在其中积累了大量生产经验,也培养了大批精通工程和生产的官僚型人才。譬如西汉丞相张苍,出身于旧秦吏,并非汉高帝丰沛集团成员,因军功受高帝赏识,后因张苍熟悉财税、工程计算等,先后受到几任汉帝的重用,不但担任了丞相,而且打破了西汉前期非丰沛人不得担任丞相的潜规则,更以其丰富的算学知识保存、编撰了中国古代最重要的数学典籍《九章算术》。这里需特别指出的是,中国天文学正是通过政府的支持才取得光辉的科研成就的。中国古代之所以能产生那么多科研成果,科研人才代代不绝,与中国官僚化的知识分子全面参与生产和科研活动有着极大的关联。在古代历史上,唯有中世纪的西欧,修道士在参与科研活动的程度上可与中国官僚士大夫相比,这也是中国在帝制时代科技长期领先于世界的秘诀之一。

(2) 科学技术

中国古代有着发达的科学技术,而且这种传统几乎从未断绝。与希腊罗马相比,中国在科学方面并不十分突出,但若考虑到希腊的逻辑化数学曾在西欧中断1 500余年之久,而中国相应的成果几乎从未失传,我们就不得不对中国古代科学刮目相看。需要指出的是,尽管希腊时代西方形成了逻辑化系统化的数学和物理学,但其中包含的元素和方法都过于古朴,特别是亚里士多德的物理学体系包含大量错误,其总体科学水平并不超过中国的《墨经》。如果没有西方社会在整个中世纪基于基督教文化发展出一整套社会文明体系,古希腊的科学成果并不能说已超过古代中国。

中国独特的科学体系在战国末期便以初现端倪。战国末期以降出现了大量科学著作,比较著名的有对物理学作了系统研究的《墨经》,对天文学作了系统研究的《石氏星经》,全面总结中国战国以前数学成就的《九章算术》,著名的中医医学开山之作《黄帝内经》,保存先秦大量手工业资料的《考工记》,总结中国先秦农业实践成果的《氾胜之书》等。这些著作构成了中国古代科学的骨干,为后来中国科学的发展打下了坚实基础。

分析中国古典科学的发展,我们可以清楚地看到,中国早在西汉末年就形成了独具特色的科学体系。帝制中国所取得的科学成就,除了在几何学和流体力学方面较古希腊有所逊色之外,在算法、数系、代数和农学等方面都全面超越了古希腊。中国和古希腊在科学方面的成果各擅胜场,互有长处,在古典世界的文明史上写下了光辉的一页。而且我们还注意到,在形成了古朴的体系之后,中国古典科学并未停滞,而是在古典体系上继续发展。以数学为例,在《九章算术》之后,先后出现了《孙子算经》《海岛算经》《张丘建算经》等著作,出现了刘徽和祖冲之等名家,解决了一系列重要的问题。在此基础上,中国数学继续向前发展,终于在宋元之际迎来了一个发展的高峰。两宋金元的数学,经过上千年的积淀和发展,在方程论上取得突出成果,先后解决了一元高次方程的数值解法问题、多元高次方程数值解法问题等,其中朱世杰在《四元玉鉴》中所提出的方法,不仅比西方相应成果早数百年,更因其高度算法化的特色而为现代计算数学所借鉴。不仅数学,其他学科也取得了很大的成就。中国古代独具特色的科学体系取得了极大的成就,从中国整个封建社会的历史来看,除了文艺复兴后的西方,几乎没有哪个古代社会在科学上胜过中国的。如果用时间来衡量中国古代科学发展的连续性,几乎在人类历史上是独一无二的。

随着《四元玉鉴》的出版,以及宋元时期一大批天文、医学等成果的出现,中国古典科学达到了一个高峰。但元代末年残酷的战争使得大量科研成果失传,到明代建立时,天元术、四元术和同余方程的算法几乎全部失传,其他领域特别是医学也发生大倒退的现象。在整个明代中前期,中国科学陷入了一个黑暗时代。这个过程直到晚明才结束。明朝晚期随着中西交流的加快,利玛窦和徐光启合作翻译了欧几里得的《几何原本》,将古希腊的数学成果介绍到中国。由于利玛窦和徐光启只翻译了《几何原本》的前六卷,并且利玛窦的后来者对当时西方的最新数理成果也只是译介了对数,因而西来成果对当时中国的影响有限,而只是复兴了本土的科学传统。回顾这段历史我们看到,中国传统科学有着这样几个特点:第一,在宋代以前,中国科学的发展依附于政府职能部门,科研人员以政府职能部门的工作人员为主,这从当时流传下来的数学著作就可以看出来,比如《五曹算经》《张丘建算经》等,这些成果都是在职能部门口口相传,依托职能部门作为师承,因而中国科学在那一阶段发展较快。但到中晚唐,中国科学陷入了一个短期停滞期,这一方面是由于当时的战乱,另一方面是因为职能部门所需解决的问题到此时已基本获得解决,中国传统科学想要进一步发展,就必须找到新的动力。第二,中国传统科学的实用化背景阻碍了公理化体系的产生。与古希腊科学传统不同的是,中国古典科学产生的背景是政治实用而非哲学。中国古代最早的科研人员几乎都有政府背景,因而他们研究的问题都具有明显的实用特征,都是为了解决当时政府的实际需求。古希腊科学具有明显的哲学背景,其创始人大多深受当时哲学大家的教育和熏陶,除了墨家以外在中国古代科研人员身上是看不到这种背景的。这一点决定了中国古代科学著作具有明显的实用化背景,而缺乏公理化体系,或者说是在一种不自觉的情况下使用默认的公理化体系。第三,中国古代科学并不缺少探索精神,而是缺少一种为科学而科学的精神。中国古人有着惊人的科学探索能力,所取得的一些成果甚至领先世界2000余年。譬如使用矩阵方法解线性方程组,西方直到19世纪中叶才提出这一方法,而中国古人早在《九章算术》(据称最早流传于战国)中就提出了类似的解法,尽管这个解法高度算法化,并且缺乏符号表述。在古代中国,中国古人并不认为科学探索可自身成为科学的发展动力,而普遍认为生产生活中所提出的问题才是科技发展的根本动力。也就是说,中国古代缺乏一种为科学而科学的求道传统。在宋元学者如数学上的"宋元四大家"和医学上的"金元四大家"那里,我们似乎可以看到这样一种求道精神,但这种精神并没能广泛流传,而是湮没在历史的长河之中。

(3) 外来科学技术的吸收与学习

在大航海时代以前,中国对外联系并不是很方便:向北是浩瀚的大沙漠与西伯利亚荒原,向东是波澜壮阔的太平洋,向西必须越过葱岭和戈壁滩,向南则必须面对东南亚的湿热。地理上的原因使得中国成为一个相对独立的文明单元,除了必须应对来自北亚的游牧民族对中原政权可能造成的冲击外,在鸦片战争以前,中国并不需要应付太大的来自外界的文明冲击。这种独特的地理位置使得中国难以全方位地开展对外经济文化交流,却给中国提供了一个得天独厚的发展自身经济文化的环境。

在古代中国,囿于对外联系条件,中国难以大规模向外派出使臣进行文化科技交流。囿于中国传统的"普天之下,莫非王土;率土之滨,莫非王臣"的思想,中国政府对于平等进行对外科技文化交流并不热心。在相当一部分信奉儒家学说的大臣心中,对外联系的重点是维持朝贡体制。这种思想对官僚的后备队伍——地方士绅产生强烈的影响。因而在鸦片战争以前,鲜有中国士子出国学习海外的技术和文化。小说《镜花缘》成就了中国士子对海外的浪漫想象。

但这并不意味着中国古人缺乏学习海外科学技术的兴趣和能力。中国古人的聪慧世所罕见,以明末为例。明末随着西学的东渐,在神州大地掀起了学习西学的热潮,中国士子在这一波技术学习和吸收的热潮中扮演了主要角色。最著名的案例当属徐光启和利玛窦的合作,在他们的努力下,《几何原本》前六卷被翻译成汉文,公理演绎化的数学终于被译介到中土知识界,并有力地影响了清代数学的发展。明代传统数学中断的一个重要原因即在于计算工具的改变,从《九章算术》到《四元玉鉴》,主要的计算工具是算筹。经过元末明初的战乱,算筹的用法已渐渐鲜为人知,算盘取代算筹成为新的计算工具。算盘虽然有计算快捷方便的特点,但并不适合用于科学计算。以往的数学著作都是依靠算筹来进行运算,而明代的数学学者们并未能根据时代的发展利用珠算来重新阐释中国古典数学著作,在这项工作正处于萌芽状态时,西方数学传入了中国。徐光启在同利玛窦等人的交流之后,痛感中国传统数学的缺陷和明代数学的倾颓,与利玛窦翻译了《几何原本》,并且影响到一大批学人,比较有名的有李之藻、孙元化等。此外,西方的数学方法也传入中国。西方的笔算,有着方便快捷、易于操作的特点,明末随着传教士传到了中国,中国学者迅速接受了笔算,包括其他一些计算方法,其中最重要的是对数。苏格兰数学家纳皮尔在1614年发表了《奇妙的对数定律说明书》,将乘除法转化为加减法,大大简化了计算过程,对生产技术和科学的发展起到了极大的推动作用。这一划时代的发明不久就传到了中国。1646年,波兰传教士穆尼阁来华,穆尼阁掌握了最新的对数计算方法,为当时驻华传教士中不可多得之人才。1652年,薛凤祚至南京从学于穆尼阁,很快掌握了对数计算方法。对数的传入,使中国数学至少在计算上已与世界同步。以此为基础,中国数学开始了一段轰轰烈烈的复兴之旅,尽管与西方还有不小的差距,但却引进了一系列的方法、理念,为晚清全面引入西方科学打下了基础。晚清时期如果不是政局异常动荡,中国引进西方学术或许花不了太长时间。

从这一案例我们可以看出,中国人的头脑并未因地理上的不便而固步自封。在先进的西方学术面前,中国学者表现了虚心、开放和充满灵性的一面。很难设想一大批未受严格数学教育的士子在短期内就消化了西方数学近千年的成果,今天我们回顾这一历程,不由得为当时中国士子的学习能力和广阔胸怀而感到赞叹。可以说,如果当时中西交流一直持续,没有因为政治的原因而受到干扰,中国科学将缓慢而坚定地跟上世界的步伐,而中国士子也会在科举制的大框架下逐步赶上世界的先进科技发展水平,而无需使用较为激烈的废除科举手段,甚至整个科举制度也将以一种演化的方式找到其在新时期的位置。中国近代转型的艰难,很大程度上是因为知识阶层转型的艰难,而这与西方科学发展到了这样一个水平密切相关:在这个水平上,西方的学术已经高度职业化和专业化,学者需要拿出绝大部分精力来进行学术研究和科学探索,那种旧时代业余学者的形态已经为新时代所抛弃。到了这个时候,中国士子们想要同时完成科学研究和科举举业,已经是不可能的了。中国未能在士子阶层科研活力尚存之前完成知识的更新和推进国家的近代化,是中国近代转型艰难的一大内在原因。

(4)产业组织形态

产业组织形态是衡量一个经济体成熟与否、经济增长有无潜力的重要标准。现代西方世界生产力之所以发达,技术之所以先进,关键在于先进的技术通过合理的产业组织形态而得以运用于产业,从而取得了可持续发展能力。如果一个经济体缺乏合理的产业组织形态,那么再先进的技术也不能为该经济体所合理利用。考察一国产业组织形态的历史演进和路径依赖,对研究该国经济发展路径极有价值。

在帝制中国,主要的产业是农业和手工业。农业的产业组织形态——大地产制在前文已作了较为详细的论述,接着我们将对帝制中国手工业的产业组织形态做一初步的研究,以探索帝制中国独有的经济规律,从而使我们进一步认识中国经济下一步的增长动力。帝制时代中国政府的力量异常强大,除了一些北方的草原汗国之外,中国政府的权力和调度资源的能力几乎超过了世界上所有的国家。帝制中国的政府有能力开设超大规模的手工业工场,并有能力通过订货、税收和垄断原材料等手段控制私人手工业。由于帝制中国建立了全国一体的政权体系,私人手工业很难像西方同行那样用脚投票,到开出比较合理税收的诸侯地盘上发展。这样固然避免了西欧那样因诸侯林立而导致的重复征税,却使得私人工商业难以挣脱政府的操控之手,以取得更大的发展。中国历史上的工商业者经常被视为贱民,位居"士农工商"四民之末。这使得工商业者阶层不安于现状,极力想摆脱商户和匠户的身份。为了解决这一"无恒产者无恒心"式的问题,帝制中国强行推行了匠户身份代代世袭和商户限制性参与科举考试的政策。

这种政策产生了极为严重的消极后果,并使得帝制中国社会结构人为僵化。首先,匠户身份世袭制固然解决了发展工商业所需人才的问题,并有利于生产经验代代相传,从而更好地积累生产经验,但这是以国家强制力为保证的,工匠失去了选择职业的自由,某种程度上可以认为是国家农奴。这对工匠的生产积极性产生了影响,同时也限制了工匠自主创业,不利于发挥他们的创造精神和企业家精神。工匠长期在政治高压和极端化的皇室需求下工作,生产积极性不高,心情也比较压抑,根本无心考虑主动发展生产技术和提高自身文化素质与经营素质,即使他们有机会脱离官营手工工场,长期养成的这种文化心理也会使那些自主创业的工匠安于现状,乐守小成,而缺乏西欧近代工匠那种主动求新和开拓市场的精神。其次,压制商户社会地位、限制商户参与科举的措施,使得商人缺乏对自身身份的认同,仅将工商业作为自己暂时栖身的场所,这就导致中国古代商人缺乏一种长期经营商业的恒心,短期行为泛滥,习惯于以次充好、坑蒙拐骗,结果更败坏了商人这一阶层的形象,增加了整个社会对商人阶层的恶感,不利于商人阶层维护自身的权益。封建官府利用这一厌恶商人的社会心理,经常出台政策打击商人,侵吞商人财富,不利于现代产权制度在中国的形成。面对这种情况,商人不得不进一步向官府靠拢寻求庇护,结果成为政府的附庸。在这种情况下,帝制中国的社会陷于一种人为僵化的状态。

这种僵化状态对近代中国的转型极为不利。一方面，小工商业者根本无力抵御官营手工业的压制，不得不作为官营手工业的附庸而存在，在市场夹缝中苟延残喘。当这些小工场主遇到全副武装的西方近代工业时，其薄弱的资金和技术实力根本无法抵抗，甚至官营手工业都无法抵御这种市场侵袭。同时由于中国小工商业主文化素质较为低下，很难吸收西方近代技术而成为新的符合工业社会需要的企业家。另一方面，商业活动遭到官府的严格控制，在官府的控制下，中国难以产生现代的贸易制度，譬如契约制度、保险制度和专利制度等。商人不得不依附于封建官府来获得利益，花大量时间周旋于封建官场，与某些实权人物建立各种利益关系。晚清左宗棠—胡雪岩、李鸿章—盛宣怀的关系即是活生生的例子。这种关系令商人可以省去大笔的市场开发和技术研发费用，能轻而易举地享受许多市场垄断和独占的好处，对企业家精神却是一种非常大的戕害。特别应指出的是，这种关系并不稳固，一旦政局有所变动，这些商人立即成为牺牲品。帝制中国的企业家和企业家精神，就是这样无奈地在历史的漩涡中打着圈圈，难以向前发展。

（5）教育体系

帝制中国的教育体系有着悠久的历史和鲜明的特色。与世界上其他国家相比，帝制中国的教育体系相当完善，培养出了许多优秀的人才。帝制中国的教育体系与政府的关系比较微妙，与官府对经济领域的控制不同，教育体系较少受官府的直接控制，官府对整个教育体系保持了一种相对超脱的态度。唐宋以降，中央级的教育体系有一种虚化的趋势，地方的教育体系承担了大部分培养人才的任务。中央的国子监等教育机构，在王朝末期往往流于形式，并且这种受教育的资格可以通过捐纳来获得，真正对人才培养起到关键性作用的乃是地方教育机构。地方的书院和私塾，在人才培养中所起的作用甚大。这种公私结合、私人为主的教育体系，远远领先于文艺复兴前的西方。

虽然帝制中国在文艺复兴前的教育体系领先于世界，但在教授内容和教育导向上有着很大的问题，这些问题积累起来最终导致了中国在鸦片战争后的转型困难。在教育内容上，一般的书院和私塾都以四书五经和科举应试为主，缺乏自然科学和生产技术方面的内容。如果学子对这些内容感兴趣，在正规教育机构中是得不到学习的机会的，他们必须想方设法打入一些一流学者的圈子才能接触到这些内容，而这些一流学者通常是不容易接触到的。这就人为限制了自然科学和技术的发展，特别是在生产技术方面，研习的人数稀少，如果一个士子热衷于生产技术的钻研，往往意味着他放弃了科举举业而自绝于士林。在教育导向上，帝制中国的教育体系是为了培养官僚后备队伍、汲取民间人才，政治性、功利性非常强，即所谓"天子重英豪，文章教尔曹。万般皆下品，惟有读书高"。封建统治者以功名利禄为诱饵，对教育事业的发展路径进行了强有力的影响和干预。我们由此可以领悟到，为何中国的封建统治者在对社会工商业做强有力束缚的同时,却愿意在教育上网开一面,容忍民间教育事业在一定程度上的发展。教育导向上的问题使得中国的教育浸透了功利化的色彩,对理论思维和生产实践采取排斥态度,对中国的发展起到了十分负面的影响,至今遗毒尚存。面对西方文艺复兴和工业革命带来的一系列变化,中国传统的教育体系已完全无法培育适合新时期发展需求的人才,这也是中国近代社会转型艰难的重要内在原因。

从这五个方面可以看到,在帝制中国,经济具有较其他经济体显而易见的规模性。在宋元以后,中国经济的发展几乎到了一个相当成熟的境地,如果不是西方先后出现文艺复兴和产业革命,很难想象其他国家会具备超越中国经济的能力和动力。这一点并不是我们的杜撰,而是有着坚实的史料基础。西方国家早在明代中叶便来到东南亚,经过一百余年的殖民,在明末基本控制了东南亚的重要岛屿。但在经济上,西班牙、葡萄牙和荷兰等国,依然要靠与中国的贸易方能获得巨利,并且需从中国购买大批物资才能维持对东南亚殖民地的控制,这些物资若从本土运来成本是可怕的。在远东,虽然西方殖民者已经站稳脚跟,但由于在经济上和军事上,对大清帝国依然不具备优势,西班牙、葡萄牙和荷兰不得不探索与大清帝国相处的办法,也不得不在形式上服从朝贡体系,以取得对中国的贸易权,换取清廷对它们在东南亚势力的默认。于是在东南亚形成了披着朝贡体系外衣的殖民体系,这个怪诞的局面直至鸦片战争后才被英国人打破,而英国人打破这一平衡的力量正来自于产业革命。当世界进入到工业化时代后,帝制中国的优势被极大地削弱,以往出色的制度安排成了最大的桎梏,中国不但被西方列强,更被日本这样的国家超过。我们必须要好好总结经验教训,以为今后借鉴。

目前,中国的经济发展已经取得了很大成绩,在人类进入工业化时代以来,从未有过如此规模的经济增长,无论是发展的广度、深度还是内涵,都令以往的经济奇迹黯然失色。中国的经济发展,其影响已超出中国国境范围,而具有世界性的意义,在中国经济发展特别是近十年的发展进程中,中国对原材料的需求直接带动了国际市场上初级产品价格的上扬,在中国需求的推动下,许多发展中国家开始摆脱了西方世界长期在初级产品上对它们的盘剥,开始得到了推动国家现代化的资金,有的国家甚至以此为契机走出了中等收入陷阱。中国的经济发展不仅改变了世界经济版图,也改变了世界经济发展格局。

第三节　　中国经济增长的前景

从历史的角度来看,中国现代经济发展经历了一个长时期的启动过程,以致到

20世纪80年代,世界包括中国人自己对中国经济前景依然疑虑重重。彼时的中国深受僵硬的经济体制和落后的科技水平束缚,要释放出中国经济的活力和中国人民的创造力,并不是一件很容易的事。相形之下,中国的东邻日本,先于中国近50年完成了初步的工业化,日本明治维新长期被认为是一个发展奇迹,二战后日本经济的发展更给中国造成了无形的压力,经过改革开放初期的中国人都有深切的体会。相对于日本,中国经济的启动时间显得极为漫长,日本早在二战前就完成了国家的基本工业化,而中国类似过程的完成,则在新中国成立相当一段时间后。在这里我们就要问一个问题,日本何以在经济发展上领先中国一步?

这个问题一直在吸引着东西方学者的关注,在中国经济兴起之前也有各种各样的说法,但随着时间的流逝和世界经济局势的变化,许多说法已经被证明是站不住脚的。在我们看来,关于日本和中国经济发展与工业化的许多说法,有进一步厘清的必要,在这些研究工作中我们主要运用比较方法与增长理论方法,以期能得到一些新的结果。

日本在封建时代一直没有遭受过大的外来入侵,在文化的发展上较之中国有着更强的连续性,对于日本来说,有选择地吸收外来文化已经成为一种民族传统,相对于中国,这种主动性更加强烈。在日本历史上,有过好几次大的吸收外来文化的行为,如大化革新和德川幕府时代对阳明心学的吸收等,日本民族对外来强势文化存在着近乎本能的学习和模仿心理,在遇到外来优势文化时能比中国更快地适应。日本民族在封建时代由于技术和实力的限制,难以向海外开展经济和政治拓殖活动,兼之人多地少,因而养成了集约型使用资源的民族性格,这对日本民族适应工业时代的发展具有重要意义。与中国相比,日本的社会结构具有很强的刚性,日本在学习中国文化时,并没有学习中国的科举制度,相反由于利益集团的阻挠,日本在整个封建时代都没有实行科举制度,因而在人才的培养上,古代日本走的是一条培养专业化人才的路线,知识分子主要以专业人才的面貌出现,并且这种专业人才的培养通常是世袭化的,这虽然损害了社会流动性,却使宝贵的经验和技术得以代代相传而不致损失。在漫长的封建时代,日本无形之中形成了知识与技术结合的传统,这种传统是在刚性的社会身份条件下形成的,而在中国,除了医学之外[1],知识和技术并没有有效结合,因而,在西方科技和生产技术东渐的时候,日本更为主动地接受了。

由是可知,古代中国知识与技术相分离的传统,在西方科技兴起的大环境下已

---

[1] 中国古代儒生素有"不为良相,便为良医"的说法,医学也被认为是儒生的本分,不至于有"玩物丧志"的嫌疑,对自身的身份不会造成不良影响,但儒生若热心于生产技术就不然,会对自身社会地位造成威胁。

经变成了经济发展的阻碍力量,而中国传统的科举应试教育也加大了中国调整教育体系的成本,由于当时科举出身的官员在整个官僚体系中的力量以及科举制对于清王朝凝聚汉族人心的作用,科举制度及其相关教育体系迟迟不能废除。在这个阶段,西方和日本在经济特别是技术上取得了对中国全面的优势,又增加了中国进行变革和追赶先进技术的成本,特别由于日本的崛起,中国成为其倾销劣质商品和掠夺廉价原料、劳力的基地,对中国经济产生了极大的破坏作用。在这种情况下,中国不得不废除科举、改革教育体制,但改革缺乏通盘考虑,结果旧学制废除了,新学制却未起,导致中国在短期内陷入文盲遍地的状况。在1905年废除科举后,中国大约有10年的时间处于教育上的空白期,技术人才的成长仍极为艰难,知识和技术分离的状况有了改善的希望,但具体实施过程仍极艰难。而在这关键的一二十年中,西方又发生了以相对论和量子力学为代表的科学革命,并随后渗入技术发展中,中国与国外的差距不仅没有缩小,反而拉大了。

中国由于教育体制转轨所造成的人力资本发展滞后问题一直到新中国成立后才解决,虽然在民国时代中国整个现代教育体系已基本建立,但水平低,覆盖面小,这一点在初中等教育中更为明显。由于国民党政权统治的失灵,中小学教育在培养人才、提高人力资本方面作用颇微,特别是在广大的农村地区,中小学教育形同虚设。新中国成立后在普及初等教育方面作出了极大的贡献,尽管这一时期高等教育因和国际交流的中断而发展迟缓,但民众文化水平的提高还是给中国经济带来了无穷的活力,这也为改革开放初期的发展所证明,如果没有新中国成立以来国家在初等教育方面的成绩,改革开放初期中国经济是很难表现出那样的活力的,此时中国的经济表现与民国时期已经有了本质的不同。

从这个角度来看中国在整个20世纪经济发展的历程,我们就可以深切体会到,中国在20世纪经济的凋敝和发展的艰难,实际上都是在付出一种调整成本,一种以教育体系为出发点,以重塑整个经济体系为目标的转型过程,中国国家规模的巨大性和整个农业-科举政治经济体制的顽固性,人为增大了这个调整过程的成本。同时,这个过程是在国际科技水平不断攀升、工业水平不断提高的背景下进行的,对于中国来说,不仅要补过去落下的课,更要在国际先进技术和经济水平不断提高的条件下来实现自身经济社会的转型,实在是一个艰巨的任务。

中国经济在整个20世纪经历了一个低潮,尽管在改革开放以后中国的经济获得了较大的发展,但从整个20世纪的时间维度来看,再与中国在历史上的经济表现相比,中国经济在20世纪的表现的确不尽如人意。在整个20世纪,特别是上半期,中国主要作为农产品和原材料供应地而发挥其在世界经济分工中的作用,其制造业长期得不到发展,中国传统的制造业特别是江南地区的手工制造业在西方和日本的冲击下纷纷破产,而不像西方和日本那样,相当一部分手工制造业和手工业者成为新生制造业的重要组成部分，也就是说，在西方的经济冲击下，中国经历了一个"去手工业化"阶段。

这种"去手工业化"过程对中国经济的危害极为严重，它不仅造就了一个规模庞大的无产者阶层，也摧毁了中国农村"男耕女织"的经济传统，使整个中国社会陷于普遍贫困之中。由于农村的破产和凋敝，中国市场变得极为狭小，难以靠自身市场实现经济发展和推进工业化，国际殖民体系的存在又使中国难以利用国际市场来发展自身经济，在这种条件下，中国民众所蕴藏的经济活力难以释放，中国民众的人力资本水平也被长期锁定在一个较低的水平上。

由于狭小市场的制约，中国企业被限制在一个较小的规模水平上，难以满足现代大工业生产和组织体系的需要，因而也难以产生高层次的管理人才，加上落后的教育水平所造成的高级技术人才奇缺，中国企业在20世纪前期的发展很难令人看好，特别是西方资本主义在中国享有种种经济特权的条件下。这些特殊的政治和经济环境都对当时的中国经济发展产生了巨大的钳制作用。

由此我们可以对新中国成立以来的经济发展有一个全新的诠释。旧中国在20世纪前半叶经济上的弱势，是与当时政府作用的弱势息息相关的，正因为当时的政府在提供公共产品上的不足和组织社会能力上的弱势，中国才会爆发如火如荼的新民主主义革命，从某种程度上来说，新民主主义革命是中国下层社会在经济凋敝、农民大面积破产的情况下的一种自发的重组方式，从经济的角度来看，新民主主义革命恢复了中国民间的经济活力，只是这种活力需要在商品经济和市场经济的条件下才能充分地释放出来。

如前文所述，在20世纪初叶，中国与西方发达国家在经济发展绩效上存在巨大差距的原因在于两个方面，一是知识、文化和技术方面的差距导致的人力资本和创新能力上的差距，二是制度差距导致的政府提供公共产品及服务方面的差距。考虑到在知识、文化和技术方面的不足，中国要顺利推进经济现代化事业，并在此过程中赶上西方发达国家不断前进的步伐，中国社会需要一个具有空前资源动员能力的政府就是必然的。

在改革开放前30年中，中国政府在动员社会资源投入经济发展尤其是工业化发展方面取得了骄人的成就，尽管当时民众付出了在社会福利上的巨大牺牲。由于当时的国际环境，中国在大多数情况下不得不完全自力更生来从事经济建设，缺乏与国外开展大规模经济联系的渠道和机会，在动员社会资源上也不得不保持一个相当高的强度，以此来实现资源的内部循环和流动，从而完成多项对经济增长至关重要的任务，诸如推进初等教育的普及、建立简易的覆盖城乡的医疗卫生体系和发展自主国防技术等。在这个阶段，中国积聚了相当多的人力资本，最为关键的是改变了新中国成立前文盲遍地的状况，建立了一个有效的初等教育体系，同时医疗条件的改善也为中国劳动力拥有状况作出了贡献。以此为基础,中国民众的消费能力开始逐渐恢复,并在20世纪80年代开始显示出较强的消费能力。

许多国外的研究者认为,"中国奇迹"产生的原因在于对外开放和参与国际分工,此说虽然有一定道理,但忽略了中国作为一个大国本身蕴含的消费力对中国经济发展的影响。在整个20世纪80年代,中国经济的发展主要是依靠自身所蕴含的活力推动的,彼时中国对外贸易的潜力尚未被充分发掘,对外贸易的产品还以初级产品和资源类产品为主,且随着中国本身需求的上升,这些产品的出口潜力也迅速下降。可以这样认为,由于新中国头30年对社会全面调整和改造,以及在此基础上诸要素拥有水平和结构逐渐与国外趋同,这种转型的初步效应在80年代就开始释放出来,成为推动中国经济增长的原动力。中国对外贸易的开展和劳动密集型产业的发展,都建立在这一基础之上。

令我们深思的是,在这一阶段,中国的基础科学水平很低,重大原创性能力不足,高等教育水平落后,除了一些军事工业和技术之外,整体水平甚至不如一些发展中国家(如印度等),但这并没有阻碍中国经济的成长,中国经济先印度一步抓住了经济全球化的机遇,并由于其良好的基础设施和初等教育水平而实现了长时期的经济增长。从中我们可以看到,对后发国家来说,政府提供公共产品的能力对于经济增长具有极其重要的作用。经济越是落后,对于公共产品和服务的需求就越迫切,这些后发国家就越有选择强政府的内在冲动。

中国经济增长的关键在于民众在经济中所发挥的作用。在笔者看来,改革开放前民众的经济角色被限定在一个很狭小的范围内,难以发挥自身的经济活力,但从另一个方面来说,在这个时期,民众受到了基本的科学文化教育,也得到了工业生产的最基本的培训——尽管限于当时国家的整体工业水平和管理能力,这种培训是很粗疏的——中国绝大部分民众开始具备独立从事商品经营,并在这种商品经营的基础上逐步建设市场经济的能力。我们要在此特地指出一个事实,无论是在社会主义国家中,还是在发展中国家中,中国经济都有独特之处:在社会主义国家中,中国较早地开放了民众经营企业的限制,在所有制改革上走在了当时社会主义国家前面;而在发展中国家中,中国也走到了前列,它以强有力的政权执行力为保证,快速地推进了初等教育的普及和普通公共产品的供给,这两股力量联合作用,为催发民众的经济活力打下了扎实基础。

从根本上来说,经济增长最终要依靠民众的力量,而受过教育和训练的民众和未受教育与训练的民众在经济中所发挥的作用是不同的。人力资本对于经济增长有着基本的重要作用,从中国经济发展的实际来看,低人力资本状况下的庞大人口非但不是经济发展的助力,反而是经济发展的重大障碍,在这种情况下,大量资源不得不用于保证民众的基本生活水平,用于教育(特别是初等教育)和工业化的资金极少,并且这种模式的经济极为脆弱,再生产的链条很容易被外在的突发事件打断。如果这些内在的缺陷得不到弥补,即使由于发现新资源而使经济有所发展,其到一定水平也会因动力不足而停滞,并且由于资源等因素带来的财富会恶化原有人力资本等方面的禀赋,民众会视积累人力资本为畏途,而追逐短期内可获得的财富,从而恶化社会人力资本禀赋,影响社会可持续发展能力,由此可见经济生活中教育程度对于民众的重要影响。

民众所受教育程度不仅影响经济的起飞,也会对经济的整个增长过程产生重要的影响,甚至决定经济发展的步伐与深度。诚然,对于经济增长来说,企业家精神是极为重要的,没有一定程度的企业家精神,经济发展无从谈起,哪怕注入再多的资源,只会造成巨额浪费而不会有实质性的结果。在经济的起飞阶段,企业家精神会推动经济的发展。民众如果具有高度的企业家精神,不仅会充分运用本地资源,还会利用国外资源来发展自身经济实力,企业家也会逐渐积累国内国外经验,直接推动经济的起飞。但如果社会成员受教育的程度普遍较低,这种起飞将限定在一个很有限的范围,其对社会资源的开发利用范围会受限,从而降低了该经济体在世界市场上的竞争力,从而难以脱离发达国家强势资本的控制。究其原因,社会经济发展需要大量包括工商、财务、管理等方面的专业人员,只有当科技与社会生产发展到一定程度时,这些专业人才才能被大批量地培养出来。只有培养出这些合格的人才,满足企业尤其是大企业成长的人才需求,才能确保社会经济从组织结构层面得到支持,这一点往往为论者所忽视。前苏东国家在科学技术上水平较高,但却极度缺乏合格的工商、财务和管理方面的人才,在企业内部不得不推行官僚主义的管理方式,结果导致了国家经济的停滞。中国在经济管理方面教育的普及,培养了大批经营管理人才,尽管在最高端人才方面与西方发达国家还有差距,但已能保证经济持续发展的要求,所以,从人才角度看,中国民众的受教育程度为中国经济的持续增长提供了坚实基础。

如果我们认真研究中国经济在整个20世纪的表现,我们会发现,20世纪前半叶中国经济的不振给世界留下了深刻印象,但外界却忽略了中国当时正处于社会、文化转型期这样一个重要事实。帝制时代的中国因其巨大的国家规模与内部市场而长期在经济上居于世界前列,其发达的文官体系与科举制度确保了国内的长期和平,广大的国内市场(明清时代还有广阔的国际市场,中国的茶叶、丝绸和瓷器可源源不断地出口)确保了大规模手工工场的经营有利可图,这些因素促使当时中国拥有巨大的经济实力,但西方在科技和工业上的革命却使中国的这种优势荡然无存。记住以下事实对进一步的研究应该有所裨益:英国在中英贸易中曾长期居于入超地位,即使第一次工业革命后也无明显改变迹象,最后是通过鸦片贸易才改变这一局面。而中国在雍正年间就与俄罗斯在恰克图地区开展贸易,中国当时已全面进入世界经济体系,在世界经济中的地位远超过日本,因而一直到第一次工业革命的尾声,西方才拥有改变中国经济地位、将中国纳入自身经济秩序的实力。而此时的中国,由于政治结构制约,以及内部矛盾的加剧,经济迟迟得不到发展。

考察整个20世纪中国经济的表现,必须与当时西方在科技上的发展联系起来。西方科技特别是基础科学,在19世纪末的面貌依然比较古朴,许多影响当代社会的新概念和新方法尚未出现,此时的追赶成本并不是很大,日本就是利用这一机遇迅速在经济和技术两方面赶上了西方(尽管水平不是很高)。中国特有的刚性社会结构阻碍了当时知识精英学习和引进西方科技,而当中国现代教育体系草创的时候,西方又发生了新的科技革命,相对论、量子力学都是这个阶段的产物,以此为契机,西方现代科学技术如火如荼地发展起来。这对于整个人类文明的进步和先进生产技术的发展,固然是一件大好事,但却给当时的中国制造了巨大的压力,中国在追赶之余还要不停地补课,不停地在发展生产、弥补落后技术和改善人民生活这几项任务中摇摆,这种摇摆本身付出的代价就是巨大的。事实上我们看到,中国经济在20世纪70年代末开始有了全面起色,这个阶段也正是西方引领的科技革命势头逐步减缓的时期,这无形中降低了中国追赶的成本,而互联网技术的兴起又大大加快了一些重要技术和技能的扩散速度,中国众多的人口开始变为一种优势,也正是因为这种有效生产人口方面的优势,促成了中国经济的腾飞。在中国完成自身转轨之前,西方经济技术方面的成果对中国经济增长造成了巨大的压力,而当这种转轨基本完成之后,这些发展成果对中国的成长就起到了一种正面的激励作用,中国近十余年的发展已充分地告诉了我们这一点。

对于中国经济的增长前景,目前学术界有着许多种看法,但笔者依据现代增长理论和社会性、历史学方法认为,尽管过程中困难重重,但对中国而言,肇始于第一次鸦片战争之后的中国社会大转轨的历史任务已基本完成,中国基本具备了较完善的经济、政治、教育体系,符合工业文明和现代文明发展要求的新文化也有了一个大致的雏形,中国已走出了传统文化所规范的那种社会形态,而逐渐完成了新社会结构和新经济形态的构建。这种构建的完成,将使得现代创新文化和市场经济真正在中国本土扎根,并与中国传统文化中的优秀部分充分地融合,形成自身独特的新传统,从而在新的时代继续推动经济增长。这种经济增长不同于以往的经济增长,将是一种依赖创新推动的经济增长,即符合稳态增长机制要求的经济增长。在新中国成立60余年后,我们终于看到了中国式稳态增长的可能性,尽管付出了很大代价。

诚然,中国在发展经济方面还有不小的阻碍,但从另外一个角度看,克服这些阻碍本身就能带来经济增长。首先,克服这些障碍本身就有一种提供公共产品的性质,能创造出新的需求,带来新的就业岗位和经济增长;其次,这种障碍被克服之后会带来生产力新的解放,从而释放出来新的增长能量,促进经济走上一个新的台阶。

中国在重大原始性创新方面还有很大不足,但令人欣喜的是,这种状况在过去的十年中得到了很大改善,中国在国际一流刊物发表的高水平研究论文要远远超过过去任何一个时期,许多大学的科研力量也较过去十年有了很大提高。根据第二章的论述,一个经济体只有在发展到相当水平之后,才能建立高水平的基础研究体系,确保自身具有一定的重大原始性创新能力,目前中国的发展已达到了这个水平。从历史上看,凡是基础学科比较发达的国家,总能在国际分工中找到较高的位置,从而确保经济能步入一个稳态增长阶段,而这种基础学科上的进步,必须通过长时间的投入才能实现。由于我国基础学科能力不足,目前的经济增长尚不能完全依靠创新来驱动,一些国际前沿学科力量还很薄弱,在一些重大原始性创新发生的时候,不得不花费大量资源进行补课,也影响了我们及时将这些新成果用于生产生活,造成了对先进水平的亦步亦趋。造成这种现象的原因有多重,投入不足与初始水平过低显然是最重要的原因,但近十年中国经济的发展为增加投入提供了强大的财力基础,20世纪八九十年代培养的一大批人才也正迈向其科研事业的高峰,可以预期中国的基础学科水平将会进一步增强,也会为中国经济的发展提供强大的动力。

中国的人力资本水平将进一步提高,这也是中国经济持续增长的重要基础性力量。随着中国制造业的成熟,中国产业工人即相关服务行业从业人员的水平也会继续提高,这本身就是推动经济增长的力量。中国拥有世界上数量最多的劳动者群体,几乎每个行业的劳动者数量都超过了任何一个发达国家,一般来说,产业的发展对人力资本和人工成本的依赖程度甚大,凡是在某项产业中有比较优势的经济体无一不具备较优质的人力资本禀赋和适度的人工成本水平。通常这两种因素间是存在一定矛盾的,人力资本禀赋较高,人工成本则较高,人力资本禀赋较低,人工成本则较低,但对于中国而言,由于其庞大的人口,其人力资本与人工成本间的关系与其他国家特别是发达国家有着显著差异。中国受教育人口数量众多,几乎每个行业都有很强的竞争性,这就确保了人力资本禀赋的不断提高;中国较多的人才又降低了用工成本,使得许多产业在中国都有利可图,在这两个因素的作用下,中国的人力资本水平会继续提升,熟练劳动力的数量也将居世界第一,即使出现一定程度的产业转移,中国企业及人才在此过程中也能发挥很大作用,会与本土的经济增长形成一个良性的正循环。由此可见,中国人力资本的质量和数量亦是中国经济持续增长的重要保证。

自工业革命以来的世界经济发展史上,还从未出现过像中国这样具有庞大空间和人口数量的经济体成功实现工业化的先例,这给许多观察者造成了障碍:有的依据西方社会经济增长的经验来研判中国的经济增长,对中国经济作出失真的评论。而西方诸国多是中等规模国家,其经验拿到中国这样一个"巨型"规模的国家究竟在多大程度上能不受规模效应的干扰尚不得而知。有的依据中国经济在1840年以来转型期的表现来判断中国经济的前景,这同样违反了科学方法,持此种观点的论者没有发现中国传统社会经济结构在这段时期内一直处于一个激烈的转型阶段,而一厢情愿地认为中国将永远处于这个状态,从而断定中国经济在将来必将限于停滞——这显然忽略了中国深厚的文化根基和应对危机的传统对中国国家和民族的影响,这种根基和传统使得中国国家与民族具有非凡的应对挑战的能力。中国历史上曾出现过多次威胁经济增长、社会稳定乃至民族存亡的挑战,即使是抗日战争,用历史的眼光来看,对中国的打击也不一定比得上历史上的一些重大战乱,中国在这一阶段经济的不振,最主要的原因还在于社会结构转型导致了文化断裂,中国未能及时建立本土科技传统,并进而形成稳态经济增长机制。

展望未来中国经济的发展,笔者认为,中国经济发展的动力依旧充足。未来十年,是中国稳态经济增长机制形成的关键十年,只要抓住了这十年的机遇,中国将建立起真正独立自主的产业体系和科技体系,并且这种独立自主的体系将在整个世界发挥重要的作用。可以说,中国人民拥有无限的创新能力,只要扎扎实实做好增强本土科技创新能力、深度推进新型工业化、提升本国人力资本禀赋方面的工作,并积极支持科技型民营企业的发展,中华民族的这种创新潜力将被充分开发出来,中国的经济也将步入一个新的发展水平。未来十年,中国的产业也会在充分吸收外来先进技术的基础上,结合本国基础学科实力,进行一些重大原始性创新和大量次级创新,并培养出大量具有丰富经验的企业家、技术人员、管理人员和技术工人,这些宝贵的人才将是中国经济持续发展的宝贵财富,更是中国稳态经济增长机制形成的保证。我们相信,未来十年内中国经济会以一个中高速稳定增长,最终形成本土稳态增长机制。

参 考 文 献

1. Anielski M. Alberta GPI Blueprint:The Genuine Progress Indicator(GPI)Sustainable Wellbeing Accounting System[R]. Pembina Institute,2001.
2. Antoelli, Cristiano. Collective Knowledge Communication and Innovation: The Evidence of Technological Districts[J]. Regional Studies. 2000(6).
3. Altenberg. How to Promote Clusters: Policy Experiences From Latin America[J]. World Development,1999(9).
4. BP Statistical Review of World Energy,June 2011.
5. Birkinshaw. Entrepreneurship in Multinational Corporations: The Characteristics of Subsidiary Initiatives[J]. Strategic Management Journal, 1997(18).
6. Davenport T. Information Ecology: Mastering the Information and Knowledge Environment [M]. New York: Oxford University Press,1977.
7. Dichen. Global-Local tensions:Firms and States in the Global Space-Economy[J]. Economic Geography. 1994(2).
8. Feser E J. Introduction to Regional Industry Cluster Analysis[R]. Chapel Hill University of North Carolina,2001.
9. Feser,E J and E M Bergman. National Industry Cluster Templates:A Framework for Applied Regional Cluster Analysis[J]. Regional Studies,2000,34(1):1-19.
10. Hill Edwards. A Methodology for Identifying the Drives of Industrial Clusters[J]. Economic Development Quarterly,1998,14(1):23-28.
11. Korhonen J. Four Ecosystem Principles for an Industrial Ecosystem [J]. Journal of Cleaner Production,2001,9(3).
12. Le S M. Sustainable development: A Critical Review[J].World Development,1991,19(6): 127-135.
13. Malmberg A and Salvell O. Localized Innovation Process and Sustainable Competitive Advantage of Firms: a Conceptual Model. In Taylor M and Conti S: Interdependent and Uneven Development Aldersgot: Ashgate,1997.
14. Malmberg A. Regional Networks and the Resurgence of Silicon Valley. California,Boston: Allen and Unwin,1990.
15. Michael E. Porter. Clusters and the New Economics of Competition [J]. Harvard Business

Review,1998(11):77-90.

16. Salvador N N B, Glasson J, Piper J M. Cleaner Production and Environmental Impact Assessment: a UK perspective[J]. Journal of Cleaner Production,2000(8):127-132.
17. OECD,Towards Sustainable Development: Environmental Indicators[M]. Paris,2001.
18. Peter Knorringa,Jorg Meyer Stamer. New Dimensions in Enterprise Cooperation and Development: From Clusters to Industrial Districts,1998 (10).
19. Prescott-Allen R. The Barometer of Sustainability: a Method of Assessing Progress Towards Sustainable Societies[R]. Gland, Switzerland and Victoria BC: International Union for the Conservation of Nature and Nature Resources and PADATA,1995.
20. Romer P M. Increasing Returns and Long-Run Growth[J]. Journal of Political Economy,1986,94(5):1002-1019.
21. 马克思.资本论(第一卷)[M].北京:人民出版社,1975.
22. 马克思.资本论(第二卷)[M].北京:人民出版社,1975.
23. 马克思.资本论(第三卷)[M].北京:人民出版社,1975.
24. 菲利普·阿吉翁,彼得·霍伊特.内生增长理论[M].陶然,等译.北京:北京大学出版社,2004.
25. 菲利普·阿格因,彼得·豪伊特.增长经济学[M].杨斌译.北京:中国人民大学出版社,2011.
26. 龚六堂.现代增长理论[M].武汉:武汉大学出版社,2000.
27. 龚六堂,苗建军.动态经济学方法(第二版)[M].北京:北京大学出版社,2012.
28. 何樟勇,宋铮.高级宏观经济学[M].北京:高等教育出版社,2010.
29. 中国社会科学院"新经济增长理论的发展和比较研究"课题组.经济增长理论模型的内生化历程[M].北京:中国经济出版社,2007.
30. 纳尔逊,温特.经济变迁的演化理论[M].胡世凯译.北京:商务印书馆,1997.
31. 布兰查德,费希尔.宏观经济学(高级教程)[M].刘树成,沈利升,等译.北京:经济科学出版社,1998.
32. 巴罗.现代经济周期理论[M].方松英译.北京:商务印书馆,1997.
33. 诺斯,托马斯.西方世界的兴起[M].厉以平译.上海:上海三联书店,1999.
34. 龚六堂.经济学中的优化方法[M].北京:北京大学出版社,2000.
35. 蒋中一.数理经济学的基本方法[M].北京:商务印书馆,1999.
36. 甘道尔夫.经济动态学[M].王小明,等译.北京:中国经济出版社,2003.
37. 袁志刚,宋铮.高级宏观经济学[M].上海:复旦大学出版社,2001.
38. 蒋中一.动态最优化基础[M].北京:商务印书馆,1999.
39. 明福德.理性预期宏观经济学[M].北京:中国大百科全书出版社,1998.
40. 巴罗,萨拉-伊-马丁.经济增长[M].夏俊译.上海:格致出版社,上海三联书店,上海人民出版社,2010.
41. 王弟海.宏观经济学数理模型基础[M].上海:格致出版社,上海三联书店,上海人民出版社,2011.
42. 戴维·罗默.高级宏观经济学[M].苏剑译.北京:商务印书馆,1999.
43. 凯恩斯.货币、利息和就业通论[M].徐毓枬译.北京:商务印书馆,1997.
44. 高岩.非光滑优化[M].北京:科学出版社,2008.
45. 罗伯特·M·索罗.增长理论——一种解释[M].冯健,等译.北京:中国财政经济出版社,2004.
46. 斯蒂芬·哈格斯.走出边缘——新兴工业化经济体成长的政治[M].陈慧荣译.长春:吉林出版集团有限责任公司,2009.
47. 琳达·约斯,约翰·霍布森.国家与经济发展——一个比较及历史性分析[M].黄兆辉,廖志强译.长春:吉林出版集团有限责任公司,2009.
48. 约翰·齐思曼.政府、市场与增长——金融体系及产业变迁的政治[M].刘娟凤,刘骥译.长春:吉林出版集团有限责任公司,2009.
49. 汪斌.东亚工业化浪潮中的产业结构研究[M].杭州:杭州大学出版社,1997.
50. 陈体标.技术进步、结构变化和经济增长[M].上海:格致出版社,上海三联书店,上海人民出版社,2012.
51. 傅衣凌.明清时代商人及商业资本/明代江南市民经济初探[M].北京:中华书局,2008.
52. 傅衣凌.明清社会经济史论文集[M].北京:中华书局,2008.
53. 李伯重.江南的早期工业化[M].北京:中国人民大学出版社,2010.
54. 李伯重.发展与制约:明清江南生产力研究[M].台北:联经出版事业股份有限公司,2002.
55. 王国斌.转变的中国[M].李伯重,连玲玲译.南京:江苏人民出版社,2010.
56. 吴元黎.台湾——走向工业化社会[M].南京:江苏人民出版社,1989.
57. 李永泰.适当时期与适当政策[M].南京:东南大学出版社,2008.
58. 李国鼎.世界经济的考察和研究[M].南京:东南大学出版社,1996.
59. 朱鸿博.国际新格局下的拉美研究[M].上海:复旦大学出版社,2007.
60. 苏振兴.拉美国家社会转型期的困惑[M].北京:中国社会科学出版社,2010.
61. 江时学.拉美发展模式研究[M].北京:经济管理出版社,2007.
62. 金毅,金泓汎.亚太地区的发展模式与路径选择[M].北京:时事出版社,2010.
63. 刘洪钟.韩国赶超经济中的财阀制度研究[M].北京:光明日报出版社,2009.
64. 张东明.韩国产业政策研究[M].北京:经济日报出版社,2002.
65. 张大军.苍茫的抉择——社会主义公有制实现形式的探索[M].北京:改革出版社,1993.
66. 张大军.社会主义市场经济及其运行机制[M].北京:法律出版社,1994.
67. 唐旭.金融理论前沿课题(第二辑)[C].北京:中国金融出版社,2003.
68. 林少宫,李楚霖.简明经济统计和计量经济[M].上海:上海人民出版社,1993.
69. 易宪容,黄少军.现代金融理论前沿[M].北京:中国金融出版社,2004.
70. 吴敬琏.中国增长模式抉择[M].上海:上海远东出版社,2006.
71. 郭金龙.经济增长方式转变的国际比较[M].北京:中国发展出版社,2000.
72. 林毅夫,蔡昉,李周.中国的奇迹——发展战略和经济变革[M].上海:上海人民出版社,1999.
73. 郭国灿.回归十年的香港经济[M].成都:四川人民出版社,2007.
74. 卢受采.香港经济史[M].北京:人民出版社,2004.
75. 毛艳华.香港对外贸易发展研究[M].北京:北京大学出版社,2009.
76. 韦伯.世界经济史纲[M].胡长明译.北京:人民日报出版社,2009.
77. 穆良平.主要工业国家近现代经济史[M].成都:西南财经大学出版社,2005.
78. 加里·M·沃尔顿.美国经济史[M].北京:中国人民大学出版社,2011.
79. 龚关.中华人民共和国经济史[M].北京:经济管理出版社,2010.
80. 齐涛.中国古代经济史[M].济南:山东大学出版社,2003.
81. 邹至庄.中国经济随笔[M].北京:中信出版社,2010.
82. 赵海均.中国经济高增长探究[M].北京:中央文献出版社,2010.
83. 吉彩虹.人力资本与中国经济增长[M].北京:知识产权出版社,2009.
84. 沈坤荣.新增长理论与中国经济增长[M].南京:南京大学出版社,2003.
85. 李玲.人力资本运动与中国经济增长[M].北京:中国计划出版社,2003.
86. 罗长远.外国直接投资、国内资本与中国经济增长[M].上海:上海人民出版社,2005.
87. 斯宾塞.中国经济中长期发展与转型[M].余江,等译.北京:中信出版社,2011.
88. 刘剑,胡跃红.财政政策与长期经济增长[J].山西财经大学学报,2004(10).
89. 陈洪安,李国平,江若尘.基于内生经济增长理论的中国区域人力资本政策实证研究[J].商业经济与管理,2010(07).
90. 殷德生.贸易与内生经济增长:一个理论综述[J].南开经济研究,2004(06).
91. 胡怀国.内生增长理论的产生、发展与争论[J].宁夏社会科学,2003(02).
92. 安体富,郭庆旺.内生增长理论与财政政策[J].财贸经济,1998(11).
93. 丁建微.内生增长理论与我国经济增长[J].经济研究导刊,2009(14).
94. 舒元,徐现祥.中国经济增长模型的设定:1952—1998[J].经济研究,2002(11).
95. 杨建芳,龚六堂,张庆华.人力资本形成及其对经济增长的影响[J].管理世界,2006(05).
96. 张烨卿.资本形成、内生技术进步与中国经济持续增长[J].经济科学,2006(06).
97. 张少军,刘志彪.全球价值链模式的产业转移[J].中国工业经济,2009(11).
98. 黄铁苗,白井文.借鉴东部,开发西部[J].经济学动态,2000(09).
99. 李秀英.西部大开发战略下的东部经济发展[J].经济研究参考,2004(92).
100. 许南,李建军.产品内分工、产业转移与中国产业结构升级[J].管理世界,2012(01).
101. 周玉翠,李陈华.东部经济地带利用外商直接投资的区域差异研究[J].财经论丛,2011(11).
102. 杨志斌,曾先锋.中国区域经济差异问题研究综述[J].经济地理,2010(06).
103. 王荣斌.中国区域经济增长条件趋同研究[J].经济地理,2011(07).
104. 管卫华,林振山,顾朝林.中国区域经济发展差异及其原因的多尺度分析[J].经济研究,2006(07).
105. 李德敏.广西承接东部经济发达地区产业转移的战略思考[J].桂海论丛,2008(03).

106. 李建军.产品内分工、产业转移和中国产业结构升级[J].理论导刊,2012(03).
107. 龚六堂,邹恒甫.政府公共开支增长和波动对经济增长的影响[J].经济学动态,2011(09).
108. 严成樑,龚六堂.资本积累与创新相互作用框架下的财政政策和经济增长[J].世界经济,2009(01).
109. 严成樑,龚六堂.熊彼特增长理论:一个文献综述[J].经济学(季刊),2009,8(03).
110. 潘士远,史晋川.内生增长理论:一个文献综述[J].经济学(季刊).2002,1(04).
111. 陈昆亭,龚六堂,邹恒甫.基本 RBC 方法模拟中国经济的数值试验[J].世界经济文汇,2004(02).

后　　记

2010年,我考入中央党校,师从胡希宁教授攻读政治经济学西方经济学说方向博士,从紫金山麓来到了西山脚下。当时的心情兴奋而茫然,兴奋的是终于来到北京这样一个学界中心继续自己的学术生涯,茫然的是自己毕竟是化学专业出身,不知可否在一个较短的时期内完成转型。

学习生活平淡却不失精彩。在入学前,我认真学习了萨缪尔森、曼昆等大师及包括导师胡希宁在内的国内诸多学者的著作,感觉自身在西方经济学上已颇具水平——现在看来很觉可笑。但从这么多年的经历中,细细回味一些片断,或许正是现代西方经济学在中国流传的一个小小注脚。

我初次接触西方经济学是在1998年。那年3月,我在中国药科大学学习了西方经济学课程,当时这门课程令我大为震惊:世界上居然有不依赖于物质生产系统,而将整个体系建立在主观因素——效用上的学科! 于是从心底产生抗拒心理。那时的我,宁愿在课堂上解答数学分析的习题,或是阅读从图书馆借来的清史书籍,思考中国当时遇到的亚洲金融危机等问题,却不愿花太多的精力在课程上。但考试却躲不过,眼看期中考试的时间越来越近,我明显有些惊慌,有这种心理的不止我一个。突然我们得到一个好消息:任课的女教师生病了,课程改到下学期进行,大家如蒙大赦。

经过了一个迷茫的夏天后,我迎来了大三上学期,西方经济学课程依然要开。这次学校从南京大学请来一个年轻的女博士讲授这门课程,其理论水平自然不错,但缺乏学术资源和信息渠道的我们,第一节课就被萨伊定律击倒:供给能创造自身的需求! 这对当时的我们来说是无论如何都不能接受的。这一关都不能过,后面课程的效果可想而知。所幸当时西方经济学宏观课程仅限于教授凯恩斯的经济学说及一部分货币主义学说,应付考试倒是不难,只要紧紧抓住政府提升需求这一中心就可应付。但如果想读懂南京大学出版的宏观经济学教程,对我们来说简直是难于登天(现在看来这本教程仅属于中级水平)。等讲到在凯恩斯主义经济学中具有根本重要性的菲利普斯曲线时,我感觉连那位南大的美女博士都有些勉为其难了。当时,我坐在药大分部的阶梯教室里,呆呆地听着美女博士讲授菲利普斯曲线、粘性凯恩斯主义模型和通胀理论,突然感觉到它们完全超过了我的能力。

后 记

  为了弄懂这些天书,我坐车直奔南京中山东路新华书店,这是整个江苏省最大的新华书店,千挑万选找到了一本李斯特的《政治经济学的国民体系》。在这本书中,李斯特全面驳斥了亚当·斯密的经济学体系,阐述了通过国家保护来扶植国内幼弱的民族产业的思路。这本书论证严密,论据充足,正契合了我的一些想法,短期内我变成了一个李斯特主义者,因为我能理解这本书的内容。在南大书店,我找到了一本《宏观经济学高级教程》,书中的方法我从未见过,多年后才知道这本书是利用动力系统的方法,以个体行为最优化作为理论基础的教程。在这种迷茫的状态下学习,效果可想而知。记得在西方经济学考试前一晚,我们几个同学熬到两点多才睡,上午考试结束后,我又到中山东路书店,买了一整套熊彼特的《经济学说史》,后来在南大附近的小粉桥吃拉面权充午饭。寒风凛冽,行人匆匆,虽然已近21世纪,但南京的面貌依旧没有太大改变,那时我们谁也不曾预料中国经济在十多年后会有这么大的变化。

  我之所以做这番大家看来可能比较饶舌的叙述,是因为想借此给当时中国普通高校的西方经济学教育做一个记录。在那个年代,很多普通高校没有能力给学生开出较为完善的微观经济学和宏观经济学课程,更不用说计量经济学了。事实上,现在有能力给学生在本科阶段就打下坚实计量经济学基础的学校依然不多,这直接影响了我国现代经济学人才的培养。一般认为,要想培育出世界一流的学者,关键是要在本科阶段就给这些人一流的教育,发掘他们身上的潜力。对于有志于成为学界一员的年轻人来说,本科阶段精力最为旺盛,学习能力也最强,且无需为一些琐事所困扰,这时候就应该尽可能多地学习新知识,开拓眼界,尽快地打下扎实的基础,练就一两门独到的功夫。如果在本科阶段未能做到这一点,在研究生阶段和博士阶段就要付出比一般人更多的努力。每当看到一些很有才华的年轻人在本科阶段无所事事,我深感这是中国最大的浪费。

  考研的时候,对西方经济学感到迷茫的我,还是选择了化学作为进一步深造的方向。在研究生阶段,我受到严格的理工科训练,特别是在数学和热力学方面。随着年龄的增长,我对一些社会现象的复杂性开始有了初步的认识,对社会科学和自然科学的区别也有了更深刻的了解:自然科学讲究学科和方法的专注性和训练的早期性,要求学人在其学术生涯的早期就受到严格训练,方法往往讲求纯粹性和精深性,因而自然科学研究者出成绩的年龄也早。社会科学则不然,社会科学的研究对象本身就是无数个变量的组合,因而社会学科具有高度的综合性——这种综合性不仅体现在内容上,更体现在方法上。事实上,社会科学领域比自然科学领域更容易出跨学科的大师。人们常说的文史哲不分家,含义即在此。为了读懂前沿化学文献,我在热力学和统计物理学上下了很大的功夫,这对我日后理解西方经济学帮助极大。

由于身体的原因，我对某些化学试剂过敏，因而难以继续在化学方面的学业。此时的我，思想已较以往成熟，对社会现象的把握也更加深刻，特别是中国经济在新世纪的跳跃式发展极大地鼓舞了我。这时出现一个契机，处于低谷中的我阅读了北京大学陈平教授所著的《文明分岔、经济混沌和演化经济动力学》。陈平教授是诺贝尔化学奖获得者普利高津教授的高足，普利高津教授一辈子研究物理学和热力学，结果却因研究成果在化学上的广泛应用而获得诺贝尔化学奖。因为这个原因，普利高津教授对于跨学科研究一直保持开放的态度，当陈平教授成为他的学生时，他积极支持陈平教授利用热力学方法研究经济学。普利高津教授的豁达结出了硕果，现如今的陈平教授已成为我国最有影响力的经济学家之一。当我在南京大学图书馆偶然看到陈平教授的这本著作时，不由得激动万分，短短一二日我便通读了全书，又花了两个月时间进行揣摩。这么多年在热力学和动力系统上的积累对我理解全书有很大的帮助，为了解释一些疑难，我又重新打开萨缪尔森的著作，惊异地发现自己几乎全部理解了全书！

这段经历让我有些哭笑不得，但也许会对其他年轻的学子有所帮助。正如陆游诗中所说的，"如果欲学诗，功夫在诗外"，科学上不同学科方法的嫁接和融合常能融化坚冰。武侠小说中的主人公也常在经历了许多事情之后，方能明白某项神功的真正奥妙所在。所以就我个人的感觉，经济学本科生在读大学时，应该多花些精力在数学、统计学或历史学上，这些学科知识也许不能立即对你的学习产生影响，但它们是你进行学术研究的丰厚土壤，只有深植于这些土壤，经济学和金融学专业年轻学子的学术之路才能走得更远。

初步的成功给了我很大鼓励，我决定报考经济学博士。出于对西方经济学的热爱，我报考了中央党校胡希宁教授的博士。经过一番努力，我终于如愿以偿，幸运地成为了胡教授的学生。胡师为人宽厚大度，幽默风趣，并给学生以足够的自主发展空间。胡师在西方现代经济学说上的造诣很深，尤其是在对现代西方经济学发展的几个关键点的研究上，在战后凯恩斯主义发展、内部分化和两个剑桥论争的问题上，胡师是国内的权威。我为自己能有这样的学习机会而十分开心和骄傲。

在颐和园边的宿舍，我认真研读着西方经济学的现代教程，不时向导师胡希宁教授请教。在他的指导下，我的水平提高很快。记得2008年时，在南京看到一本崔殿超教授写的《高级宏观经济学现代分析基础》，当时粗粗地翻了一翻，只是诧异地发现诸如变分法这些较复杂的数学知识居然已渗透进经济学。到了学校才知道，变分法在现代经济学中已属淘汰的知识，其直接后身——最优控制论，连同动态规划和微分方程动力系统共同构成了现代宏观经济学的骨干。从理论上说，用最优控制得到的结论也可用动态规划的方法得到，但运用动态规划方法的一个好处就是几乎天然和随机因素有关，以此为基础引进随机方法更自然。现代西方经济学以个体利益最大化为基础,利用最优控制方法来描述经济学系统,是20世纪60年代以来经济学最大的成就之一,日本经济学家宇泽宏文为此作出了极大的贡献。经济学的另一个重大成就就是将随机因素引进了自身的分析框架,在这方面基德兰德、普雷斯科特和2013年诺贝尔经济学奖获得者汉森作出了开拓性的贡献。如果年轻学子对这些方法感兴趣,可阅读现代经济学大师Robert Lucas和Nancy Stokey所著的《经济动态学中的递归方法》,该书有中译本。

方法齐备了,就要确定研究内容。经多方论证,我选定了内生增长理论为基础来研究中国经济发展动力问题。内生增长理论是现代西方经济学最伟大的成就之一,它不仅解决了经济增长的动力问题,更顺利地将熊彼特的创新学说整合进现代宏观经济学,具有重要的理论价值。我花了整整一年时间阅读英文原著,再一次感觉到西方经济学的博大精深。但我更感兴趣的是,如何利用这一新理论理解中国的经济增长?

我曾经多次与胡师谈论我的思路,胡师认为,必须要将内生增长理论与考察中国经济进一步增长的动力结合起来。胡师指出,利用罗默和卢卡斯的分析框架可以写许多论文,但如果缺乏对经济增长动力的透彻理解,研究结果意义不会太大。他特别指出,形式化固然是现代经济学发展的一大动力,但很多因素是很难形式化和数理化的,因而在做博士论文时,要把形式化的方法和对现实因素的考察有机地结合在一起。有了这样的指导,我对于论文的想法才逐渐明朗起来。当时的选题有很多,本来想写中等收入陷阱,因为在2010年前后,有很多声音认为中国将陷入中等收入陷阱。但这一设想遭到老师们的反对,一是国内已有不少相关博士论文,二是这个问题在理论上不易把握,因而建议我研究中国经济增长的前景问题,以此为中心完成博士论文的研究。通过多年的积累,我认为中国陷入中等收入陷阱并不是一个大概率事件,但要从理论上说明并不是一件容易的事。那时我正在研读蒋中一教授的经典教材《动态最优化基础》,通过这部经典熟悉了拉姆齐模型和增长理论,这本书成了我接触和学习内生增长理论的桥梁。通过研读内生增长理论,我逐步有了这样一个看法:内生增长理论所涉及的诸因素,在任何社会几乎都对经济增长起到正面作用。这给了我以启发:何不以内生增长理论为基础,研究中国经济增长动力和发展前景问题呢? 以此为基础,我开始了博士论文之旅。

本书是在我的博士论文基础上修改而成的。由于个人水平有限,其中难免有不尽如人意之处,但这也为我这几年的努力提供了方向。我将全力进取。

最后在本书出版之际,还想和有志于现代经济学研究的学子多说几句。现代经济学已经高度形式化和抽象化,所采用的数学工具在难度上全面超过化学,与物理学基本相当。如果说物理学的教师还有时间和余力在课堂上给学生教授所要用到的数学知识的话,我国目前还鲜有经济学教师有精力和余力在课堂上向学生传授经济和金融课程所需的数学知识。这不仅是因为经济学和金融学所需数学知识面较广,更因为这些知识一般都比较精深,比如对瓦尔拉斯一般均衡状态的证明,要运用非线性泛函分析中的角谷静夫不等式或樊畿不等式,以及微分拓扑里的Sard定理。与物理学相比,经济学所用数学难度更高,跳跃性更强,物理专业的学生只需在学习高等数学、线性代数、概率论与数理统计之后,再学一些数学物理方程的知识;而经济学和金融学专业的学生要学好所需的数学知识,目前还没有这样一个清晰的路线图,只能边学边补,而且效果似乎也不理想。这就需要我们的青年学子从本科阶段起多积累数学知识,重点包括实变函数、高等概率论、随机过程、动力系统、控制理论和高等统计学。这可能对一些同学来说是难了些,但青春最不应该缺乏的就是勇气,不是吗?

陈　锐

2014.1.15